Mittagsfreizeit an Ganztagsschulen

Osnabrücker Forschungsgruppe 2016

Mittagsfreizeit an Ganztagsschulen

Theoretische Grundlagen und empirische Befunde

Cit. ✓

Springer VS

Osnabrücker Forschungsgruppe
Universität Osnabrück
Deutschland

ISBN 978-3-658-11622-4 ISBN 978-3-658-11623-1 (eBook)
DOI 10.1007/978-3-658-11623-1

Die Deutsche Nationalbibliothek verzeichnet diese Publikation in der Deutschen Nationalbibliografie; detaillierte bibliografische Daten sind im Internet über http://dnb.d-nb.de abrufbar.

Springer VS

Lektorat: Stefanie Laux, Stefanie Loyal

Gedruckt auf säurefreiem und chlorfrei gebleichtem Papier

Springer Fachmedien Wiesbaden ist Teil der Fachverlagsgruppe Springer Science+Business Media
(www.springer.com)

Vorwort

Das vorliegende Buch entstand im Rahmen eines fachspezifischen Studienprojekts im Institut für Sport- und Bewegungswissenschaften an der Universität Osnabrück. Unter der Leitung von Jun.-Prof. Dr. Ahmet Derecik wurde das Projekt zur „Bedeutung der Mittagsfreizeit für Jugendliche an Ganztagsgymnasien" zwei Semester lang im Zeitraum von Oktober 2014 bis Juli 2015 koordiniert und durchgeführt. In diesem projektorientierten Seminar waren insgesamt 13 studentische ‚Mitarbeiter/-innen' mit vollem Einsatz involviert, weshalb es in einem relativ kurzen Zeitrahmen umgesetzt und abgeschlossen werden konnte. Nachdem die im Vorfeld des Seminars bereits weitgehend verfassten theoretischen Grundlagen zur Projekttheorie diskutiert worden sind, fand eine gemeinsame Methodenentwicklung und -schulung statt. Im Anschluss daran wurde – den vier theoretisch ermittelten Bedeutungszuweisungen zur Pause entsprechend (Produktionsfaktor für den Unterricht, Sicherheitsförderung, Gesundheitsförderung, Sozialraum) – durch vier Teilgruppen die Datenerhebung und -auswertung durchgeführt. Um dieses Buch publizieren zu können, wurden anschließend von den Projektteilnehmer/-innen – entsprechend ihrer individuellen Stärken – alle bis dahin verfassten Kapitel im Sinne einer Endredaktion noch einmal überarbeitet und optimiert. Ohne weiter auf die Umsetzung des vorliegenden Forschungsprojektes einzugehen (vgl. Kap. 5), bestand ein übergeordnetes Ziel des fachspezifischen Studienprojekts darin, mittels projektorientierten Lernens innerhalb der universitären Ausbildung eine Verbindung von Wissenschaft und Lehre herzustellen. Mit der Publikation der Ergebnisse des Studienseminars in Form des vorliegenden Buches soll darüber hinaus das Potenzial der Studierenden für die Wissenschaft demonstriert werden. Die Projektleitung und die -mitarbeiter/innen (Janina Kordes, Lorena Menze, Verena Mielke, Janna Michel, Teresa Placke, Rosanna Reuter, Matthias Runde, Vivien Schlattmann, Stefan Sträche) hoffen, dass dies gelingt und dieses Vorgehen vielleicht sogar auch auf Nachahmung stößt. Damit könnte in der Lehre ein Beitrag zum „signifikanten Lernen" (Rogers, 1974) von Studierenden geleistet werden.

Über den engen Kern an studentischen ‚Mitarbeiter/-innen' hinaus waren noch weitere studentische 'Hilfskräfte' an verschiedenen Phasen des Projektes beteiligt. Mareike Fischer und Tobias Nubbemeyer danken wir für ihren Einsatz zur Methodenentwicklung sowie Datenerhebung und -auswertung in einem Teilprojekt. Marie Goutin und Julia Matussek gilt unser Dank für die Unterstützung beim Verfassen von einzelnen Kapiteln zur Theorie. Abschließend danken wir ganz besonders den teilnehmenden Schulen und vor allem den Jugendlichen, ohne deren Beiträge dieses Projekt nicht hätte umgesetzt werden können.

Inhalt

Einleitung 1

> „Die Pausen dienen der Erholung. Sie wird bei rund 500 Schülern am besten gewährleistet, wenn alle langsam auf dem Hof herumgehen (Kreisverkehr)" (Asztalos, 1982, S. 6).

Dieses aus einer alten Schulordnung eines Berliner Gymnasiums entnommene Zitat liest sich wie ein Auszug aus einem Gefängnis-Reglement und ist in seiner Funktion längst überholt. Im Zuge der Entwicklung von Ganztagsschulen werden den Heranwachsenden Mittagsfreizeiten ermöglicht, die als „Herzstück" eines sinnvoll rhythmisierten Schultages betrachtet werden (Fiegenbaum, 2011, S. 63; vgl. Holtappels, 1994, S. 109-113). Allerdings ist die in der Regel 40-60 minütige Mittagsfreizeit das Element in der Ganztagsschulentwicklung, mit dem die Schulen die wenigsten Erfahrungen haben. Höhmann (vgl. 2005, S. 90) resümiert deshalb, dass die Gestaltung der Mittagsfreizeit von hoher Bedeutung und dennoch ein häufig vergessener Bestandteil von Ganztagsschule ist, der in der Praxis häufig als leere Zeit wahrgenommen wird.

Dies kann unter anderem daran liegen, dass die Funktionen von Pausen auch in der Theorie weitgehend vernachlässigt werden. In den theoretischen *Grundlagenwerken zur Ganztagsschule*, u. a. „Die Ganztagsschule: Alltag, Reform, Geschichte, Theorie" (vgl. Ladenthin & Rekus, 2005), „Handbuch Ganztagsschule. Praxis – Konzepte – Handreichungen" (Appel & Rutz, 2005) oder „Einführung Ganztagsschule" (vgl. Coelen & Stecher, 2014), wird den Bedeutungen der Pausen kein eigener Stellenwert eingeräumt. Selbst in der fast 1.000 Seiten umfangreichen Veröffentlichung „Grundbegriffe Ganztagsbildung" (Coelen & Otto, 2008) wird darauf nicht explizit eingegangen. Die allgemeinen *empirischen Untersuchungen zur Ganztagsschule*, u. a. die Studien zur Entwicklung von Ganztagsschulen (StEG-Studien) (vgl. Holtappels, Klieme, Rauschenbach, Stecher, 2007; Radisch, 2009; Prüß, Kortas & Schöpa, 2009; Fischer, Holtappels, Klieme, Rauschenbach, Stecher & Tüchner, 2011), die Begleitstudien zur Offenen Ganztagsschule im Primarbereich des wissenschaftlichen Kooperationsverbundes in Nordrhein-Westfalen (vgl. Wissenschaftlicher Kooperationsverbund, 2005; 2007; 2010) sowie eine durch die Bertelsmann-Stiftung (2012) in Auftrag gegebene Studie zur Ganztagsschule, machen die Pausen und ihre Bedeutungen ebenfalls nicht explizit zum Gegenstand ihrer Untersuchungen. Darüber hinaus lassen sich auch in den *Jahrbüchern Ganztagsschule* (2010-2015) keine ausdrücklichen Hinweise zur Bedeutung der Pausen finden. Für *Praxisbücher zur Ganztagsschule* (vgl. u. a. Höhmann, Holtappels, Kamski & Schnetzer, 2005; Dietrich, Hass, Marek, Porschke & Winkler, 2005; Kamski, Holtappels & Schnetzer; Kamski, 2014) gilt dies ebenso. Weiterführend hält die *Deutsche Kinder- und Jugendstiftung* (vgl. Knauer & Durdel, 2006; Kahl & Knauer, 2007) praxisorientierte Bücher mit wertvollen Hilfen für ganztägiges Lernen bereit, allerdings finden die Funktionszuschreibungen für die Pausen auch an dieser Stelle keine explizite Erwähnung.

Wird der Blick auf den sportpädagogischen Kontext gerichtet, lassen sich ebenfalls kaum Hinweise für die Bedeutung der Pausen finden. In den zahlreichen Veröffentlichungen im Rahmen der Studie zur Entwicklung von Bewegung, Spiel und Sport in der Ganztagsschule (StuBSS) (vgl. Becker, Michel & Laging, 2008; Riegel & Hildebrandt-Stramann, 2009; Laging, Derecik, Riegel & Stobbe, 2010; Hildebrandt-Stramann, 2010; Hildebrandt-Stramann, Laging & Teubner, 2014; Hildebrandt-Stramann, Beckmann, Faustino, Probst & Wichmann, 2014) und den darüber hinaus gehenden Untersuchungen sowie Sammelwerken (vgl. u. a. Böcker & Laging, 2010; Naul, 2011; Forschungsgruppe SpOGATA, 2015) bleiben die expliziten Bedeutungszuweisungen für die Pausen unerwähnt. Insgesamt wird dieser Gesichtspunkt in den theoretischen, empirischen und praktischen Veröffentlichungen zur Ganztagsschule nur sehr selten thematisiert.

Bisher gehen am ehesten Kottmann, Küpper, Brux und Heck (1985) in Ansätzen im Rahmen einer allgemeinen Untersuchung zum Pausensport auf die Funktionen von Pausen ein. Als einen Unterpunkt fassen sie zu diesem Aspekt zunächst die bis dahin zugeschriebenen Bedeutungen der Pause stichpunktartig und wie sie selbst schreiben „eklektizistisch" zusammen (Kottmann et al.1985, S. 11). Anschließend werden die empirischen Bedeutungszuweisungen sehr knapp aus der Sicht von Schülern im Alter von ca. zehn bis 16 Jahren sowie aus der Sicht von Lehrern dargestellt (vgl. Kottmann et al., 1985, S. 36-38; Kap. 1.1). Darüber hinaus sammeln Voellmy und Wettstein (1992, 9-18) die theoretischen Bedeutungen von Pausen speziell für Kinder unter vier Gesichtspunkten. Unter einer *psychologischen Perspektive* betonen sie die Bedeutsamkeit der Pause als immer in gleichen Abständen wiederkehrenden Teil des Schulalltags, der im Sinne eines Produktionsfaktors für den Unterricht dem Ausgleich von Belastungen und dem Sammeln neuer Erfahrungen dient. Zusätzlich wird die Bedeutung des Spiels für die *allgemeine Entwicklung* und speziell zur Sicherheitsförderung hervorgehoben. Aus einer *physiologischen*

Perspektive sprechen sie der Pause einen Stellenwert zur Gesundheitsförderung zu. Die Schüler sollen frische Luft atmen und ihre Nahrung zu sich nehmen. Unter einer *sozialen Perspektive* sprechen sie den Freiraum an, den Kinder durch eine Pause erleben können. Damit werden die Pausen als Sozialraum für soziales Lernen und zum Erlangen sozialer Verantwortung verstanden. Anrich (2002, S. 33) stellt die Bedeutungen der Pausen ebenfalls explizit heraus, indem er diesen die Funktionen Erholung, Belohnung und Befriedung von sozialen Bedürfnissen zuordnet. All diese aufgeführten Funktionszuschreibungen bleiben auf einer relativ oberflächlichen Ebene und werden nicht weiter ausgeführt.

Aus diesen bislang bescheidenen Ausführungen zur Bedeutung der Pausen in der Ganztagsschule können zumindest vier Funktionszuschreibungen identifiziert werden: Pause als Produktionsfaktor für den Unterricht (Kap. 3.2), Pause als Element der Sicherheitsförderung (Kap. 3.3), Pause als Element der Gesundheitsförderung (Kap. 3.4) und Pause als Sozialraum (Kap. 3.5). Diese vier Bedeutungen lassen sich z. T. direkt, aber vor allem indirekt aus weiteren Theorien und empirischen Studien bestätigen und weiter ausführen. Dazu gehören u. a. die Diskussionen zur *Rhythmisierung und zur (Frei-)Raumgestaltung* von Ganztagsschulen oder auch die Themen *informelle Tätigkeiten von Heranwachsenden, Peerbeziehungen, Pausenhelfer* und *Mittagessen* in den Pausen. Im Folgenden wird der (implizite) Forschungsstand zur Bedeutung der Pausen in (Ganztags-)Schulen vorgestellt.

1.1 Forschungsstand zur Bedeutung der Pausen in (Ganztags-)Schulen

Eine explizite Forschung zur Bedeutung der Pausen aus Sicht der jeweiligen Akteure der Schule ist bisher lediglich von Kottmann et al. (vgl. 1985) für Halbtagsschulen durchgeführt worden. Im Rahmen einer Untersuchung zum Pausensport an Haupt- und Realschulen sowie Gymnasien befragten sie Anfang der 1980er Jahre Schüler und Lehrer u. a. zu ihrer jeweiligen Sicht zur Funktion der Pause. Demnach versteht der überwiegende Teil ca. zehn bis 16-jährigen Schüler die großen Pausen als schulischen Freiraum, der es ihnen ermöglicht, „zumindest für kurze Zeit den Unterricht zu verdrängen, sich zu erholen und zu entspannen" (Kottmann et al.,1985, S. 36). Das „Gespräch mit Schülern" steht mit 93,7 % an erster Stelle. Damit ist die Pause für die Schüler „in erster Linie eine Kommunikationsbörse, um in Gesprächen Kontakte mit anderen Schülern zu knüpfen oder zu pflegen" (Kottmann et al., 1985, S. 37). Die Aspekte „Erholung vom Unterricht" (83,3 %) und „Entspannung" (80,5 %) nehmen ebenfalls einen hohen Stellenwert bei den Heranwachsenden ein. „Austoben“ (42,2 %) und „Spielen“ (51,3 %) werden insgesamt von nahezu der Hälfte der befragten Kinder und Jugendlichen angegeben, wobei hier deutliche altersbedingte Unterschiede existieren.

Die zehn bis 12-Jährigen zeigen ein deutlich höheres Bewegungsbedürfnis als die 16-jährigen Schüler. Die „Vorbereitung auf den Unterricht“ (21,9 %) und die „Hausaufgabenanfertigung“ (26 %) werden von den meisten Schülern abgelehnt. Unabhängig von der Schulform messen die Lehrer vor allem dem Bewegungsaspekt, aber auch dem sozial-kommunikativen Aspekt einen hohen Stellenwert bei. Die Vor- und Nachbereitung des Unterrichts durch Hausaufgaben lehnen auch die meisten Lehrer ab. Im Zusammenhang mit der Bedeutung der Pausen sehen die Lehrer ihre Aufsichtspflicht als ihre primäre Aufgabe. An zweiter Stelle stehen das Lösen von Problemen und die Funktion als Ansprechpartner. Die Schüler hingegen sehen die Rolle des Lehrers eher als Ordnungsperson und Aufpasser, die in der Regel als störend empfunden wird (vgl. Kottmann et al., 1985, S. 38-39).

Werden diese Ergebnisse interpretiert, können diese knappen und zum Teil undifferenzierten Befunde vor allem den Bedeutungszuweisungen zur Pause als Produktionsfaktor (Entspannung, Erholung vom Unterricht, Vorbereitung auf den folgenden Unterricht, Hausaufgabenanfertigung), der Pause als Sozialraum (Austoben, Spielen, Gespräche mit Schülern) sowie der Pause als Sicherheitserziehung (Aufsichtsplicht und Regeln von Problemen bzw. Ansprechpartner sein) zugeordnet werden. Konkrete Aussagen zur Bedeutung der Pause als Ort der Gesundheitsförderung sind dieser Studie nicht zu entnehmen, auch wenn diese implizit in den Bedeutungszuweisungen zur Erholung vom Unterricht und Austoben bzw. Spielen enthalten sein dürften.

Darüber hinaus existiert keine weitere Studie, die sich konkret mit den Bedeutungszuweisungen zur Pause aus der Sicht von Heranwachsenden und Lehrern befasst. Dennoch können einige Untersuchungen identifiziert werden, die zumindest indirekt Aussagen zur Bedeutung der Pausen in Ganztagsschulen erlauben. Unter dem Aspekt der Pause als *Produktionsfaktor für den Unterricht* können Studien zur Regenerierung durch eine angemessene Rhythmisierung des Schultages angeführt werden. Hellbrügge, Rutenfranz und Graf (1960, S. 147-148) zeigen zusammenfassend Untersuchungsergebnisse zur Regenerierung von Kindern und Jugendlichen nach körperlicher Betätigung auf und verdeutlichen die Wichtigkeit der Rhythmisierung sowie der Pausenlänge im Schulalltag. Sie bekräftigen anhand von eigenen Untersuchungen die in reformpädagogischen Diskursen angenommene *physiologische Leistungskurve* im Kindesalter, indem sie ein ausgesprochenes Leistungstief für den Nachmittagsunterricht an Ganztagsschulen feststellen (vgl. Hellbrügge, Rutenfranz und Graf, 1960, S. 222). Darüber hinaus gehen sie von einem *Zusammenhang zwischen der körperlichen Entwicklung und dem Lebensalter* aus. Demnach benötigen Kinder eine längere Pausendauer als Jugendliche. Anders ausgedrückt: Die Erholungsfähigkeit bei Kindern ist deutlich geringer als bei Jugendlichen. Diese Ergebnisse werden im Rahmen einer Untersuchung zum Einfluss der sportlichen Pausenbetätigung auf die nachfolgenden Konzentrationsleistungen von sieben- bis 15-jährigen Schülern, wenn auch mit vorsichtigen „Tendenzinterpretationen", bestätigt. In seinen zusammenfassenden empirischen Ergebnissen interpretiert Rohnstock (1985, S. 202-205) eine deutliche Leistungssteigerung durch Bewegung für vorpubertierende Heranwachsende. Bei Jugendlichen zeigen sich keine signifikanten Unterschiede in Bezug auf eine Leistungssteigerung durch Bewegung. Für sie werden vielmehr individuelle Faktoren genannt, die einen Einfluss auf die Leistungssteigerung durch Pausen haben. Dies wird darauf zurückgeführt, dass Jugendliche entwicklungsbedingt kein starkes Bewegungsbedürfnis mehr aufweisen und physiologisch betrachtet ausgeglichener sind. Darüber hinaus wird ihnen eine steigende Belastbarkeit attestiert.

Studien zur *Chronobiologie* werden im Kontext von Schulpausen ebenfalls angeführt. Anhand von Ergebnissen zur Schlafforschung wird ein Verhältnis von 3:1 der Aktivierung und Erholung für besonders günstig gehalten und auf das Verhältnis von Unterricht und Pause übertragen. Dabei ist allerdings zu bedenken, dass individuelle Unterschiede existieren und zudem eine Verbindung zwischen Tageszeit und Leistungsfähigkeit besteht, was darauf hinweist, dass der Mensch an einen biologisch bestimmten Tagesrhythmus gebunden ist (vgl. Siepmann & Salzberg-Ludwig, 2006, S. 95). Insgesamt ist der physiologische Leistungskurvenverlauf im pädagogischen Kontext allerdings nach wie vor ein wenig erforschtes Feld und bezieht sich vorwiegend auf Erkenntnisse aus außerschulischen Zusammenhängen (vgl. Kamski, 2014, S. 12).

Im Hinblick auf das *Klassenraumverhalten* nach der Mittagsfreizeit können drei empirische Studien zum Kindesalter angeführt werden, die einen Bezug zur Leistungssteigerung durch Bewegung in Pausen aufweisen und somit der Bedeutungszuweisung Produktionsfaktor für den Unterricht zugeordnet werden können (vgl. Pellegrini, Huberty & Jones, 1995; Jarret, Maxwell, Dickerson, Hoge & Davies, 1998; Barros, Silver & Stein, 2009). Diese drei Studien erheben die Konzentrationsfähigkeit sowie Motivation der Kinder nach unterschiedlich langen Pausen. Die Ergebnisse verweisen darauf, dass eine Pause für Grundschulkinder notwendig ist, damit sich diese im folgenden Unterricht besser konzentrieren können. Dabei spielt es eine untergeordnete Rolle, ob sich die Schüler während der Pause drinnen oder draußen aufhalten. Vielmehr ist von Bedeutung, dass eine Pause regelmäßig stattfindet. Darüber hinaus zeigt sich: Je länger die Pause andauert, desto besser können die Schüler dem anschließenden Unterricht folgen. Die Ergebnisse verdeutlichen, dass es eine Regenerationsphase zwischen den Unterrichtsstunden geben muss, damit die Schüler konzentrierter, motivierter und produktiver am Unterricht teilnehmen können.

In einer aktuellen explorativen Studie zu den ersten Erfahrungsberichten von Schülern an gebundenen Ganztagsrealschulen und -gymnasien zum *Einfluss der Dauer der Mittagsfreizeit* kommt Haenisch (2011) zu dem Schluss, dass die Regenerationszeit in der Mittagsfreizeit für den anstehenden Nachmittagsunterricht unverzichtbar ist. Die Schüler aus den fünften Klassen geben an, ohne die Mittagsfreizeit den Unterricht am Nachmittag nicht mehr zu „packen" (vgl. Haenisch, 2011, S. 15). Damit sehen jüngere Schüler aus Ganztagsschulen einen Vorteil der Mittagsfreizeit darin, „sich so richtig regenerieren" zu können, indem sie sich ausruhen oder austoben (Haenisch, 2011, S. 32). Die Regeneration findet je nach Typ der Schüler auf verschiedenen Wegen statt und „ist stark abhängig von den vorhandenen Räumlichkeiten" (Haenisch, 2011, S. 16).

Während Studien zur *Gesundheitsförderung* im schulischen Sportunterricht existieren (vgl. u. a. Müller et al., 2012; Thiele & Seyda, 2011), können für die Pausen nur wenige empirische Untersuchungen identifiziert werden. Der Studie zu informellen Tätigkeiten auf Schulhöfen ist zumindest zu entnehmen, dass Lehrer die Mittagsfreizeit als Ort der Bewegungsförderung und Frischluftzufuhr bezeichnen, was für eine Gesundheitsförderung als unabdingbar betrachtet werden kann (vgl. Derecik, 2011, S. 191-192). Studien zum konkreten Zusammenhang von Ruhe und Gesundheitsförderung in der Mittagsfreizeit fehlen gänzlich.

Empirische Befunde zur Gesundheitsförderung während der Mittagsfreizeit beschränken sich vor allem auf die Mittagsverpflegung der Schüler. Vor diesem Hintergrund zeigen die quantitative Nestlé Studie 2010 sowie die quantitativ ausgerichtete Untersuchung zur Qualität der Schulverpflegung (vgl. Arens-Azevedo, Schillmöller, Hesse, Paetzelt, Roos-Bugiel & Glashoff, 2014, S. 47-52), dass die Schüler unzufriedener mit dem in der Schule angebotenen Mittagessen sind: Während die Schulernährung von den Heranwachsenden 2005 noch mit der Note 2,3 bewertet wird, verschlechtert sich dieser Wert fünf Jahre später signifikant auf 2,9. Insbesondere die Tatsache, dass im Laufe der Zeit immer mehr Schulen zu Ganztagsschulen umstrukturiert wurden ohne über die erforderlichen Mittel für ein qualitativ hochwertiges Schulessen zu verfügen, könnte eine Erklärung für die Verschlechterung des Mittagessens in der Schule darstellen. Bei der Bewertung der Schulverpflegung scheint das Alter der Schüler eine nicht unwesentliche Rolle zu spielen. Mit zunehmendem Alter wird das Mittagessen in der Schule deutlich schlechter bewertet.

Dennoch scheinen gesundheitliche Aspekte bei der Nahrungsaufnahme für die meisten Jugendlichen nicht relevant zu sein. In Bezug auf Kriterien, die die Schulverpflegung erfüllen soll, stehen für die Mehrheit der Schüler der Geschmack, das Aussehen, die Abwechslung und die Auswahl an erster Stelle (vgl. Barlovic, 2010, S. 8). Lediglich ein Viertel der Schüler isst mittags regelmäßig Obst und auch Fisch wird selten gegessen. Dieser Umstand wird darauf zurückgeführt, dass viele Schulen gesunde Nahrung wie Obst und Fisch gar nicht, selten oder auf unappetitliche Art und Weise anbieten. Stattdessen wird häufig Fast Food und Fleisch angeboten. Infolgedessen fühlen sich viele Schüler nach dem Essen müde und lustlos, sodass das mittägliche Leistungstief oft nicht überwunden werden kann und keine konzentrierte Teilhabe am weiteren Unterrichtsgeschehen möglich ist (vgl. Barlovic, 2010, S. 9).

Um die Ernährungssituation an Schulen zu verbessern, wird an manchen Schulen Kochen als Teil des Unterrichts offeriert. Das gemeinsame Kochen bewirkt laut der Nestlé Studie 2010 zahlreiche positive Effekte sowohl bei den Mädchen als auch bei den Jungen. Neben der Freude und der Möglichkeit zum Flirten, die mit dem Kochen im Unterricht einhergehen, bestätigen etwa 63 % der Schüler, ein stärkeres Bewusstsein für gesunde Ernährung entwickelt zu haben (vgl. Barlovic, 2010, S. 16). An den meisten Ganztagsschulen fehlt allerdings eine derartige Initiative und besonders Jugendliche verlassen mittags das Schulgelände, um außerhalb der Schule ihr Mittagessen einzunehmen (vgl. Barlovic, 2010, S. 5-7). Schon 1978 stellen Reinert und Zinnecker (vgl. 1978, S. 165-166) fest, dass 11 % der befragten Schüler unerlaubt Supermärkte oder andere ‚heimliche' Orte aufsuchen. Auch in der aktuellen qualitativen Untersuchung von Haenisch (2014, S. 19) ist festzustellen, dass viele Jugendliche der Mensa fernbleiben und nahegelegene Supermärkte oder Imbissbuden nutzen. Als Grund für die „Fluchttendenzen" wird von den Jugendlichen die durch den neuen Erlass in Nordrhein-Westfalen geschaffene Freiheit durch das erlaubte Verlassen des Schulgeländes während der Mittagsfreizeit genannt. Ebenfalls werden der unzureichende Geschmack des Essens, die Einfältigkeit des Speiseplans, Lärm, drängelnde jüngere Schüler sowie die Unzufriedenheit mit den räumlichen Begebenheiten der Mensa als Begründung aufgeführt (vgl. Haenisch, 2014, S. 20; Barlovic, 2010, S. 5-6; Arens-Azevedo, 2010, S. 24). Insgesamt scheinen feste Strukturen, wie eine warme und gesunde Mahlzeit in der Mittagsfreizeit, für die Jugendlichen an Bedeutung zu verlieren. Vielmehr nutzen sie die Mittagsfreizeit für Gespräche mit Mitschülern, während derer sie bevorzugt Kleinigkeiten zu sich nehmen.

Der Aspekt der *Sicherheitsförderung* wird im Rahmen einer Bewegten Schule auch als ein wesentlicher Bestandteil einer Gesundheitsförderung verstanden (vgl. Thiel, Teubert & Kleindienst-Cachay, 2002, S. 21-25) und die diesbezüglichen Untersuchungen beziehen sich vor allem auf den Einfluss des Unfallrisikos sowie indirekt auf die Pausen- und Aufsichtsregelungen. Da diese Betrachtungsweise auf die Pause einen großen und in der Schuldiskussion um Aufsichtspflicht einen heiklen Stellenwert einnimmt, wird die Sicherheitsförderung im Forschungsstand und auch im restlichen Verlauf der Arbeit als ein bedeutsamer eigener Gesichtspunkt betrachtet. Der Wissenschaftliche Kooperationsverbund (2005, S. 44) verdeutlicht, dass insbesondere jüngere Kinder ihrem Wunsch nach Bewegung nicht nachkommen können, wenn sie ständig von Aufsichtspersonen reglementiert werden. Sie dürfen nur dann den Pausenhof aktiv nutzen, wenn eine Aufsichtsperson in der Nähe ist. Diese Verhaltensweisen der Erwachsenen sind für die Sicherheitserziehung der Kinder eher kontraproduktiv. Insbesondere durch die Bewegung können Kinder einen sicheren Umgang mit sich selbst und der Umwelt erlernen. Diese Ansicht zeigt sich auch in den Untersuchungen von Unfallstudien. Eine bewegungsanregende Umgebung führt dazu, dass weniger Unfälle auf Schulhöfen passieren. Wenn die Bewegung seitens der Erwachsenen gewährt wird, können Unfälle in den Pausen reduziert werden. Bös (1999) sowie Bös und Obst (1997) demonstrieren in ihren Forschungen, dass sich gerade für Grundschulkinder die Bewegungsförderung als positiv herausstellt und eine präventive Wirkung auf Verletzungen hat. Kunz (1993, S. 89) unterstreicht ebenfalls, dass die Unfallzahlen durch vermehrten Pausensport sinken.

Zur *Pause als Sozialraum* sind mehrere Untersuchungen anzuführen, aus deren empirischen Ergebnissen ein deutlicher Rückschluss auf das Potenzial der Pausenräume als Sozialraum hervorgeht. Reinert und Zinnecker befassten sich 1978 mit den Aktivitäten von Schülern während der Pause und den sich daraus ergebenden Bedeutungen für den Schulhof. Diese Studie liefert die ersten umfangreichen Ergebnisse zu Pausen und beruht auf freien Aufsätzen von 472 Schülern des vierten bis elften Schuljahres. Daraus erfolgen vier Charakterisierungen des Schulhofes. Erstens wird der Schulhof als „Gefängnishof" bezeichnet, da dieser seitens der Schüler als streng reglementierter und ‚bewachter Ort' durch die Aufsicht führenden Lehrer gesehen wird. Die zweite Bedeutung des Pausenhofes wird von Reinert und Zinnecker (vgl. 1978, S. 166) zusammenfassend als „Straßenöffentlichkeit" bezeichnet. Die Schüler begegnen hier ihren Mitschülern und der Schulhof bietet zudem die Möglichkeit zu schlendern und spazieren zu gehen. Die dritte Bedeutungszuweisung wird als „Jugendtreff" charakterisiert (vgl. Reinert & Zinnecker, 1978, S. 171). Hier wird der Pausenhof als Gelegenheit gesehen, um verbotenen Erwachsenengenüssen nachzugehen. Als vierte Bedeutung wird „der öffentliche Spielplatz" thematisiert (vgl. Reinert & Zinnecker, 1978, S. 172). Die Pause wird insbesondere von den jüngeren Schülern als Spielgelegenheit gesehen. Allen vier Charakterisierungen des Schulhofs ist gemein, dass sie dazu beitragen, den Pausen eine Bedeutung als altersentsprechenden Sozialraum zu verleihen.

Derecik (2011) beschreibt die informellen Tätigkeiten von Heranwachsenden während den Mittagspausen an 21 Ganztagsschulen der ersten bis zur zehnten

Klasse in Abhängigkeit des Geschlechts und analysiert diese in seiner raumtheoretisch angelegten Studie aus einer sozialräumlichen Aneignungsperspektive. Die sozialräumlichen Aneignungsprozesse auf Schulhöfen demonstrieren, dass Heranwachsende im Aneignungsprozess, entsprechend ihres Entwicklungsstandes, nicht nur eigentätig die in Räumen eingelagerten gesellschaftlichen Bedeutungen erschließen, sondern diese ebenso entsprechend ihres alters- und geschlechtsabhängigen Entwicklungsstands umdeuten und selbst konstruieren (Derecik, 2013, S. 45). Deshalb kommt Derecik (2011, S. 255-259; vgl. auch Diketmüller & Studer, 2007, S. 131) zu dem Fazit, dass die Schule und insbesondere der Schulhof für die meisten Heranwachsenden der größte Sozialraum ist, welcher nicht nur fast täglich besucht wird, sondern in dem auch vielfältige Lern-, Entwicklungs- und Bildungsprozesse vollzogen werden können. Damit wird dem Schulhof und den Pausen ein bedeutender Eigenwert als bewegungsorientierter Sozialraum zugesprochen.

Aus der Perspektive von Peerbeziehungen untersuchen Kanevski und Salisch (2011a) die Bedeutung von Freundschaften für die sozial-emotionale Entwicklung. Die Befragung von 380 Jugendlichen aus sieben Ganztags- und Halbtagsschulen der Klasse sieben zeigt, dass die Jugendlichen der Ganztagsschule gegenüber ihren Altersgenossen der Halbtagsschule am Ende der siebten Klasse eine schnellere Entwicklung in Bezug auf emotionale Fremdaufmerksamkeit aufweisen und ihre eigenen Emotionen besser verfolgen können (Kanevski etc.). Die Aufmerksamkeit der Jugendlichen verlagert sich im Laufe des Schuljahres immer mehr nach innen, „eben auf ihre sich rasch verändernde körperliche Erscheinung sowie Beziehungen zu Peers des anderen Geschlechts“ (Kanevski & Salisch, 2011b, S. 253).

Im Rahmen der Folgestudie PIN 9 wurde in der längsschnittlich angelegten Untersuchung ein besonderes Augenmerk auf Peerbeziehungen und Freundschaften der Jugendlichen aus der neunten Klasse gelegt, „die nach dem Übergang in die Sekundarschule in Klasse 7 besonderen Turbulenzen ausgesetzt waren“ (Salisch, Kanevski, Schmalfeld, Toska, Depping, Lüpschen & Boeck, 2013, S. 5). Dabei ging es um die Untersuchung der Auswirkungen des Ganztagsschulbesuchs auf die Peerbeziehungen, auf die Ausbildung der sozialen und emotionalen Kompetenzen, auf das Problemverhalten sowie auf die Schulzufriedenheit (Lern- und Leistungsmotivation). Die Ergebnisse zeigen, dass sich die Peerbeziehung im Laufe der zwei Jahre intensivieren. Jugendliche an Ganztagsschulen nennen im Durchschnitt mehr Freundschaften zu anderen Schulkameraden als Jugendliche an Halbtagsschulen, was entgegen früheren Befürchtungen darauf hindeutet, dass „Ganztagsschulen genug Raum und Zeit für den Auf- und Ausbau dieser intensiven und entwicklungsförderlichen Beziehungen bieten“ (Salisch et al., 2013, S. 7). Insbesondere die Mädchen, die eine Ganztagsschule besuchen, zeigen, dass sich im Laufe der Jahre eine Unterstützungskultur gebildet hat, indem sie ihren Peers emotionale und tatkräftige Hilfe geben. Auffälligkeiten zeigen sich in der Pflege zu außerschulischen Peers. Die Freundschaften zeigen sich am Ende der neunten Klasse rückläufig, da die Gesprächsthemen auseinander gehen. Die Jugendlichen der Ganztagsschule legen mehr Wert auf die Pflege von innerschulischen Beziehungen, wohingegen die Besucher der Halbtagsschule sich eher außerhalb der eigenen Schule orientieren. Daraus wird geschlussfolgert, dass insbesondere durch die Taktung des Schulalltags mit längeren Pausen und darüber hinaus auch durch außerschulische Angebote dazu beigetragen wird, dass eine intensivere Pflege der internen Beziehung möglich ist (vgl. Salisch et al., 2013, S. 7).

Über diese vier zentralen Studien hinaus hat Lehrer-Vogt (2013) eine empirische Untersuchung mit Jugendlichen mit Migrationshintergrund im Alter von 12-15 Jahren durchgeführt und herausgestellt, dass für sozial Benachteiligte besonders die Freizeit in der Schule eine gute Möglichkeit zur Kompensation bietet. Die Jugendlichen mit Migrationshintergrund können die Mittagsfreizeit als „Kontaktbörse" nutzen und betrachten die Schule in erster Linie nicht als einen Lern-, sondern als einen Lebensraum. Schüler mit Migrationshintergrund müssen laut Lehrer-Vogt (vgl. 2013, S. 151) nach der Schule ihren familiären Verpflichtungen nachgehen und haben so keine Möglichkeit, ihre Freizeit mit Gleichaltrigen zu verbringen. Durch das Vorhandensein der Mittagsfreizeit können die Jugendlichen ihr Freizeitverhalten dorthin verlagern, da die Schule von den Eltern akzeptiert wird.

Das Zusammensein mit Freunden, welches am ungestörtesten während der Pausen erfolgt, ist auch laut der Steg-Studie bei den Schülern ausschlaggebend für den Entschluss des Besuchs einer Ganztagsschule (vgl. Arnoldt & Stecher, 2007). Dementsprechend bezeichnen die Heranwachsenden die Möglichkeit, mit ihren Freunden die Pausen zu einem Sozial- bzw. Lebensraum gestalten zu können, als das „Schönste" an den Pausen. Dies geben zumindest über 200 Schüler der Schulformen Gymnasium, Real- und Hauptschule im Alter von ca. 9 bis 16 Jahren an, die von Ulmer Wissenschaftlern befragt wurden (vgl. Enderlein, 2012, S. 175).

Zusammenfassend demonstrieren die aufgeführten Studien, die einen Bezug zur Pause in (Ganztags-)Schulen besitzen und aus denen Bedeutungszuweisungen für diese abgeleitet werden können, dass in diesen Schulen vor allem Hinweise zur Bedeutung der Pause als Sozialraum und Produktionsfaktor zu entnehmen sind. Studien zur Funktion der Pause als Orte der Gesundheitsförderung und Sicherheitserziehung sind dagegen seltener vorhanden. Insgesamt existiert bisher nur eine einzige Studie von Kottmann et al., (1985), die sich in den 80er Jahren des letzten Jahrhunderts explizit den Bedeutungszuweisungen von Pausen in der Schule widmet. Allerdings beziehen sich diese, den damaligen Verhältnissen entsprechend, nicht auf eine ausgehente Mittagsfreizeit in Ganztagsschulen und sind sehr dürftig. Seit über 30 Jahren wurden somit diese bescheidenen empirischen Befunde nicht aktualisiert und ausdifferenziert. Diesem Forschungsdesiderat zur Bedeutung der Mittagsfreizeit in der Ganztagsschule widmet sich die vorliegende sport- und schulpädagogisch orientierte Untersuchung, indem die Funktionen der Mittagsfreizeit speziell aus der Perspektive der Jugendlichen ermittelt und konkretisiert werden.

1.2 Ziele und Aufbau des Buches

Aus der theoretischen Problemskizze und dem empirischen Forschungsstand resultiert, dass bislang eine systematische und umfassende Darstellung der möglichen Funktionen von Pausen fehlt, obwohl den Jugendlichen an einem gebundenen Ganztagsgymnasium durchschnittlich zwischen 500 und 575 Minuten freie Zeit in der Woche zur Verfügung stehen (vgl. Kap. 2.3). Diesem theoretischen und empirischen Desiderat soll mit dem vorliegenden Buch begegnet werden, um einen notwendigen radikalen Funktionswandel im Hinblick auf die Pausen, vor allem die Mittagsfreizeit, zu verdeutlichen und in der Folge die Pausen aus dem Abseits der pädagogischen Diskussion um Ganztagsschule in den Mittelpunkt zu rücken.

Vor diesem Hintergrund ergeben sich zwei zentrale Zielsetzungen: Erstens sollen die bisher auf theoretischer und empirischer Basis formulierten *Bedeutungszuweisungen für die Mittagsfreizeit in Ganztagsschulen systematisiert und ausführlich zusammengetragen* werden. Daraus resultiert die zweite Zielsetzung des vorliegenden Buches. Es sollen auf empirischer Basis die *Bedeutungszuweisungen für die Mittagsfreizeit speziell aus der Sicht der Jugendlichen an gebundenen Ganztagsgymnasien erfasst und somit konkretisiert* werden.

Um diese Zielsetzungen zu erreichen, wird zunächst auf die *Bedeutung der Pausen in der Ganztagsschule* (Kap. 2) eingegangen. Hierbei werden die *Begründungen und Formen der Ganztagsschule* (Kap. 2.1) vorgestellt. Im Zusammenhang mit der Rhythmisierung werden anschließend exemplarisch ausgewählte *Modelle zur Pausenstrukturierung von Ganztagsschulen* erläutert (Kap. 2.2). Darauf aufbauend werden die *Formen von Pausen in der Ganztagsschule* beschrieben (Kap. 2.4). Während in der Halbtagsschule vor allem kleine und große Pausen (Kap. 2.4.1) existieren, nehmen mit der Entwicklung von Ganztagsschulen der Pausenumfang und damit die Bedeutung der Mittagsfreizeit deutlich zu (Kap. 2.4.2).

Um die *Bedeutungen der Mittagsfreizeit in der Ganztagsschule* (Kap. 3) theoretisch zu explizieren, wird zunächst die *historische Entwicklung der Pausen in der (Ganztags-)Schule* skizziert (Kap. 3.1), aus der sich die folgenden vier Funktionen ergeben: Die *Pause als Produktionsfaktor für den Unterricht* (Kap. 3.2) kann insbesondere in die Aspekte der Erholung und Leistungssteigerung durch Bewegung und Ruhe

(Kap. 3.2.1) sowie die Vor- und Nachbereitung des Unterrichts (Kap. 3.2.2) gegliedert werden. Im Rahmen der *Pause als Element der Sicherheitsförderung* (Kap. 3.3) wird die Risikokompetenz der Schüler durch die Aufstellung von Pausenregeln (Kap. 3.3.1) und die Frage der Aufsichtsphilosophie (Kap. 3.3.2) thematisiert. Die *Pause als Element der Gesundheitsförderung* (Kap. 3.4) kann zum einen durch Bewegung, Spiel und Sport (Kap. 3.4.1) und zum anderen auch durch Ruhe (Kap. 3.4.2) erfolgen. Auch ein gesundes, abwechslungsreiches und ansprechendes Mittagessen (Kap. 3.4.3) gehört zur Gesundheitsförderung. Die *Pause als Sozialraum* (Kap. 3.5) stellt die vierte Bedeutungszuweisung dar, die insbesondere im Zuge der Verlagerung der Freizeit in die Schule durch die verlängerte Schulzeit von enormer Bedeutung ist. So wird die Pause als Kompensation der (verlorenen) Freizeit (Kap. 3.5.1) genutzt und fungiert dabei als Treffpunkt und Kontaktbörse (Kap. 3.5.2), in der die Bedeutung von Freundschaftsbeziehungen (Kap. 3.5.3) zum Tragen kommt. In diesem Kontext ist insbesondere den informellen Pausenaktivitäten von Heranwachsenden (Kap. 3.5.4) und dem damit verbundenen informellem Kompetenzerwerb (Kap. 3.5.5) ein erhöhter Stellenwert einzuräumen. Die theoretischen Ausführungen werden mit einer *Zusammenfassung und Fragestellung* abgeschlossen (Kap. 4).

Zur Darstellung der *Untersuchungskonzeption* (Kap. 5) wird zunächst auf die *Stichprobe* (Kap. 5.1) eingegangen, um im Anschluss die *Untersuchungsmethode* (Kap. 5.2) darzulegen. Auf Grundlage dessen wird die *Durchführung der Untersuchung* (Kap. 5.3) aufgezeigt, die die Beschreibung der *Leitfragenkonstruktion und Pilotphase* (Kap. 5.3.1), die *Interviewdurchführung* (Kap. 5.3.2) und die *Auswertung* (Kap. 5.3.3) beinhaltet.

Im Anschluss werden die *Untersuchungsergebnisse* (Kap. 6) dargelegt. Als erstes werden *allgemeine Aspekte zur Bedeutung der Mittagsfreizeit* (Kap. 6.1) als Hintergrundinformationen zusammengefasst. Dies erfolgt durch die Beschreibung der *Einschätzungen der Jugendlichen zur Dauer der Mittagsfreizeit* (Kap. 6.1.1) sowie der *Hauptaktivitäten der Jugendlichen* (Kap. 6.1.2), die *zusammenfassend diskutiert werden* (Kap. 6.1.3). In einem nächsten Schritt werden die bereits in den theoretischen Überlegungen thematisierten zentralen Bedeutungszuweisungen aufgegriffen und die jeweiligen empirischen Ergebnisse zusammenfassend diskutiert. Die *Mittagsfreizeit als Produktionsfaktor für den Unterricht* (Kap. 6.2) wird unter den Facetten *Erholung und Leistungssteigerung durch Bewegung und Ruhe* (Kap. 6.2.1) sowie *Vor- und Nachbereitung des Unterrichts* (Kap. 6.2.2) beleuchtet. Die empirischen Ergebnisse zur *Mittagsfreizeit als Element der Sicherheitsförderung* (Kap. 6.3) werden dargestellt, indem die Sichtweise der Jugendlichen auf die *Unfall- und Risikosituationen* (Kap. 6.3.1), die *Vorsichtsmaßnahmen durch Pausenregeln* (Kap. 6.3.2) sowie die *Aufsicht* (Kap. 6.3.3) beschrieben werden. Die *Mittagsfreizeit als Element der Gesundheitsförderung* (Kap. 6.4) wird im Hinblick auf die *Bedeutung der Bewegung* (Kap. 6.4.1) und die *Bedeutung der Ruhe* (Kap. 6.4.2) erläutert. In einem weiteren Schritt wird die Bedeutung eines gesunden und den Bedürfnissen der Jugendlichen entsprechenden *Mittagessens* (Kap. 6.4.3) in den Fokus gerückt. Die Sichtweise der Jugendlichen auf die *Mittagsfreizeit als Sozialraum* (Kap. 6.5) beinhaltet Aussagen zur Pause als *Kompensation für die verlorene Freizeit am Nachmittag* (Kap. 6.5.1), *als Treffpunkt und Kontaktbörse* (Kap. 6.5.2) und zu den *Freundschaftsbeziehungen von Jugendlichen* (Kap. 6.5.3). Weiterführend sind in diesem Zusammenhang die *Gesprächsthemen* (Kap. 6.5.4), der *informelle Kompetenzerwerb* (Kap. 6.5.5), *Hierarchien sowie Konflikte und Mobbing* (Kap. 6.5.6) und die *Nutzung von Smartphones* (Kap. 6.5.7) relevant.

Abschließend werden die theoretischen und empirischen Ausführungen *zusammengefasst* (Kap. 7) und ein *Ausblick* (Kap. 8) geliefert.

2 Pausen in der Ganztagsschule

Ein wesentliches Qualitätskriterium von Ganztagsschulen stellt von Beginn an die Kreative Freizeitgestaltung dar, die in einem engen Zusammenhang mit einer veränderten Lernkultur steht (BMBF, 2003, S. 6). Damit wird der Freizeitgestaltung in Ganztagsangeboten und dem informellen Lernen in den Pausen eine bedeutende Funktion sowohl zur Entwicklung der Ganztagsschule und als auch der Heranwachsenden zugeschrieben (Derecik, 2015a). Konkret nehmen Kamski, Schnetzer und Holtappels (vgl. 2009, S. 65, 82) die Pausen in ihren Kriterienkatalog zur Qualitätsentwicklung von Ganztagsschulen auf und bewerten diese als wertvolle pädagogische Situationen. In der Konsequenz wird im Zuge der Ganztagsschulentwicklung in einem zunehmendem Maße die Verantwortung für nicht-unterrichtliche Anteile an der Entwicklung und am Aufwachsen von Heranwachsenden an die Schule übergeben (vgl. Rauschenbach & Züchner, 2011, S. 26). Dennoch werden diese für die Entwicklung der Heranwachsenden so bedeutsamen pädagogischen Situationen in den Pausen in der Praxis oftmals „geringschätzend bewertet" (Rohlfs, 2010, S. 69). Das kann darauf zurückgeführt werden, dass Schule ihrem Selbstverständnis nach auf formellem Lernen beruht und das Potenzial des informellen Lernens in den Pausen noch zu wenig im Bewusstsein von Lehrkräften verankert ist. In diesem Sinne hatten Kottmann et al. (1985, S. 11) schon für Halbtagsschulen formuliert: „Die Mißachtung des pädagogischen Raumes Pause ist erstaunlich, da diese einen nicht unerheblichen Anteil an der Schulzeit einnimmt".

Um den Umfang und die Formen von Pausen in der Ganztagsschule zu konkretisieren, werden als erstes grundlegende Informationen zu den *Begründungen und Formen der Ganztagsschule* geliefert (Kap. 2.1). Im Anschluss werden die Begriffe *Taktung und Rhythmisierung in der Ganztagsschule* (Kap. 2.2) erläutert und exemplarisch unterschiedliche *Zeitstrukturierungsmodelle von Ganztagsschulen* vorgestellt, anhand derer deutlich wird, dass die Pausen einen enormen Umfang einnehmen – weit mehr als an Halbtagsschulen – und ein wesentliches Element zur Rhythmisierung eines Schultages darstellen (Kap 2.3). Aus diesen Zeitstrukturmodellen können vier *Formen von Pausen in der Ganztagsschule* entnommen werden, die ausführlicher vorgestellt werden (Kap. 2.4).

2.1 Begründungen und Formen

Bei dem Modell der Ganztagsschule handelt es sich um Schulen mit einer ganztägigen Beschulung sowie Betreuung, bei denen im Primar- und Sekundarbereich I an mindestens drei Tagen in der Woche ein ganztägiges Angebot für die Schüler zur Verfügung steht. Dieses umfasst täglich mindestens sieben Zeitstunden und stellt den Schülern an allen Tagen des Ganztagsbetriebs ein Mittagsessen bereit. Des Weiteren sind die Ganztagsangebote unter der Aufsicht und Verantwortung der Schulleitung organisiert, wie auch in enger Kooperation mit dieser durchgeführt, wobei ein planmäßiger Zusammenhang mit dem Unterricht bestehen sollte (vgl. Kultusministerkonferenz, 2013, S. 4-5).

Während das Modell der Ganztagsschule in Deutschland bis zur Jahrtausendwende eher abgewertet und sogar als Gefahr für Familienleben und als Überforderung der Lehrpersonen angesehen wurde, hat sich der Status der Ganztagsschule in den 90er-Jahren des letzten Jahrhundert deutlich verändert (vgl. Holtappels, 2010, S. 13-18). Die Zahl der Ganztagsschulen hat seit 2002 kontinuierlich von circa 5.000 auf mehr als 15.000 zugenommen. Mehr als die Hälfte aller Schulen sind dementsprechend Ganztagsschulen (Coelen & Stecher, 2014, S. 15). Die Effizienz der Ganztagsschule gewann vor allem nach den PISA-Ergebnissen an Bedeutung, da die Länder mit Ganztagsschulsystemen, die Unterricht- und Freizeitgestaltung verbinden und nicht nur der Leistung, sondern auch dem Sozialverhalten hohe Bedeutung beimessen, deutlich besser abschnitten als Halbtagsschulen (vgl. Portmann, 2004, S. 7). Mit Hilfe des Investitionsprogramms „Zukunft Bildung und Betreuung", welches sich im Jahr 2003 in Bewegung setzte, kam es zu einer erheblichen Umgestaltung der Bildungslandschaft. Verfolgt man die aktuellen Fachdebatten zurück, so lassen sich vielfältige und differenzierte Begründungslinien für Ganztagsschulen herausarbeiten. Hierbei haben nicht nur schulpädagogische Überlegungen Gewicht, sondern ebenso sozialpolitische und gesellschaftliche Standpunkte.

Die *sozialpolitische Begründungslinie* zielt auf die Vereinbarkeit von Familie und Berufsleben sowie zur Qualitätssteigerung der soziokulturellen Infrastruktur ab. Sie soll berufliche Selbstbestätigung, Karriere und das Arbeiten als alleinerziehende Mutter bzw. alleinerziehender Vater miteinander verbinden. Folglich resultieren hieraus gesellschaftliche und bildungsbezogene Teilhabechancen für Familien und Schüler sowie wirtschaftliche Vorteile, da beispielsweise eine hoch qualifizierte

Frau nicht auf das Erwerbsleben verzichten muss (vgl. Portmann, 2004, S. 18-19). Des Weiteren entstehen durch die Ganztagsschule neue Möglichkeiten, auch den Schülern Lernzugänge und -gelegenheiten zu bieten, die zu höheren Bildungsgängen und Abschlüssen führen sollen (vgl. Holtappels, 2010, S. 10-11).

Die *sozial-gesellschaftliche Begründungslinie* verfolgt eine Stärkung der Sozialisationsfunktion der Ganztagsschule für die Schüler. Gerade in den letzten Jahrzehnten hat sich ein gewaltiger gesellschaftlicher Wandel vollzogen, der die Lebensbedingungen der Kinder und Jugendlichen verändert hat. Dazu gehören u. a. die Zunahme der Zahl Heranwachsender mit Migrationshintergrund, Aufwachsen mit nur einem Elternteil, Aufwachsen ohne Geschwister oder häufiger Lebenspartnerwechsel von Vater und/oder Mutter. Hier kann die Ganztagsschule mit ihrer öffentlichen Erziehung die familiäre kompensieren bzw. unterstützen und den Schüler zu einem Mehr an emotionaler und sozialer Sicherheit verhelfen. Diese Kompensation von Sozialisationsdefiziten sollte die Ganztagsschule jedoch in keinem Fall als Konzept der „Hilfs"-Schule für sozial Benachteiligte abstempeln. Vielmehr wird die Notwendigkeit einer konsequenten Schulreform für alle Kinder betont.

Bei der letzten Begründungslinie handelt es sich um die *schulpädagogischen Begründungen*, die auf reformpädagogischen Argumentationen beruhen. Sie sind nicht in Konkurrenz zur sozialpolitischen Perspektive zu sehen, sondern ergänzen sie, indem sie u. a. mehr Zeit für das Lernen und alternative Lernformen fordern (vgl. Tillmann, 2004, S. 195). Bei dieser Begründungslinie wird also mit einer Verbesserung der schulischen Leistungen, der Erweiterung von Lerngelegenheiten, wie zum Beispiel die Unterstützung bei Hausaufgaben und die Gestaltung von Freizeitaktivitäten, die eine Weiterentwicklung in der Lern- und Förderkultur bezwecken, argumentiert. Die Schüler sollen individuell gefördert und ungünstige Bildungsvoraussetzungen möglichst ausgeglichen werden (vgl. Portmann, 2004, S. 20-30).

Mit der starken Zunahme von Ganztagsschulen durch die oben genannten Gründe haben sich verschiedene Organisationsformen entwickelt. Es wird idealtypisch zwischen drei schulischen Organisationsformen unterschieden: die gebundene Form, die teilweise gebundene Form und die offene Form. Bei der *gebundenen Ganztagsschule* müssen alle Schüler an mindestens drei Wochentagen für mindestens sieben Zeitstunden an dem ganztägigen Angebot teilnehmen. Die *teilweise gebundene Ganztagsschule* verpflichtet nur einen Teil der Schüler zur Teilnahme am Ganztagsangebot. In der *offenen Ganztagsschule* hingegen ist der Aufenthalt an den ganztägigen Angeboten durch die Schüler oder deren Erziehungsberechtigte für mindestens ein Schulhalbjahr verbindlich zu erklären (vgl. Holtappels, 2010, S. 7-8).

Diese Formen sind bundesweit jedoch in der Praxis nicht immer derart vorzufinden. Unterschiede in der Anzahl der Wochentage und in der Dauer der zur

Verfügung gestellten Zeit für das Betreuungsangebot schwanken (vgl. Popp 2006, S. 178). Dennoch ist allen Organisationsformen von Ganztagsschulen gemein, dass sie „eine über den ganzen Tag gestaltete pädagogische Einheit von Unterricht, außerunterrichtlicher Gestaltung und frei verfügbarer Zeit am Schulort" (Prüß, 2009, S. 45) bilden sollen. Durch die Verbindung von formellen (Unterricht), nicht-formellen (außerunterrichtliche Ganztagsangebote) und informellen Lernformen (Pausen) soll die Ganztagsschule zu einem Lern-, Erfahrungs- und Lebensraum werden, denn durch die Verlängerung des Schulalltags und der daraus resultierenden Verkürzung der Zeit für soziale Kontakte und Freizeitaktivitäten verlagert sich der Lebensmittelpunkt der Heranwachsenden in die Schule (vgl. Althoff, Tenberge-Weber, Verlemann & Zilske, 2009, S. 31). Um die Schule nicht nur zu einem Lern-, sondern auch zu einem Lebensraum zu gestalten, kristallisieren sich in den Ganztagsschulen als wesentliche Zeiträume die Pausen heraus, die vor allem im Zuge der Ganztagsschulentwicklung unter dem Aspekt der Rhythmisierung bzw. Taktung des Schultages wieder verstärkt diskutiert werden und an Bedeutung gewinnen.

2.2 Taktung und Rhythmisierung

Aus dem Griechischen „rhythmos" abgeleitet, bedeutet „Rhythmus" so viel wie Gleichmaß, gleichmäßig gegliederter Ablauf. Damit wird Rhythmus als ein Vorgang verstanden, „dessen Bestandteile geordnet, gegliedert, aufeinander bezogen sind und dessen regelmäßige Verlaufsgestalt durch bestimmte Akzentuierungen und Wiederholungen gekennzeichnet" ist (Burk, 2006, S. 95). Im Kontext von Ganztagsschule wird der Begriff der Rhythmisierung häufig genutzt, allerdings oftmals mit unterschiedlichen Konnotationen belegt (vgl. Höhmann & Kummer, 2007, S. 95; Kamski, 2014, S. 15-16). Deshalb werden im Folgenden in Anlehnung an Kamski (2014) die Dimensionen des Rhythmus in der (Ganztags-)Schule vorgestellt.

Kamski (2014, S. 18-24) bezieht den Rhythmus in der (Ganztags-)Schule auf die *Schulebene*, die *Unterrichtsebene* und die *Individualebene* der einzelnen Schüler. Diesen drei Ebenen ordnet sie drei Formen der Rhythmisierung zu: Die *Äußere Rhythmisierung* wird auf die Schulebene bezogen und beinhaltet unter anderem die Einteilung des Schultages in Unterricht- und Pausenblöcke und die Festlegung der Pausenlängen. Die *Innere Rhythmisierung* bzw. Binnen-Rhythmisierung findet auf der Ebene des Unterrichts bzw. des außerunterrichtlichen Angebots statt und umfasst den Wechsel von Unterrichtsmethoden, z. B. durch Differenzierung von Unterrichtsmethoden, die Einrichtung von Arbeitsphasen mit Freiarbeit oder einem Wochenplan oder die Festlegung bestimmter Abschnitte innerhalb eines Unterrichtsblocks, wie Anfangs- und Abschlusskreise oder Pausen. Die *Individuelle Rhythmisierung* spielt sich auf der Ebene des Kindes bzw. Jugendlichen ab und beschreibt beispielsweise die Steuerung der Lernprozesse oder die Art und Weise Lernhilfen zu nutzen.

Burk (vgl. 2006, S. 34) verweist allerdings darauf die Begriffe Rhythmus und Takt voneinander zu trennen. Demnach handelt es sich bei dem Takt um eine schuleinheitlich festgelegte Strukturierung, also beispielsweise um die Festlegung der Abfolge von Unterrichts- und Pausenzeiten, die gleichbleibend sind und somit Beständigkeit haben. Dies entspricht dem Verständnis der Äußeren Rhythmisierung von Kamski (vgl. 2014). Der Rhythmus hingegen lässt sich von den jeweiligen Akteuren der Schule variieren. Es handelt sich nach Burk (2006, S. 34) um die „interne Lernstruktur innerhalb der vorgegebenen Unterrichtsblöcke, die jeweils von der agierenden Lehrkraft und den Kindern gesteuert wird" und außerdem nach äußerer sowie innerer Rhythmisierung unterschieden wird. Die äußere Rhythmisierung von Burk (2006, S. 34) entspricht der Inneren bzw. Binnen-Rhythmisierung von Kamski und findet dementsprechend auf der Unterrichtsebene statt. Sie wird durch die Lehrkräfte oder pädagogischen Mitarbeiter bestimmt. Die innere Rhythmisierung entspricht der Individuellen Rhythmisierung und unterliegt folglich dem Eigenrhythmus des Individuums. Diese Art der Rhythmisierung ist für die Steuerung der Lernprozesse verantwortlich, die Art und Weise, mit der die Schüler eigene Lernstrategien entwickeln, Lernhilfen nutzen, sich in Teamarbeit verhalten oder auch Kontakt zu Mitschülern oder Lehrkräften aufnehmen (vgl. Burk, 2006, S. 34).

Diese Begriffsbestimmungen können auf die Zeitkonzepte von Schulen übertragen werden. Allgemein unterscheidet Danner (2008) zwei grundlegende Zeitkonzepte. Auf der einen Seite die „Organisation von Schule und institutionalisierter Lernsituationen nach linearen Zeitvorgaben", die eher dem Takt und der Rhythmisierung von klassischen Schulen entsprechen (Danner, 2008, S. 118). In einer linearen Schule ist der Takt vorgegeben und eventuell erfolgt eine äußere Rhythmisierung durch die Lehrkraft im Unterricht. Eine innere Rhythmisierung ist in der Regel nicht vorgesehen. Hildebrandt-Stramann (2010, S. 15) gibt für dieses Zeitmodell zu bedenken, dass eine einseitige lineare Organisation eines Schultages auf ein systematisches Lernen ausgerichtet ist und im Zusammenhang mit dem ständigen Sitzen zu einer „mehr oder weniger passiven, einsinnigen, monotonen Lehr-Lernkultur" führe.

Auf der anderen Seite existieren Schulen, die ihre Zeitmuster an der Eigenzeit der Schüler ausrichten (vgl. Danner, 2008, S. 118). An der Eigenzeit orientierte Schulen sind in der Regel reformorientierte Schulen und besitzen ebenfalls einen festen Takt, der im Extremfall allerdings lediglich den meist offenen Schulanfang und das Schulende bestimmt. Die weiteren Phasen sind der äußeren und inneren

Rhythmisierung durch Lehrer und Schüler überlassen. Diese an dem Eigenrhythmus der Schüler orientierte Schule wird dagegen mit ideologischen Überzeugungen oder Unterstellungen verbunden, die davon ausgehen, dass es einen typischen Lebens- und Lernrhythmus für Heranwachsende gebe, der als ein „kind- und lerngerechter Zeitrhythmus pädagogisch förderlich" sei (vgl. Kolbe, Rabenstein & Reh, 2006, S. 3). Allerdings ist der physiologische Leistungskurvenverlauf in pädagogischen Zusammenhängen jedoch nach wie vor ein wenig erforschtes Feld, bei dem davon ausgegangen wird, dass alle Heranwachsenden weitgehend identischen Aktivitäts- und Ruhephasen unterliegen (vgl. Kamski, 2014, S. 12-13).

Kamski (2012, S. 13) resümiert, dass der Begriff Rhythmisierung häufig im reformpädagogischen Sinne verwendet und interpretiert wird, d. h. dass sich die Schule an der Eigenzeit der Heranwachsenden und am Leben orientiert. Damit erfolgt eine Abgrenzung zur systematisierten und am linearen Lernen orientierten Schule, in dem das formelle Lernen dominiert (vgl. Kolbe, Rabenstein & Reh, 2006). Der Begriff der Rhythmisierung stellt somit bislang gewissermaßen eher eine „Metapher für den reformpädagogischen Kerngedanken einer kindgemäßen Lebensschule" dar (Kamski, 2014, S. 13). Allerdings ist ebenfalls festzustellen, dass sich im wissenschaftlichen und im praxisorientierten Diskurs der Begriff Rhythmisierung mittlerweile so fest etabliert hat, dass es kaum mehr möglich erscheint ihn zu ersetzen. Kamski (2012, S. 9) rät vor diesem Verständnis von Rhythmisierung dazu, dem Vorschlag von Kolbe, Rabenstein und Reh (2006) zu folgen, die für den Begriff „Zeitstrukturierungsmodelle" plädieren. Des Weiteren ruft Kamski dazu auf (2012, S. 9), jeweils klar zwischen der Schulebene, Unterrichtsebene und Individualebene zu unterscheiden und dabei Takt und Rhythmus als ordnende Größen zu verwenden, damit eine Orientierung im „Rhythmisierungsdschungel" möglich ist (vgl. Abb. 1).

Takt *gleichbleibend, beständig*	Äußere **Rhythmisierung** *variabel*	Innere
Schulebene	Unterrichtsebene	Individualebene
Festlegung • der Dauer und Abfolge von Unterrichts- und Pausenzeiten • bestimmter Abschnitte innerhalb von Unterrichtsblöcken, z. B. Offener Anfang, Arbeitsgemeinschaften	• Wechsel der Lehr- und Lernformen innerhalb eines Unterrichtsblocks • Differenzierung von Unterrichtsmethoden • Einrichtung von Arbeitsphasen in Freiarbeit oder mit Wochenplan • Festlegung bestimmter Abschnitte innerhalb eines Unterrichtsblocks, z. B. Morgen- oder Abschlusskreis	• Individuelle Steuerung des eigenen Lernprozesses • Entwicklung eigener Lernstrategien • Nutzung von Lernhilfen • Umgang mit Mitschülern und Lehrern • Verhalten in Teamarbeit
...gelenkt durch das System Schule	...gelenkt durch die Lehrkraft oder die Schüler	...gelenkt durch den individuellen Schüler

Zeitkonzepte

nach linearen Zeitvorgaben	an Eigenzeit der SuS orientiert
• vorgegebener **Takt** • evtl. **Äußere Rhythmisierung** durch Lehrkraft • keine **Innere Rhythmisierung**	• vorgegebener Takt (im Extremfall nur Schulbeginn und -ende festgelegt) • Äußere Rhythmisierung durch Lehrpersonal • **Innere Rhythmisierung** durch SuS
• eher Modell **klassischer** Schulen • Gefahr einer passiven, monotonen Lehr-Lernkultur	• eher Modell **reformorientierter** Schulen • Gefahr einer Ideologisierung und Unterstellung eines typischen Lebens- und Lernrhythmus

Abb. 1 Dimensionen der Rhythmisierung und ihre Ausprägung in schulischen Zeitkonzepten in Anlehnung an Kamski (2014), Burk (2006) und Danner (2008)

Diese dargestellten Überlegungen zur Taktung und Rhythmisierung stellen eine Orientierungshilfe dar, liefern aber keine Hinweise, wie ein Tag im Sinne einer ‚Best-Practice-Lösung' getaktet und rhythmisiert werden sollte. Wie bereits anhand der Zeitmodelle nach Danner (2008) angedeutet, sind die Art und Weise der Gestaltung des Tagestaktes und die daraus hervorgehenden Rhythmisierungsmöglichkeiten eng mit der jeweiligen Schulphilosophie verknüpft (vgl. Kolbe, Rabenstein & Reh, 2006, S. 39; Laging et al., 2010, S. 32). Die nachfolgenden Beispiele sind dementsprechend vor diesem Hintergrund zu betrachten.

2.3 Zeitstrukturierungsmodelle

Auf den theoretischen Vorüberlegungen zur Taktung und zur Rhythmisierung von Schulen aufbauend stellt sich Burk (2006, S. 34) die Frage, „wie eine ganztägig arbeitende Schule das Lernen und Leben für Schüler(-innen) in eine für ihre Gesamtentwicklung förderliche Taktung und Rhythmisierung überführt". Die Frage nach dem Umgang mit dem größeren Zeitbudget und der damit verbundenen Entzerrung des Schultages nimmt eine zentrale Stellung bei der Gestaltung von Ganztagsschulen ein, da sie damit maßgeblich viele weitere Bereiche, wie Unterrichtsblöcke und Pausenphasen, beeinflusst. Aus diesem Grund stellen sich auch Höhmann und Kummer (2007, S. 91-94) die Frage: Wie muss die zeitliche Abfolge (Unterrichtsstunde und Pause) und Strukturiertheit des Schultages aussehen, um den Heranwachsenden einen sinnvollen Wechsel von Anspannung und Entspannung zu gewährleisten? Eine sinnvolle Taktung und Rhythmisierung sind gerade an einer Ganztagsschule elementar, da ein Wechsel von Anspannung und Muße, der den Schülern sowohl im Unterricht als auch im gesamten Tagesablauf geboten werden soll, zur Steigerung der Lernatmosphäre und Verbesserung der Lernkultur beiträgt (vgl. Schnetzer, 2009, S. 102; Bildungskommission NRW, 1995, S. 92).

Der Blick in die Schulpraxis offenbart, „dass es ein bestimmtes Zeitstrukturmodell für Ganztagsschulen nicht gibt, sondern jede Schule ihren eigenen individuell gestalteten Weg der Zeitstrukturierung geht" (Schnetzer, 2009, S. 106). In der Konsequenz ist der Umgang mit Pausenzeiten an einer Ganztagsschule oftmals flexibel sowie von Schule zu Schule unterschiedlich. Diese verschiedenen Organisationmodelle von Ganztagsschulen bieten „unterschiedlich große Möglichkeiten mit Zeit und Zeiteinheiten den Schulalltag zu einer verbesserten Lernatmosphäre zu entwickeln" (Schnetzer, 2009, S. 101). Anhand konkreter Ganztagsschulen kann aufgezeigt werden, welche verschiedenen Möglichkeiten einer sinnvollen Rhythmisierung von Anspannungs- und Entspannungsphasen über den gesamten Tag existieren (vgl. u. a. Kamski, 2014, S. 71-144; Hildebrandt-Strahmann, 2010, S. 90-177; 2014 und Laging et al., 2010, S. 30-71).

Appel (1998) zeigt aus der Praxis verschiedene „Stundenraster" zur Taktung des Schultages auf und fasst damit unterschiedliche Modelle zur zeitlichen Strukturierung des Schultages auf einer Metaebene zusammen. Die Stundenrastermodelle beziehen sich dabei jeweils auf die Gliederung des Schultages nach einer Unterrichtsstundendauer von 45 Minuten, wobei eine eventuelle Mittagsfreizeit ebenfalls als eine „Stunde" angesehen wird. Appel (vgl. 1998, S. 148-157) unterscheidet zwischen vier verschiedenen „Stundenrastern" oder „Takten" von Ganztagsschulen, die seiner Ansicht nach am häufigsten in der Praxis zu finden sind. Diese können, je nachdem, ob der Freitag als Ganztag ausgerichtet ist, noch variiert werden. Zum einen gibt es zwei Modelle mit einem 10-Stunden-Raster: In beiden Modellen ist der Schultag von 8.00-16.30 Uhr getaktet. Während bei dem ersten 10-Stunden-Raster eine große Pause (15-30 Minuten) stattfindet und der Unterricht in 6 Schulstunden am Vormittag und 4 Schulstunden am Nachmittag eingeteilt wird, dauert die Mittagsfreizeit im zweiten 10-Stunden-Raster zwischen 30 und 50 Minuten und wird in 5 Schulstunden am Vormittag und 4 Stunden am Nachmittag eingeteilt. In der zweiten Variante wird den Pausen und der Entspannungsphase somit eine höhere Priorität zugesprochen, indem die Pausen um eine Mittagsfreizeit ergänzt werden.

Ein weiteres Modell ist das 9-Stunden-Raster: Der Schultag hat ebenfalls eine Dauer von 8.00-16.30 Uhr. Er wird durch eine Mittagsfreizeit (45-70 Minuten) in 6 Schulstunden am Vormittag und 2 Schulstunden am Nachmittag unterteilt. Zuletzt gibt es noch das 8-Stunden-Raster. Hier dauert der Schultag von 8.00-15.30 Uhr und wird durch eine längere Mittagsfreizeit (50-80 Minuten) in 5 Schulstunden am Vormittag und 2 Schulstunden am Nachmittag eingeteilt. Dieses Raster gilt als „Sparversion" und wird nur in Ausnahmefällen (z. B. bei Versuchsschulen) durchgeführt (vgl. Tab. 1).

Tab. 1 Stundenraster an Ganztagsschulen (Kamski, 2014, S. 73; in Anlehnung an Appel, 2004)

	1	2	3	4
Raster	10-Stundenraster	9-Stundenraster	8-Stundenraster	8-Stundenraster
Länge des Schultages	8.00–16.30 Uhr	8.00–16.30 Uhr	8.00–16.30 Uhr	8.00–15.30 Uhr
Vormittag	6 Schulstunden	5 Schulstunden	6 Schulstunden	6 Schulstunden
Mittagspause	15–30 Minuten	30–50 Minuten	45–70 Minuten	45–70 Minuten
Nachmittag	4 Schulstunden	4 Schulstunden	2 Schulstunden	2 Schulstunden

Im Folgenden werden, der Forschungsfrage entsprechend, drei Zeitmodelle zur Pausenstruktur von Ganztagsgymnasien exemplarisch dargestellt und miteinander verglichen: eine offene Ganztagsschule (Gymnasium Neue Oberschule in Braunschweig), eine gebundene Ganztagsschule (Städtisches Gymnasium Thusneldastraße in Köln) und ein G8 Gymnasium (Gymnasium Neu Wulmstorf). Das Städtische Gymnasium Thusneldastraße in Köln ist eine Ganztagsschule in einer gebundenen Form, sodass an drei Tagen in der Woche ein verpflichtender Ganztag für die Schüler vorgesehen ist. Der Schultag beginnt für alle Schüler um 8.10 Uhr und endet an den Ganztagen nach der 6. Schulstunde um 16.10 Uhr. Es handelt sich durchgehend um eine 60-Minuten Taktung, was bedeutet, dass die Unterrichtseinheiten eine Länge von 60 Minuten haben. Die Taktung des Gymnasiums führt zu einer Aufteilung des Schultages in vier Unterrichtseinheiten am Vormittag, einer Mittagsfreizeit von 65 Minuten und zwei weiteren Unterrichtseinheiten nach der Pause. Die Unterrichtszeit beträgt somit 360 Minuten am Tag bei einer Pausenzeit von 115 Minuten, die sich auf 65 Minuten Mittagsfreizeit, drei kleine Pausen von 10 Minuten und eine große Pause von 20 Minuten Dauer verteilen. Diese Schule kann am ehesten dem 9-Stunden-Raster mit einer Mittagsfreizeit zugeordnet werden (vgl. Tab. 2).

Tab. 2 Tagestaktung des Städtischen Gymnasiums Tusneldastraße, Köln

Städtisches Gymnasium Thusneldastraße, Köln Gebundene Ganztagsschule mit 60 Minuten Taktung	
Uhrzeit	*Unterrichts- und Pausenzeiten*
8.10 – 9.10	1. Unterrichtsstunde
9.10 – 9.20	Kleine Pause (10 Minuten)
9.20 – 10.20	2. Unterrichtsstunde
10.20 – 10.40	Große Pause (20 Minuten)
10.40 – 11.40	3. Unterrichtsstunde
11.40 – 11.50	Kleine Pause (10 Minuten)
11.50 – 12.50	4. Unterrichtsstunde
12.50 – 13.55	Mittagsfreizeit (65 Minuten)
13.55 – 14.55	5. Unterrichtsstunde
14.55 – 15.05	Kleine Pause (10 Minuten)
15.05 – 16.05	6. Unterrichtsstunde

Beim Gymnasium Neue Oberschule in Braunschweig handelt es sich um eine offene Ganztagsschule, deren Schultag durch einen 90-Minutentakt festgelegt ist. Den Schülern steht an ein bis vier Tagen pro Woche ein freiwilliges Ganztagsangebot zur Verfügung. Der Schultag beginnt für alle Schüler um 7.50 Uhr und endet für die Schüler der Jahrgänge sieben bis zehn, falls das Ganztagsangebot angenommen wird, um 15.30 Uhr. Durch die 90-Minuten-Taktung haben die Schüler vier verschiedene Unterrichtsstunden, die sich auf drei Doppelstunden am Vormittag und eine Doppelstunde am Nachmittag, im Anschluss an eine einstündige Mittagsfreizeit, verteilen. Diese Schule kann dem 9-Stunden-Raster mit einer Mittagsfreizeit zugeordnet werden (vgl. Tab. 3).

Tab. 3 Tagestaktung des Gymnasiums Neue Oberschule, Braunschweig

Gymnasium Neue Oberschule, Braunschweig Offene Ganztagsschule mit 90 Minuten Taktung	
Uhrzeit	*Unterrichts- und Pausenzeiten*
7.50 – 9.20	1.-2. Unterrichtsstunde
9.20 – 9.40	1. Große Pause (20 Minuten)
9.40 – 11.10	3.-4. Unterrichtsstunde
11.10 – 11.30	2. Große Pause (20 Minuten)
11.30 – 13.00	5.-6. Unterrichtsstunde
13.00 – 14.00	Mittagsfreizeit (60 Minuten)
14.00 – 15.30	7.-8. Unterrichtsstunde

Das Gymnasium Neu Wulmstorf ist ein G8-Gymnasium ohne Ganztagsangebote, welches nach einem 45-Minuten Takt rhythmisiert ist. Für die Schüler beginnt der Unterricht um 8.00 Uhr und endet am längsten Schultag mit acht Schulstunden um 15.15 Uhr. Die Pausen teilen sich in fünf kleine Pausen von 5 Minuten Dauer und in zwei große Pausen von 20 bzw. 30 Minuten Dauer auf. Es gibt somit keine explizite Mittagsfreizeit für die Schüler. Dieses G8-Gymnasium kann dem 8-Stunden-Raster zugeordnet werden, allerdings wird hier die Mittagsfreizeit durch eine Unterrichtsstunde ersetzt (vgl. Tab. 4).

Bei der Gegenüberstellung der einzelnen Pausen- bzw. Unterrichtsstrukturen der drei Schulen wird deutlich, dass alle drei mit einer spezifischen Taktung arbeiten, die sich kaum 1:1 auf die Zeitstrukturmodelle von Appel (1998) übertragen lassen und somit die individuell gestalteten Wege der Zeitstrukturierung von Ganztagsschulen unterstreichen. Alle Schulen haben eine unterschiedliche Taktung von Unterrichtsblöcken, die 45-, 60- oder 90-Minuten lang sind. Dies hat zur Folge, dass auch die Anzahl der Pausen bzw. deren Längen variieren. Auf den ersten Blick unterscheidet sich das G8-Gymnasium Neu Wulmstorf dahingehend von den beiden anderen Schulen, als dass es keine Mittagsfreizeit gibt. Die offene Ganztagschule,

Tab. 4 Tagestaktung des Gymnasiums Neu Wulmstorf

Gymnasium Neu Wulmstorf G8 Gymnasium mit 45 Minuten Taktung	
Uhrzeit	*Unterrichts- und Pausenzeiten*
8.00 - 8.45	1. Unterrichtsstunde
8.45 - 8.50	Kleine Pause (5 Minuten)
8.50 - 9.35	2. Unterrichtsstunde
9.35 - 9.55	1. Große Pause (20 Minuten)
9.55 - 10.40	3. Unterrichtsstunde
10.40 - 10.45	Kleine Pause (5 Minuten)
10.45 - 11.30	4. Unterrichtsstunde
11.30 - 11.35	Kleine Pause (5 Minuten)
11.35 - 12.20	5. Unterrichtsstunde
12.20 - 12.50	2. Große Pause (30 Minuten)
12.50 - 13.35	6. Unterrichtsstunde
13.35 - 13.40	Kleine Pause (5 Minuten)
13.40 - 14.25	7. Unterrichtsstunde
14.25 - 14.30	Kleine Pause (5 Minuten)
14.30 - 15.15	8. Unterrichtsstunde

Gymnasium Neue Oberschule und die gebundene Ganztagsschule, Städtisches Gymnasium Thusneldastraße haben jeweils Mittagspausen von mindestens 60 Minuten Dauer. Des Weiteren zeigen sich Unterschiede in der Anzahl und Dauer der kleinen Pausen. An dem G8 Gymnasium gibt es nach jeder 45-minütigen Unterrichtsstunde mindestens eine 5-minütige kleine Pause, sodass die Schüler an einem Schultag mit acht Schulstunden fünf dieser Pause haben. Am Städtischen Gymnasium Thusneldastraße und dem Gymnasium Neue Oberschule gibt es zwar auch nach jedem Block eine Pause, die Unterrichtsstunden haben aber eine längere Dauer, nämlich 60 Minuten und 90 Minuten statt 45 Minuten. Daher gibt es an diesen beiden Schulen auch nur drei bzw. sogar nur zwei der kleinen Pausen, die jedoch dafür mit 10 und 20 Minuten auch doppelt bzw. viermal so lang sind.

Anhand dieser Ausführungen wird deutlich, dass die Anzahl sowie die Länge der Pausen in der Praxis unterschiedlich ausfallen und die Pause in allen Organisationsformen der Ganztagsschule einen wesentlichen Teil der Rhythmisierung des Schulalltags einnimmt. Die Anzahl und der Umfang der Pausen sowie die Dauer der Unterrichtsstunden spielen somit eine wichtige Rolle bei der Rhythmisierung des Schultages (vgl. Holtappels, 1994).

Anhand der drei ausgewählten Schulen werden die jeweiligen Pausenzeiten in Relation zum Aufenthalt an der Schule an einem verlängerten Schultag sowie zur Wochenstundentafel berechnet (vgl. Tab. 5). Die Wochenstundenzahl, ausgehend von einer 45 Minuten Unterrichtsstunde, beträgt in Nordrhein-Westfalen an einem Gymnasium mit Abitur in acht Jahren in der Sekundarstufe I für die Klassen 5 und 6 zwischen 30-33 Stunden, für die Klassen 7 und 8 zwischen 31-34 Stunden und für die Klasse 9 zwischen 32-35 Stunden (vgl. Schulministerium NRW, 2014a, S. 10). In Niedersachsen sind für die Klassen 5 und 6 genau 30 Stunden, für die Klasse 7 genau 32 Stunden, die Klassen 8 und 9 genau 33 Stunden und für die Klasse 10 genau 34 Stunden vorgesehen (vgl. Niedersächsisches Kultusministerium, 2015, S. 4).

Tab. 5 Gegenüberstellung der Zeitstrukturmodelle (für Jugendliche) an drei Ganztagsgymnasien mit unterschiedlicher Konzeption

Zeitstrukturmodelle an drei ausgewählten Ganztagsschulen	Offene Ganztagsschule (Gymnasium Neue Oberschule)	Gebundene Ganztagsschule (Städtisches Gymnasium Thusneldastraße)	G8-Gymnasium (Gymnasium Neu Wulmstorf)
Ganztagsunterricht pro Woche	1-4 Tage freiwillig	3 Tage	-----------
Rhythmisierung	90 Minuten Takt	60 Minuten Takt	45 Minuten Takt
Kleine Pausen (Gesamt)	---------	30 Minuten	25 Minuten
1. Große Pause	20 Minuten	20 Minuten	20 Minuten
2. Große Pause	20 Minuten	-----------	30 Minuten
Mittagsfreizeit	60 Minuten	65 Minuten	-----------
Pausenzeit pro Tag	100 Minuten	115 Minuten	75 Minuten
Unterrichtszeit pro Tag	max. 360 Minuten	max. 360 Minuten	max. 360 Minuten
Relation von Pausen und Unterrichtszeit an einem Ganztag	Pause: 21,7% Unterricht: 78,3%	Pause: 24,2% Unterricht: 75,8%	Pause: 17,2% Unterricht: 82,8%
Pausenzeit pro Woche in Minuten und Unterrichtseinheiten (45min.)	500 Minuten bzw. ca. 11 UE	575 Minuten bzw. ca. 13 UE	375 Minuten bzw. ca. 8 UE
Unterrichtszeit pro Woche in Minuten und Unterrichtseinheiten (45min.)	1350-1530 Minuten bzw. 30-34 UE	1350-1575 Minuten bzw. 30-35 UE	1350-1530 Minuten bzw. 30-34 UE
Relation von Pausen zur Wochenstundentafel in Minuten und Prozent	500/1350-500/1530 Minuten ~ 37% – 32,7%	575/1350-575/1575 Minuten ~ 42,6% – 36,5%	375/1350–375/1530 Minuten ~ 27,8% – 24,5%

Der Vergleich der Pausenzeit in den jeweiligen Ganztagsgymnasien demonstriert, dass die maximale Unterrichtszeit eines Schultages aller drei Schulen bei 360 Minuten liegt, aber das Verhältnis von Pause zu Unterricht deutlich differiert. Das Wulmstorfer Gymnasium mit einem achtjährigen Abitur weist an einem langen Schultag ein Verhältnis von ca. 17 % Pause zu ca. 83 % Unterricht auf. Die beiden anderen Gymnasien hingegen arbeiten mit höheren Pausenanteilen zwischen ca. 22 % und 24 %. Des Weiteren ergibt sich bei einer Umrechnung auf eine ganze Schulwoche, dass das Gymnasium Neue Oberschule und das Städtische Gymnasium Thusneldastraße ihren Schülern zwischen 500 und 575 Minuten Pause ermöglichen. In Einheiten von 45 Minuten Dauer ausgedrückt entsprechen diese Pausenzeiten ca. 11-13 Unterrichtseinheiten. An dem Gymnasium aus Neu Wulmstorf sind es hingegen nur 375 Minuten Pause und dementsprechend auch nur ca. 8 Unterrichtseinheiten pro Woche. Dabei ist zu berücksichtigen, dass diese Schule keine Mittagsfreizeit zur Verfügung stellt und der Pausenumfang sich somit nur auf die kleinen und großen Pausen bezieht.

Setzt man die Zeit der Pause in Relation zur Wochenstundentafel, nach der die jeweilige Schule unterrichtet, zeigt sich, dass an gebundenen Ganztagsgymnasien, die nicht in einer G8-Konzeption arbeiten, ein Pausenumfang von bis zu 43 % der wöchentlichen Unterrichtszeit existieren kann. Die beispielhaft ausgewählten Ganztagsschulen weisen im Einzelnen diesbezüglich jedoch deutlich unterschiedliche Werte auf. Während an der offenen und an der gebundenen Ganztagsschule Werte zwischen 33 % und 37 % bzw. 37 % und 43 % identifiziert werden können, offenbart sich, dass die wöchentliche Pausenzeit an dem G8-Gymnasium aus Neu Wulmstorf nur 25 % bis 28 % einnimmt, also nicht einmal ein Drittel der Unterrichtszeit. Die errechneten Werte zeigen zudem, dass der prozentuale Anteil der Pause bei älteren Schülern aufgrund der höheren Wochenstundenzahl zurückgeht.

Aus den Darlegungen und Berechnungen der Pausenzeiten und -anteile lässt sich schließen, dass Lernende, zumindest an G9-Gymnasien, somit in den Pausen zwei bis dreimal so viel Zeit auf dem Schulhof oder in den Innenräumen der Schule verbringen wie für die meisten Unterrichtsfächer Zeit vorgesehen ist. Insbesondere der Vergleich zum Sportunterricht zeigt auf, dass Schülern in der wöchentlichen Pausenzeit deutlich mehr Zeit zum Bewegen und Ausleben geboten wird als in den Sportstunden. Wenn man zusätzlich bedenkt, dass häufig nur ein geringer Teil des Sportunterrichts als effektive Bewegungszeit genutzt wird (vgl. Scherler, 2000, S. 53; Enderlein, Schattat & Welsch, 2008, S. 31), erscheint es immer wichtiger, den Schülern vielfältige Bewegungsaktivitäten auf ihrem Schulhof zu ermöglichen.

Während in Halbtagsschulen pro Woche zwischen 150 und 315 Minuten Pause zusammenkommen (vgl. Kraft, 1977, S. 29), nimmt die Pausendauer an einem gebundenen Ganztagsgymnasium deutlich zu und beträgt durchschnittlich zwischen

500 und 575 Minuten in der Woche, was sich auf die verschiedenen Taktungen der einzelnen Schulen zurückführen lässt. Heranwachsende verbringen demnach im Schnitt ca. zehn bis 13 Unterrichtsstunden und damit „einen nicht unerheblichen Teil ihrer gesamten Schulzeit" relativ unreglementiert in Pausenräumen (Kegler, 2009, S. 75). Die Pausen, vor allem die Mittagsfreizeit, erfährt somit in Ganztagsschulen eine hohe Bedeutung. Diese kann G8-Gymnasien allerdings nur bedingt zugesprochen werden, da die angeführte Schule keine Mittagsfreizeit anbietet und der Pausenumfang mit 375 Minuten nur geringfügig über dem der Halbtagsschulen liegt. An diesem G8-Gymnasium dienen die Pausen somit in erster Linie zum Raumwechsel und zur Nahrungsaufnahme. Damit wird das Potenzial der Pausen und auch des informellen Lernens deutlich eingeschränkt. Dies gilt allerdings nicht für alle G8-Gymnasien, denn beispielsweise in Nordrhein-Westfalen ist laut Erlass eine Mittagsfreizeit von 60 Minuten an G8-Gymnasien verpflichtend (vgl. Schulministerium NRW, 2014b, S. 1).

Wie an den exemplarisch dargestellten Zeitstrukturierungsmodellen zu erkennen ist, existieren verschiedene Formen von Pausen, auf die im Folgenden ausführlicher eingegangen wird.

2.4 Formen von Pausen

In Anlehnung an Anrich (2002, S. 33; vgl. auch Voellmy & Wettstein, 1992, S. 8) und die Modelle zur Rhythmisierung von Ganztagsschulen (Kap. 2.4.1) kann, ungeachtet der individuellen Schulkonzepte, nach vier Pausenformen unterschieden werden: Die *Minipausen*, die *kleinen Pausen* und die *großen Pausen*, die vor allem an Halbtagsschulen den Unterricht unterbrechen. In Ganztagsschulen sind diese Pausenformen ebenfalls vertreten. Zusätzlich kommt noch die vierte Form, die *Mittagsfreizeit*, hinzu, die eine Brücke zwischen Vor- und Nachmittag darstellt (Kap. 2.4.2). Diese Formen von Pausen werden im Folgenden vorgestellt und hinsichtlich ihrer Dauer diskutiert.

2.4.1 Minipause, kleine Pause und große Pause

Die *Minipausen* bieten den Schülern die Möglichkeit „nach Bedarf während des laufenden Unterrichts und auch während der Klassenarbeiten selbstverantwortlich" aus dem Unterrichtsgeschehen auszutreten, da sie lediglich wenige Sekunden dauern und nicht als Störung betrachtet werden (Anrich, 2002, S. 34). Im Sinne einer

Inneren Rhythmisierung (vgl. Kap. 2.2) fungieren die Minipausen für die Schüler als Regeneration der „Arbeits- und Konzentrationsfähigkeit" (Anrich, 2002, S. 34). Für unruhige Schüler sollte nach Enderlein, Schattat und Welsch (2008) während des Unterrichts jederzeit die Möglichkeit bestehen, nach Bedarf individuelle „Sause-Pausen" einzulegen (vgl. Enderlein, Schattat & Welsch, 2008, S. 32).

Die kleinen sowie großen Pausen werden zeitlich durch den Schulrhythmus bzw. die Taktung gesteuert (vgl. Kap. 2.2), wie zum Beispiel durch das Einsetzen des Klingelzeichens. Wenn die Pausen eine Zeitspanne von ca. drei bis 10 Minuten haben, werden sie als *kleine Pausen* definiert. Sie decken in etwa den Zeitraum zwischen den einzelnen Stunden, der mit Raum- und Platzwechsel sowie Materialienverteilung oder Ordnungsaufgaben wie dem Tafelwischen einhergeht. Pausen zwischen 15 und 30 Minuten gelten als *große Pausen*. Diese Zeit dient vor allem an Halbtagsschulen zur Nahrungsaufnahme sowie als Bewegungs- oder Ruhephase. Die Lehrer fungieren in diesen Pausen ausschließlich als Beaufsichtigende. Dies impliziert, dass die Schüler ihre Pause selbstständig und selbstverantwortlich ausrichten (vgl. Anrich, 2002, S. 34).

Die Länge der großen Pause ist nach Forster (2000, S. 127) zur Erholung und Bewegungsförderung vielleicht ausreichend, aber zur Förderung der Kommunikation von Kindern insgesamt noch zu kurz, da diese einige Zeit benötigen, um miteinander „warm" zu werden. Der Kontaktumfang der Schüler wird in der Regel erst zum Pausenende hin größer und somit fehlt ihnen die Zeit, diesen über bereits bestehende Kontakte hinaus auszubauen. Eine Erklärung hierfür könnte nach Auffassung von Forster (2000, S. 163) folgende sein:

> „Die Kinder wechseln von der Aktivitätsform der Sitzarbeit und der primär fremdbestimmten Kommunikation im Unterricht in die offene und primär selbstbestimmte Situation des Pausenhofes mit Bewegung und Interaktionsangeboten. Für diese Umstellung ist ein zusätzlicher Zeitbedarf nötig, der vor allem der sozialen Kommunikation dient."

Vor dem Hintergrund des beschriebenen Interaktionsverhaltens von Kindern in den Pausen liefert die Untersuchung von Forster (2000, S. 162) den „dringenden Hinweis für eine Wiederaufnahme der Diskussion der Pausenzeit". Untersuchungen in Ganztagsschulen bestätigen diese Ergebnisse und zeigen auf, dass die Kinder sich sogar in den Mittagspausen mehr freie Zeit für selbstbestimmte Tätigkeiten, vor allem für selbstbestimmte Spielaktivitäten, wünschen (vgl. Derecik, 2011, S. 116; Wissenschaftlicher Kooperationsverbund, 2005, S. 44-46).

Schmalfeld (2010, S. 76) und Derecik (2011, S. 252-253) ergänzen diese Ergebnisse für Jugendliche und stellen fest, dass diese mehr Zeit für Ruhe und Kommunikation benötigen. Jugendliche sollten in der Ganztagsschule vor allem ausreichend Zeit haben, um Rückzugs- und Kommunikationsnischen zu finden, in denen sie sich ausgiebig mit ihren Freunden unterhalten können. Große Pausen reichen also nicht aus, damit die Schüler genügend Zeiträume für Bewegung, Spiel und Sport oder Ruhe und Kommunikation haben. Insbesondere nicht, wenn bedacht wird, dass diese Zeit auch gleichzeitig zur Nahrungsaufnahme dient. Enderlein, Schattat und Welsch (2008, S. 96) fassen die Klagen der Schüler zusammen und formulieren:

> „Wie soll man in höchstens 20 Minuten essen und trinken, auf die Toilette gehen, sich austoben und ausruhen, gemeinsam Spiele erfinden, Regeln aushandeln, Sanktionen festlegen, Cliquen bilden, Mitglieder aufnehmen und ablehnen, sich streiten und vertragen, sich aneinander messen, miteinander klönen?“

Trotz der unterschiedlichen entwicklungsbedingten Bedürfnisse von Kindern und Jugendlichen in den Pausen von Ganztagsschulen (vgl. Derecik, 2013) verweisen alle empirischen Untersuchungen zur Pausenlänge deutlich darauf, dass die großen Pausen nicht ausreichen, um den unterschiedlichen Bedürfnissen von Schülern und dem Potenzial der verschiedenen Funktionen von Pausen gerecht zu werden (vgl. Kap. 3).

Demzufolge kann allgemein festgehalten werden, dass die längere Pause die optimalere ist und Pausen von weniger als zwanzig Minuten Dauer zu kurz erscheinen. Folglich wäre es ratsam, weniger, aber dafür längere Pausen in Ganztagsschulen zu etablieren. Dafür ist es jedoch notwendig, die Pause zur eigenständigen pädagogischen Situation aufzuwerten und pädagogische Überlegungen zur Pausengestaltung im Schulprogramm aufzunehmen (vgl. Krüger, 1996, S. 27-28). Diese Möglichkeit besteht an Gesamtschulen und reformorientierten Schulen bereits seit längerem. Im Zuge der Entwicklung von Ganztagsschulen kann die Dauer der Pausen nun an weiteren Schulen mit einem verlängerten Tag erhöht und somit die Bedeutung der Pausen im Rahmen einer Mittagsfreizeit aufgewertet werden.

2.4.2 Mittagsfreizeit

Im Qualitätsrahmen für Ganztagsschulen wird deutlich hervorgehoben, dass Pausen nicht nur für Raumwechsel und zur Nahrungsaufnahme existieren, sondern für die Schüler als aktive oder auch passive Freizeit spürbar sein sollten, indem ihnen Freizeitangebote offeriert werden (vgl. Kamski, Schnetzer & Holtappels, 2009, S. 65, 82). Es ist zu berücksichtigen, dass dies realisiert werden kann, „wenn die Pause nur lang genug ist!“ (Krüger, 1996, S. 29; vgl. Fiegenbaum, 2011, S. 63). Dafür ist laut Anrich (vgl. 2002, S. 34) eine Unterbrechung notwendig, die länger als 30 Minuten dauert und welche zwischen größere thematische oder organisatorische

Einheiten gelegt werden sollte. In Ganztagsschulen ist dies in der Regel zwischen dem Vor- und Nachmittag der Fall. Diese längere Unterbrechung wird in Form einer Mittagsfreizeit umgesetzt und als ein zentrales Element, ja gar als „Herzstück" eines sinnvollen schüler- sowie lehrergerecht rhythmisierten und langen Schultags betrachtet (Fiegenbaum, 2011, S. 63; vgl. Kottmann, Küpper & Pack, 2005, S. 41; Holtappels, 1994, S. 109-113).

Die Mittagsfreizeit sollte nach Burk (2005, S. 70) idealerweise in der Zeit zwischen 12:00 und 14:30 Uhr liegen, eine Mindestdauer von 60-90 Minuten aufweisen und den Schülern individuelle, spontan auswählbare Möglichkeiten eröffnen. In den meisten Länderverordnungen zu Ganztagsschulen existieren Empfehlungen zur Dauer der Pause. Nach dem Erlass des Niedersächsischen Schulministeriums ist festgelegt, dass die Gesamtdauer der Pausenzeiten an Halbtagsschulen, je nach Unterrichtsstunden, mindestens 40 oder 50 Minuten betragen sollte. Zusätzlich ist an Ganztagsschulen zwischen den Veranstaltungen am Vor- und Nachmittag eine Mittagsfreizeit von mindestens 45 Minuten vorgesehen (vgl. Niedersächsisches Kultusministerium, 2013). In NRW schreibt der sogenannte „Pausenerlass" (Kultusministerium NRW, 2014, S. 1) sogar vor, dass es eine mindestens 60-minütige Mittagsfreizeit an einer Ganztagsschule geben sollte.[1] Diese Zeit ohne Unterricht und Verpflichtungen ist keine verschenkte Zeit. Vielmehr trägt sie zur Qualitätssteigerung der Ganztagsschule bei und bietet die Möglichkeit, alternative Lernformen zuzulassen sofern den Heranwachsenden genügend räumliche Gelegenheiten geboten werden, um ihre aktuellen und entwicklungsbedingten Bedürfnisse zu verfolgen (vgl. Derecik, 2015a; Enderlein, Schattat & Welsch, 2008, S. 101).

Während Pausen in Halbtagsschulen zumindest von Lehrkräften im Wesentlichen als eine Unterbrechung der Unterrichtsprozesse betrachtet wurden, gewinnen sie nun im Zuge des Ganztags an Bedeutung (vgl. Haenisch, 2011, S. 15) bzw. werden erneut diskutiert. Das Element der Mittagsfreizeit ist in Deutschland recht neu. So haben Regelschulen, die sich neu zu einer Ganztagsschule entwickelt haben bzw. entwickeln, in diesem Bereich die wenigsten Erfahrungen. Neben dem klassischen Verständnis von Pause als Unterbrechung der Arbeit (vgl. Hintz, Pöppel & Rekus, 1993, S. 237) sollte während der Mittagsfreizeit auch den weiteren grundlegenden Bedürfnissen gefolgt werden können, wie dies beispielsweise das Niedersächsische Kultusministerium (2008, S. 51) im Erlass „Die Arbeit in der öffentlichen

1 Im Gegensatz zu den Schulen beruht die Dauer der Pausen in der Berufswelt nicht auf eine Empfehlung, sondern ist schon lange ein anerkannter Faktor und gesetzlich vorgeschrieben. Wenn sich die Pausenlänge an G8-Gymnasien vor Augen geführt wird (vgl. Kap. 2.3), wird offensichtlich, dass die Schüler bei dieser Organisationsform von Schule weniger Rechte besitzen als Arbeitnehmer.

Ganztagsschule" offiziell festgeschrieben ist. Unter dem Punkt „Mittagspause und Mittagessen" wird Folgendes geregelt:

> „Zwischen den schulischen Veranstaltungen am Vormittag und denen am Nachmittag müssen die Schülerinnen und Schüler eine Mittagspause haben. In dieser Zeit sollen sie in der Schule ein Mittagessen einnehmen können sowie Gelegenheit zur Ruhepause oder Teilnahme an Freizeitangeboten haben. [...] Das Mittagsessen und sonstige in der Schule angebotene Getränke und Esswaren sollen eine ausgewogene Ernährung [...] sicherstellen."

Unter diesen Gesichtspunkten wird die Dauer der Mittagsfreizeit zum Mittagessen sowie zur Freizeitgestaltung benötigt. In diesem Zusammenhang korrigiert Fiegenbaum (vgl. 2011, S. 63) den Begriff Mittagspause in „MittagsFreizeit" und fordert die Bereitstellung von Angeboten für die Freizeit. Appel und Rutz (2005, S. 118) gehen sogar davon aus, dass eine kinder- und jugendgerechte Ganztagsschule nur überzeugen kann, wenn sie „grundsätzlich eine freizeitpädagogisch strukturierte Tagesschule" ist. In der Ganztagsschule wird zwischen gebundenen und ungebundenen Freizeitangeboten unterschieden.

Unter gebundenen Freizeitangeboten sind Arbeitsgemeinschaften, Kurse, Werkstätten und Projekte zu verstehen, die von Lehrern oder weiterem pädagogischen Personal geleitet werden (Kamski, 2014, S.150). Diese verbindlichen Freizeitangebote werden vor allem am Nachmittag arrangiert und können von den Schülern frei nach Interesse für einen festgelegten Zeitraum, wie beispielsweise ein Schulhalbjahr, gewählt werden. Die Teilnahme an Aktivitäten des ungebundenen Freizeitangebots hingegen ist freiwillig. Diese Form der Freizeitgestaltung meint demnach, Zeiten und Räume zur freien Nutzung und Gestaltung zur Verfügung zu stellen. Dollinger (vgl. 2014, S. 59) resümiert für Ganztagsschulen allgemein ein Defizit in der Berücksichtigung der ungebundenen Freizeit und formuliert:

> „Ungebundene Freizeit? Zeit für Nichtstun? Rückzug? Sehr häufig führen Schulleitungen bei Nachfragen neben der Aufsichtspflicht auch die Nutzung des ‚Mehr-an-Zeit' für Förderangebote auf, welche sich viele Erziehungsberechtigte so stark für ihre Kinder wünschen. Ja dies hat durchaus Berechtigung – aber wenn wir Kinder und Jugendliche (fast) den ganzen Tag institutionell binden, dann müssen wir auch ihrem Bedürfnis nach Rückzug, Spiel und Freizeit entgegenkommen."

Heranwachsende benötigen gerade nach dem Mittagessen eine Phase,

> „in der sie selbst entscheiden und bestimmen können, wie sie die Zeit bis zum Beginn des Nachmittagsblocks verbringen wollen, um auch eine ‚wirkliche' Pause und Auszeit innerhalb des ansonsten sehr getakteten, fremdgesteuerten und langen Schultages zu erleben und neue Kräfte zu sammeln" (Dollinger, 2014, S. 59).

Während der Mittagsfreizeit sollten die Heranwachsenden die Wahlmöglichkeit zwischen gebundenen und ungebundenen Freizeitangeboten haben, wobei der Schwerpunkt auf der Bereitstellung eines Zeitfensters liegen sollte, welches die Schüler selbstbestimmt gestalten können (vgl. Börner, Eberitzsch, Grothues & Wilk, 2011, S. 23; vgl. Haenisch, 2011, S. 15). Dementsprechend sind gebundene Angebote, „die durch einen Erwachsenen [...] geplant und nach einer geplanten didaktischen Struktur durchgeführt werden" die Ausnahme (Höhmann et al., 2005, S. 94). Die Schulpraxis hat gezeigt, dass sich ungebundene Angebote für die Gestaltung der Mittagsfreizeit etabliert haben, auch wenn sie für die Ganztagsangebote am Nachmittag noch eine Seltenheit darstellen (vgl. Laging et. al., 2010, S. 120-161). In der ungebundenen Zeit ist es von hoher Bedeutung, dass die Schüler während der Mittagsfreizeit ihren Freizeitbedürfnissen nachgehen und diese eigenverantwortlich in einem informellen Rahmen organisieren können. Dementsprechend sollte die Mittagsfreizeit

> „mehr sein als nur eine lange Pause. Sie muss von Schülern nach ihren Vorstellungen von Freizeit mitgestaltet werden können und darf nicht einfach losgelöst und ‚ungestaltet' im Schulalltag stehen" (Verlemann & Zilske, 2011, S. 10).

Erst wenn diese Grundbedingung in Form von gebundenen und ungebundenen Freizeitangeboten durch eine entwicklungsadäquate Raumgestaltung gegeben ist, kann die Mittagsfreizeit bei den Schülern als ein Stück Freiheit im Schulalltag fungieren, in dem sie die Möglichkeit haben, ihre Interessen ohne Leistungsdruck verfolgen zu dürfen (vgl. Derecik, 2015a; Kottmann et al., 1985, S. 9).

Dennoch wird oftmals angemerkt, dass die Mittagsfreizeit gerade bei Jugendlichen nicht als „Freiheit" empfunden wird. Der Hauptgrund hierfür wird in der Einbettung der Mittagsfreizeit zwischen schulischen Veranstaltungen gesehen, die die Schüler dazu verpflichtet, an dieser Pause teilzunehmen (vgl. Verlemann & Zilske, 2010, S. 12). Auch eine Studie der Universität Mainz und der Technischen Universität Berlin bestätigt diese These, indem sie das Unterscheidungskriterium für die Schüler zwischen der Mittagsfreizeit und der außerschulischen Freizeit herausstellt:

> „Schulzeit ist (Anwesenheits-)Pflicht, über ihre Freizeit können sie selbst bestimmen. Die freiwillig besuchten AGs innerhalb des „offenen Angebots", das mittags in der längeren Pause stattfindet, fallen nicht unter Freizeit, da aufgrund der sich noch anschließenden Pflichtstunden die Schüler in dieser Zeit in der Schule bleiben müssen. Die freiwillig besuchten AGs in der Schule nach Ende der Pflichtstunden erleben die SchülerInnen demgegenüber genauso als Freizeit wie die Zeit, die sie an ihrem Wohnortverbringen" (Kolbe, Rabenstein & Reh, 2006, S. 27).

Darüber hinaus vermissen die Schüler während der Mittagsfreizeit Angebote, die sich auf ihre Hobbys beziehen (vgl. Haenisch, 2011, S. 29).

Trotz zahlreicher Idealvorstellungen und Ideen für eine optimale Mittagsfreizeit erklären Derecik (2015a, S. 222) und Fliegenbaum (2011, S. 66), dass es kein Patentrezept für alle Schulen gibt, das „eins zu eins" kopiert werden kann:

> „Ausgehend von ihrem pädagogischen Konzept (bzw. dem Schulprogramm) muss jede Schule entsprechend ihrer spezifischen Situation mit ihren Schülern sowie Lehrkräften und weiterem pädagogischen Personal, Eltern und potentiellen Kooperationspartnern und ihrem Umfeld ein „eigenes Bewegungskonzept" für ihre MittagsFreizeit entwickeln."

Neben den räumlichen Voraussetzungen für ungebundene Angebote ist vor allem eins für die Mittagsfreizeit entscheidend: Sie muss lang genug sein, damit den Heranwachsenden „genügend Zeit für die Einnahme des Mittagessens und Entspannung sowie Aktivitäten gemeinsam mit Gleichaltrigen zur freien Verfügung steht" (Schmalfeld, 2012, S. 163). Erst dann können die im Folgenden angeführten Bedeutungszuweisungen zur Mittagsfreizeit ihr Potenzial entfalten.

Bedeutungen der Pausen in der Ganztagsschule

3

Der Begriff Pause kann zurückverfolgt werden bis ins Griechische und hat seinen Ursprung im Lateinischen „pausa“, was so viel wie „Innehalten, Stillstand, Ende“ bedeutet, und im Griechischen „pausis“, zu Deutsch „Ruhe, Rast“ (Duden, 2007, S. 597). Dieser Bedeutung entsprechend wird auch im „Neuen schulpädagogischen Wörterbuch“ von 1993 die Pause unter kompensatorischen Aspekten als Notwendigkeit zur Regeneration betrachtet:

> „So ist die Pause eine Unterbrechung der Arbeit zum Zweck der Erholung und Wiederherstellung der nachlassenden Kräfte, um danach die unterbrochene Arbeit mit neuer Kraft wieder aufzunehmen“ (Hintz, Pöppel & Rekus, 1993, S. 237).

Während aus Lehrersicht die Pause meist als Unterbrechung des Unterrichts und damit des Lernens angesehen wird, stellt der Unterricht für viele Schüler eher eine Unterbrechung des Lebens in der Schule dar. Für einen Großteil der Lehrer ist das Lernen der Schüler im Unterricht der Hauptgrund, wenn nicht sogar der einzige Grund, für den Schulbesuch. Die Schüler gehen aber oft wegen der Pausen in die Schule, die als übrig gebliebenes Stück Freiheit auf der sogenannten Hinterbühne des Schulalltags fungieren. Damit liegt der Wert der Pausen nicht nur in der Erholungsfunktion vom Kerngeschäft der Schule, also dem Unterricht auf der Vorderbühne, begründet. Vielmehr liegen in den Pausen weitere enorme pädagogische Möglichkeiten, die bislang ungenügend thematisiert wurden. Aufgrund der relativ aktuellen Umgestaltung vieler Regelschulen zu Ganztagsschulen beziehen sich die folgenden Ausführungen vorwiegend auf große Pausen. Diese Bedeutungszuweisungen lassen sich auf die Mittagsfreizeit übertragen und erfahren aufgrund der längeren Pausendauer eine höhere Brisanz.

Um die Bedeutung der Pausen in (Ganztags-)Schulen aufzuzeigen, werden im Folgenden zunächst allgemein die *historische Entwicklung und Funktionen von Pausen* skizziert, die im Zuge der Entwicklung von Ganztagsschulen neu zu betrachten sind (Kap. 3.1). Im Anschluss werden anhand von normativen Begründungen und empirischen Befunden vier spezielle Standpunkte bezüglich der Bedeutung der Pausen vorgestellt, die sich in erster Linie an die Schüler richten, während die Funktionen der Pausen für Lehrer bislang kaum diskutiert werden: Die *Pause als Produktionsfaktor für den Unterricht* (Kap. 3.2), die *Pause als Element der Sicherheitsförderung* (Kap. 3.3), die *Pause als Element zur Gesundheitsförderung* (Kap. 3.4) sowie die *Pause als Sozialraum* (Kap. 3.5). Diese vielfältigen Bedeutungen der Pause sind nicht isoliert zu betrachten, sondern bedingen sich in vielen Aspekten gegenseitig.

3.1 Historische Entwicklung der Pausen in der (Ganztags-)Schule

Wirft man einen Blick auf die historische Entwicklung der Pausen in der (Ganztags-)Schule, so lässt sich zunächst feststellen, dass die Vorstellung von einer Pause als wertvolles Erziehungsfeld nicht neu ist, da bereits Comenius im Jahre 1632 in seiner „Großen Didaktik" ihre Bedeutung für Bewegung und Erholung vom Unterricht erfasst hat (vgl. Flitner, 1966, S. 100). In der Praxis aber hatten die Pausen damals noch keine Bedeutung. Das Interesse der Schule bzw. der Lehrenden an Unterrichtsunterbrechungen und auch an der Gestaltung der Aufenthaltsorte in den Pausen war gering (vgl. Krüger, 1996, S. 26; Forster, 2000, S. 82).

Zu Beginn des 19. Jahrhunderts hatte die Pause primär die Funktion der Nahrungsaufnahme, bestenfalls blieb etwas Zeit zum Spielen (Speichert, 1977, in Reinert & Zinnecker, 1978, S. 20-22). Sie wurde zunächst also nicht unter pädagogischen Gesichtspunkten betrachtet und Aufgabe der Lehrer war es, das Pausengeschehen unter Kontrolle zu halten (vgl. Besele, 1999, S. 57). In der zweiten Hälfte des 19. Jahrhunderts wandelte sich die Bedeutung der Pause auch in der Praxis und die Pause diente vermehrt als *Produktionsfaktor für den Unterricht*. Gründe hierfür waren die zunehmende Wichtigkeit der schulischen Bildung sowie die Qualität der Schulabschlüsse, die wiederum mit der Industrialisierung in Zusammenhang standen. Die Schüler wurden, falls notwendig, durch den Lehrer unter Druck gesetzt, den Unterricht mit größtmöglicher Aufmerksamkeit zu verfolgen. In den Pausen sollten die Schüler dann die Möglichkeit erhalten, sich von den gestiegenen Anforderungen des Unterrichts zu regenerieren, was zur Förderung der Arbeitsleistung notwendig war. Eine einheitliche Pausenregelung gab es zu dieser Zeit aber noch nicht.

Diese wurde erst zum Ende des 19. Jahrhunderts eingeführt und weist die gleichen Grundzüge wie heutige Pausenregelungen an Halbtagsschulen auf (vgl. Besele, 1999, S. 58). Hintergrund waren neue Erkenntnisse in der Ermüdungsforschung und die Einsicht, dass die Aufmerksamkeit von Schülern nicht durch äußeren Druck allein aufrechterhalten werden kann. Demnach wurde eine Pausenregelung als unerlässlich betrachtet, wie sie heute wieder im Zuge der Ganztagsentwicklung unter dem Stichwort Rhythmisierung diskutiert wird (vgl. Höhmann & Kummer, 2007, S. 91-103; Kap. 2.2). Wie die Heranwachsenden „sich erholten, ob durch Spiel, Spaziergänge oder Unterhaltungen im Sitzen oder Stehen, sollte freigestellt bleiben" (vgl. Besele, 1999, S. 58). Die Aufgabe der Lehrenden bestand darin, dafür Sorge zu tragen, dass die Schüler den Klassenraum verlassen und sich nicht weiter mit dem Unterrichtsstoff auseinandersetzten (vgl. Besele, 1999, S. 58).

Nach dem ersten Weltkrieg gelang der Pausenhof und damit die Bedeutung der Pause im Zuge der pädagogischen Reformbewegung mehr in den Fokus pädagogischer Blickwinkel (vgl. Menz, 1997, S. 186-187). Es wurde verstärkt Wert auf die Pausen gelegt und auf die Multifunktionalität der Pausenhöfe verwiesen, um eine kindgerechte Umgebung zu schaffen, die den entwicklungsbedingten Bedürfnissen der Kinder entspricht (vgl. Forster, 2000, S. 84; Kraft, 1977, S. 11). Damit wurden die Pausen als Lebensräume für die Heranwachsenden verstanden, in denen sie ihre *motorischen und sozial-emotionalen Kompetenzen* entwickeln können. Diese Bedeutungszuweisungen lassen sich in die Aspekte *Sicherheitsförderung* und Pause als *Sozialraum* einordnen. In der Zeit des Nationalsozialismus in Deutschland standen wiederum ausschließlich die ideologischen Programme und Erziehungsschwerpunkte im Mittelpunkt (vgl. Menz, 1997, S. 196-197). Die Pausenhöfe zeichneten sich zu dieser Zeit, wie auch heute noch häufig, durch einen Kasernencharakter aus, wodurch die Lehrkräfte das Geschehen auf Schulhöfen problemlos beobachten und Hofordnungen auf dem Schulgelände einfach durchsetzen konnten (vgl. Göhlich, 2009, S. 95; Becker, Bilstein & Liebau, 1997, S. 15). Zur Zeit des Nationalsozialismus fanden vielfach Appelle, Massengymnastik, Exerzierübungen und Zeremonien auf den Schulhöfen statt, zunächst an den Jungenschulen, später auch an den Mädchenschulen, um die Schüler zur Stabilisierung der nationalen Identität zu befähigen (vgl. Axster, 2001, S. 18). Diese spezielle Funktion der Pause kann bestenfalls unter den Gesichtspunkten der *Gesundheits- und Sicherheitsförderung* subsumiert werden, auch wenn diese eher eine untergeordnete Rolle gespielt haben dürften.

In den 50er sowie 60er Jahren dominierten in diesem Kontext die Diskussionen zur Taktung und Rhythmisierung, bei denen der Wechsel von Anspannung und Entspannung im Vordergrund stand. Es wurde davon ausgegangen, dass zwischen dem Vor- und Nachmittag die Leistungsfähigkeit der Schüler auffallend sinkt. Die Mittagsfreizeit sollte im Hinblick auf die Leistungssteigerung der Schüler und

Lehrer als *Produktionsfaktor* dienen und gleichzeitig im Sinne eines *Sozialraums* dazu verhelfen, die Schule als Lebensraum zu gestalten (vgl. Verlemann & Zilske, 2011, S. 9; Appel & Rutz, 2005, S. 141).

Ab den 1970er Jahren beherrschten drei unterschiedliche Ansichten das Feld der Pausenbedeutung. In Bezug auf die Taktung und Rhythmisierung von Schulen hatten erstens Untersuchungen zu physiologischen Leistungskurven Konjunktur (vgl. u. a. Rutenfranz, 1977, Ortner, 1979). Vorkämpfer von Ganztagsschulen und Verfasser von ganztagsspezifischen Konzepten wiesen unter Mitwirkung von Medizinern darauf hin, „dass der Einfluss des Verlaufs der physiologischen Leistungskurve auf das Lernen nicht so eindeutig ist wie bis dato unterstellt wurde, sondern von verschiedenen Faktoren abhängig erscheint" (Kamski, 2014, S. 12). Mehr als der Taktung der Schule wird der didaktischen Gestaltung des Unterrichts durch eine Äußere und Innere Rhythmisierung eine Bedeutung für den Lernerfolg unterstellt.

Eine zweite Gruppe sah die Pause im Sinne einer *Gesundheitsförderung* als Ausgleich zum langen Sitzunterricht und betrachtete dabei Bewegung aus einer medizinisch-orthopädischen Perspektive u. a. als Gegenmittel für Haltungsschäden (vgl. Illi, 1998, S. 1; Gamp & Illi, 1995, S. 146) oder zur Stärkung der Muskulatur und des Immunsystems (vgl. Rohnstock, 1985, S. 18-19). Weitergehende Funktionen, beispielsweise der Erwerb sozialer Kompetenzen, wird von dieser Gruppe nicht in Zusammenhang mit den Pausen gebracht (vgl. Hintz, Pöppel & Rekus, 1993, S. 237). Die dritte Gruppe greift ebenfalls die Überlegungen aus den ersten Reformbewegungen in der Schule auf und geht im Gegensatz zu der Gruppe der physiologischen Leistungskurve davon aus, dass die Pause eine besondere pädagogische Situation ist und eine außerfamiliäre Sozialisationsform bietet. Damit wird die Pause als ein bedeutender Lebens- bzw. *Sozialraum* zur Entwicklung der Heranwachsenden dargestellt (vgl. Krüger, 1996, S. 26). Diese Ansicht wird in jüngerer Zeit immer häufiger vertreten, insbesondere im Zuge der Entwicklung von Ganztagsschulen (vgl. Derecik, 2013; Kanevski & Salisch, 2011a), an denen weitaus mehr Pausenzeiten zur Verfügung stehen als an Halbtagsschulen (vgl. Kap. 2.3). Althoff et al. (2009, S. 31) formulieren die Veränderung des Schulalltags treffend wie folgt: „Die Zeit, die den Kindern zuhause zum Verabreden und Spielen bleibt, verkürzt sich und der Lebens- und ‚Spiel'- Mittelpunkt wird in die Schule verlegt".

Zusammenfassend lässt sich festhalten, dass der Wert der Pausen zu jeder Epoche stark abhängig vom Zeitgeist sowie den jeweiligen bildungs- und schulpolitischen Zielsetzungen war, aber auch von den spezifischen Perspektiven der Fachdisziplinen auf den Gegenstand. Von Ganztagsschulen wird heute gefordert, die diversen historisch zugeschriebenen Funktionszuschreibungen, wie Pause als Produktionsfaktor, Pause als Element der Sicherheitsförderung, Pause als Ort der Gesundheitsförderung und Pause als Sozialraum, umzusetzen. Ganztagsschulen können demnach gesünder und auch erfolgreicher werden, wenn Pausen, insbesondere die Mittagsfreizeit, bewusst eingesetzt werden und der Wechsel von Konzentration und Entspannung sowie die entwicklungsspezifischen Bedürfnisse von Kindern und Jugendlichen berücksichtigt werden (vgl. Drews, 2008; Siepmann & Salzberg-Ludwig, 2006, S. 97-98). Nachdem die historische Entwicklung und die Funktionen von Pausen in der (Ganztags-)Schule auf einer allgemeinen Ebene skizziert wurden, wird nun näher auf die speziell zugesprochenen Bedeutungen der Pause eingegangen.

3.2 Pause als Produktionsfaktor für den Unterricht

Die Bedeutung der Pause als Produktionsfaktor für den Unterricht ist vermutlich die erste und älteste Funktion, die den Pausen zugesprochen werden kann. Dem Verständnis des schulpädagogischen Wörterbuchs von 1993 folgend soll die Pause die Schüler dazu befähigen, die nachlassenden Kräfte wiederherzustellen und danach mit neuer Energie die unterbrochene Arbeit wieder aufzunehmen (vgl. Hintz, Pöppel & Rekus, 1993, S. 237). In diesem Sinne sprechen Arbeitspsychologen der Pause als Hauptaufgabe die vollständige Wiederherstellung der Leistungsfähigkeit zu (Voppel, 1999, S. 14-15) und Reformpädagogen gehen u. a. von einer physiologischen Leistungskurve aus (Rabenstein, 2008, S. 549). Die Pause soll für eine Erholung im Schulalltag sorgen sowie allen Schülern und auch Lehrkräften die Gelegenheit bieten, sich auf die nächste Unterrichtseinheit zu konzentrieren bzw. diesen vor- und nachzubereiten (vgl. Axster, 2001, S. 19; Speichert, 1977, in Reinert & Zinnecker, 1978, S. 35). Als erstes wird auf die Funktion zur *Erholung und Leistungssteigerung durch Bewegung und Ruhe* eingegangen (Kap. 3.2.1) und anschließend werden die wenigen existierenden Ausführungen zur *Vor- und Nachbereitung des Unterrichts* während den Pausen vorgestellt (Kap. 3.2.2).

3.2.1 Erholung und Leistungssteigerung durch Bewegung und Ruhe

In der Tradition der etymologischen Bedeutung des Begriffs steht neben dem Mittagessen und den Erkenntnissen der Rhythmisierung vor allem der Aspekt der Regeneration und Leistungssteigerung im Zentrum der Bedeutungszuweisung. Die Bedeutung der Erholung und Leistungssteigerung in den Pausen als Produktionsfaktor für den Unterricht gewinnt im Zuge der Ganztagsentwicklung unter dem

Aspekt der Rhythmisierung an neuer Brisanz (vgl. Höhmann & Kummer 2007, S. 91-103). Die Berücksichtigung des natürlichen Biorhythmus während des Schulalltags wird in den gegenwärtigen Diskussionen rund um die Ganztagsschulen wieder neu thematisiert, da ein „sinnvoll abgestimmter Tages-, Wochen-, Monats- und Jahresplan nachweislich die Voraussetzungen für Lernen, Leistung und Erholung" für die Schüler günstig beeinflusst (Salzberg-Ludwig, 2004, S. 97). In Bezug auf Pausen, speziell die Mittagsfreizeit, ist es wichtig, die gewonnenen Erkenntnisse der Chronologie des menschlichen Biorhythmus mit zu berücksichtigen (vgl. Bergmann & Fiegenbaum, 2009, S. 9-10), da der menschliche Organismus in seiner Gesamtheit der Körperfunktionen einen natürlichen und entwicklungsbedingten Wechsel von Aktivierung und Erholung bzw. von Bewegung und Ruhe aufweist (vgl. Siepmann & Salzberg-Ludwig, 2006, S. 93). An gebundenen Ganztagsrealschulen und -gymnasien geben Fünftklässler an, die Regenerationszeit in der Mittagsfreizeit unbedingt zu benötigen, damit sie den anstehenden Nachmittagsunterricht bewältigen können. Exemplarisch bringt dies ein Lehrerzitat aus einer gebundenen Ganztagsschule auf den Punkt: Die Schüler „müssen sich erholen, sonst packen die das mit dem Nachmittagsunterricht nicht" (Haenisch, 2011, S. 15). Ohne die entsprechenden Zeiträume in der Pause und ohne Bewegung, Ruhe und sozialen Austausch würden vor allem die Kinder wortwörtlich auf ihrem durch den Unterricht erzeugten Stress sitzen bleiben (vgl. Enderlein, Schattat & Welsch, 2008, S. 31), welches ebenfalls einen negativen Einfluss auf deren Gesundheit haben würde (vgl. Kap. 3.4).

Eine Erholung vom Unterricht kann durch das gesamte Spektrum des Pausengeschehens erfolgen. Dazu gehören beispielsweise Bewegung und Spiel, Rückzug und Nichtstun sowie Begegnung und die Kommunikation mit Freunden. Zur Regeneration von Unterricht gehören somit sowohl Bewegung als auch Ruhe. Beide Aspekte sind zwei Seiten einer Medaille, die je nach Entwicklungsstand unterschiedlich beansprucht werden. Während Kinder eher Spielräume beanspruchen, ziehen Jugendliche lieber Rückszugs- und Kommunikationsnischen vor (vgl. Derecik, 2013). Dementsprechend wurde schon in den alten Richtlinien Sport des Landes Nordrhein-Westfalen gefordert, den unterrichtsfreien Zeitraum nach den Bedürfnissen der Heranwachsenden zu gestalten. Dies soll geschehen, indem in den Pausen entwicklungsadäquate Räume, sowohl für Bewegungsaktivitäten als auch für Ruhe und Kommunikation, zur Verfügung gestellt werden (vgl. Ministerium für Schule, Wissenschaft und Forschung NRW, 2001, S. 43, 109). Alle Tätigkeiten in den Pausen, die frei von Unterrichtsansprüchen sind, dienen somit dazu, sich von den kognitiven Anforderungen und dem Druck im Unterricht zu befreien. In der Konsequenz kann dadurch, bewusst oder unbewusst, die Aufmerksamkeit und Konzentration für die nächsten Unterrichtsstunden gesteigert werden. Inzwischen bestätigen auch Hirnforscher und Psychologen, dass das Gehirn nachweislich eine ausreichende Pausenlänge benötigt, um mit voller Leistungsfähigkeit arbeiten zu können. Erst dann können neu gelernte Informationen mit bereits Bekanntem verbunden werden und es kann eine Verarbeitung des Erlernten stattfinden (vgl. Pöppel & Wagner, 2013).

Mit der Pause wird ebenfalls das Ziel verfolgt, die Schüler mit ausreichend Frischluft zu versorgen, um sie zur Leistungssteigerung im Unterricht zu befähigen. Lange Sitzeinheiten verursachen eine Verlangsamung der Blutzirkulation sowie eine Verflachung der Atmung. Auf diese Weise wird die damit in Verbindung stehende Sauerstoffversorgung des Großhirns verschlechtert, was letztendlich in einem Leistungsabfall resultiert (vgl. Kap. 3.4.2). Damit wird die Pause von einigen Lehrern unter dem „Aspekt des Frische-Luft-Holens" (Kegler, 2009, S. 75) thematisiert und ihr wird eine Funktion als Zeitraum für die *Frischluftzufuhr* zugeschrieben (vgl. Derecik, 2011, S. 191-192). Insbesondere weil die Klassenzimmer häufig überfüllt sind und die Lernzeit während des Unterrichts sehr dicht ist, erscheint die Pause als Ort und „Zeit zum Luftholen" (vgl. Forster, 2010, S. 62) bzw. „als notwendiges Übel zur Entlüftung von Lunge und Klassenraum" (Asztalos, 1982, S. 7). Viele Lehrer beschränken die Bedeutung der Pause, neben dem „Austoben" nach längerem Sitzen (vgl. Kap. 3.4.1), damit auch heute noch auf ein „‚Luftschnappen'" zwischen den Unterrichtszeiten (Dietrich et al., 2005, S. 17). Dieser Aspekt kann nicht nur zur Bedeutung der Pause als Produktionsfaktor für den Unterricht zugeordnet werden, sondern steht unter einer kompensatorischen Perspektive auch in enger Verbindung zur Gesundheitsförderung durch Bewegung und Ruhe (vgl. 3.4.1 und 3.4.2).

Diese allgemeinen Aussagen zur Leistungssteigerung durch Pausen beziehen sich sowohl auf Bewegung als auch auf Ruhe. Bisher wird jedoch vor allem im Grundschulalter die *Bedeutung der Bewegung für die Erholung und Leistungssteigerung* untersucht. Dem allgemeinen Einfluss von körperlicher Aktivität auf die Konzentrationsleistung gehen Sibley und Etnier (2003) in einer Metastudie nach und stellen 44 Studienergebnisse zusammen. Die Studien bestätigen, dass Kinder, die sich ausreichend bewegen und eine gute Bewegungskoordination besitzen, aufmerksamer sind, sich besser konzentrieren können, weniger aggressiv sowie lernbereiter und lernmotivierter sind. Memmert und Weickgenannt (vgl. 2006, S. 79-82) untersuchen ebenfalls den Zusammenhang von körperlicher Aktivität und der Verbesserung des Lernens bei Kindern. Dabei differenzieren sie oftmals nicht trennscharf zwischen den Begriffen Aufmerksamkeit und Konzentration. Sie gehen davon aus, dass sich die Aufmerksamkeitsprozesse eher auf die Wahrnehmung beziehen, wohingegen sich die Konzentration vermehrt auf das Arbeiten bezieht. Die Ergebnisse deuten auf einen Zusammenhang zwischen Konzentrationsleistungen und Bewegung hin. Fleig (2008, S. 12) bekräftigt dies mit der Formulierung, dass

Kinder, die sich in der Pause körperlich ausgetobt haben, im folgenden Unterricht konzentrierter sind.

Zuletzt hat Gasse (2011, S. 24) darauf hingewiesen, dass Bewegung die „Voraussetzungen für kognitives Lernen" und damit auch für eine geistige und psychische Gesundheit schaffen bzw. optimieren kann (vgl. Kap. 3.4). Bemerkenswert erscheint des Weiteren die Erkenntnis von Kubesch (2008) und ihrer Ulmer Forschergruppe, die mit Hilfe eines Elektrokardiogramms nachgewiesen hat, dass

> „körperlich fitte Schülerinnen und Schüler im Vergleich zu weniger fitten erhöhte Aufmerksamkeitsprozesse aufweisen. Gleichzeitig benötigen die fitten SuS weniger kognitiven Aufwand als die körperlich weniger trainierten Schülerinnen und Schüler" (Gasse, 2011, S. 25).

Auch eine Evaluation im Bereich Bewegung mit dem Institut für Sport und Sportwissenschaft der Technischen Universität Dortmund hat die Auswirkungen der „Bewegten Schule" bei den Schülern erkundet und ist zu dem Ergebnis gekommen, dass nach Bewegung und Sport eine Steigerung der Konzentrationsleistungen erfolgt, auch wenn sich diese Ergebnisse auf eine tägliche Sportstunde beziehen (vgl. Thiele & Seyda, 2011).

Damit wird davon ausgegangen, dass Bewegung gerade in der Ganztagsschule, neben der frischen Luft und einem gesunden Mittagessen, die Voraussetzung für die geistige und körperliche Leistungsfähigkeit der Schüler bildet. Hollmann, Strüder und Tagarakis (2003) erklären dies dadurch, dass die synaptischen Verbindungen durch Bewegung gestärkt sowie die Durchblutung des Gehirns optimiert werden. Dieser Umstand führt wiederum dazu, dass sich das Lernen und die Erinnerungsfähigkeit verbessern. Außerdem unterstützt Bewegung den Prozess der Erhaltung und Neubildung neuronaler Netze. Bewegung stellt damit eine der wichtigsten Stimulationen dar, indem sie die Vernetzung und Bildung von Nervenzellen anregt und damit das Lernen beeinflusst:

> „Die belastungsbedingte Neuroplastizität bildet die Grundlage dafür, dass körperliche Aktivität die geistige und psychische Verfassung des Menschen zeitlebens fördert und auf zellularer Ebene Einfluss auf das Lernen nimmt" (Walk, 2011, S. 27).

So sind für den Kinderarzt und Entwicklungsspezialisten Largo (vgl. 2009, S. 124-136) regelmäßige Bewegungserfahrungen bis zum Alter von 15 Jahren für die motorische und auch für die geistige Entwicklung unabdingbar. Unklar ist jedoch, wie viel Bewegung und welche sportlichen Aktivitäten genau zu besseren Konzentrationsleistungen führen (vgl. Memmert & Weickgenannt, 2006, S. 80-81).

Ähnlich wie Largo (vgl. 2009, S. 124-136) attestiert auch Rohnstock (vgl. 1985, S. 65, 206), dass die Wahrscheinlichkeit der Wiederherstellung der Leistungsfähigkeit durch Bewegung vor allem bei Grundschulkindern und Schülern bis ca. zur siebten Klasse anzunehmen ist. Allerdings wird auch davon ausgegangen, dass Bewegung in den Pausen ebenso eine Umstellungsschwierigkeit für den folgenden Unterricht verursachen kann, vor allem bei Jungen. In seinen zusammenfassenden empirischen Ergebnissen interpretiert Rohnstock (1985, S. 202-205) eine deutliche Leistungssteigerung durch Bewegung für vorpubertäre Heranwachsende. Bei Jugendlichen zeigen sich keine signifikanten Unterschiede in Bezug auf eine Leistungssteigerung durch Bewegung. Für sie werden vielmehr individuelle Faktoren genannt, die einen Einfluss auf die Leistungsoptimierung durch Pausen besitzen. Dies wird darauf zurückgeführt, dass Jugendliche entwicklungsbedingt kein starkes Bewegungsbedürfnis mehr aufweisen und physiologisch betrachtet ausgeglichener sind. Darüber hinaus wird ihnen eine steigende Belastbarkeit attestiert.

Rohnstock (vgl. 1985, S. 61) geht zudem davon aus, dass komplizierte und hohe Leistungsanforderungen, vor allem in den Hauptfächern, deutlichere Ermüdungserscheinungen nach sich ziehen und eine längere Pausendauer erfordern. Nebenfächer, wie Sportunterricht, Kunst und Musik, werden hingegen als weniger anspruchsvoll empfunden. Allerdings wird auch der individuelle Faktor, wie z. B. Alter, Tageszeit und Motivation, erwähnt. Hellbrügge, Rutenfranz und Graf (1960, S. 222) fordern dementsprechend, die verlangten Leistungen in der Schule an die körperliche Entwicklung von Kindern und Jugendlichen anzupassen.

Speziell im Hinblick auf das *Klassenraumverhalten* nach der Mittagsfreizeit existieren ausschließlich empirische Studien zum Grundschulalter. Das bereits 1995 durchgeführte Experiment von Pellegrini, Huberty und Jones an Kindergärten und Halbtagsschulen bestätigt, dass die Aufmerksamkeit von Kindern der Klassenstufe zwei und vier nach der Pause größer ist als vor der Pause. In der Studie wurden zwei Gruppen in den Pausen auf den Schulhof geschickt und eine Gruppe verbrachte ihre Pause im Schulgebäude. Mittels Beobachtungen fanden die Autoren heraus, dass eine Minimierung der Pause eine größere Unaufmerksamkeit zur Folge hatte. Die Aktivität und Lokation (draußen oder drinnen) während der Pause spielte dabei keine Rolle. Pellegrini, Huberty und Jones (vgl. 1995) schließen daraus, dass Grundschulschüler tägliche Pausenzeiten benötigen, um die Aufmerksamkeit und Produktivität im Klassenraum zu erhalten und zu fördern.

Auf ähnliche Ergebnisse kommen Jarret et al. (vgl. 1998), die zwei vierte Klassen unter der Fragestellung des Effekts der Pause auf das Klassenraumverhalten beobachteten. Dabei lag der Fokus insbesondere auf den Aspekten „Arbeit/bei der Sache sein", „Herumzappeln" und „Lustlosigkeit" bzw. Motivation. Die untersuchten Kinder hatten einmal die Woche 15-20 Minuten Pause, wobei der Tag der Pause wöchentlich wechselte und die Kinder den Pausenplan nicht kannten. So konnten Tage mit Pause und Tage ohne Pause miteinander verglichen werden. Die Resultate der Studien zeigen, dass sich die Kinder an den Tagen mit bzw. ohne Pause unterschiedlich verhielten. Das Verhalten der Kinder im Klassenraum wurde an den Tagen inklusive Pause besser eingestuft, weil die Kinder mehr „bei der Sache" und weniger zappelig waren (vgl. Jarret et al., 1998, S. 125). Damit gehen auch die Autoren dieser Studie davon aus, dass Kinder nach der Pause aufnahme- und konzentrationsfähiger sind.

In einer neueren Studie von Barros, Silver und Stein (2009) wurde ebenfalls das Verhalten von Schülern im Klassenzimmer verglichen. Untersucht wurden Schüler einer dritten Klasse im Alter von acht und neun Jahren, die in zwei Gruppen bezüglich der Pausendauer eingeteilt wurden. Die erste Gruppe erhielt keine bzw. nur eine minimale Pause von unter 15 Minuten am Tag. Der zweiten Gruppe standen mehrere und längere Pausen im Umfang von mehr als 15 Min pro Tag zur Verfügung. Das Klassenverhalten der acht- bis neunjährigen Kinder wurde vom Lehrer bewertet und verglichen. Dabei wurden die Kinder, die eine tägliche Pausenzeit von mehr als 15 Minuten Länge hatten, seitens der Lehrer besser benotet.

Abgesehen von den oben angeführten allgemeinen Ausführungen zum Beitrag der Pausen zur Leistungssteigerung durch Bewegung und Ruhe existieren keine theoretischen und vor allen Dingen keine empirischen Hinweise zum *Stellenwert der Ruhe für eine Leistungssteigerung*. Dieser Aspekt stellt somit ein absolutes Forschungsdesiderat dar. Ähnlich sieht es für die Vor- und Nachbereitung des Unterrichts in den Pausen aus, die ebenfalls ein bisher kaum beachtetet Feld im Zusammenhang mit der Bedeutung der Pausen darstellen.

3.2.2 Vor- und Nachbereitung des Unterrichts

Enderlein, Schattat und Welsch (vgl. 2008, S.101) erwähnen, dass die Heranwachsenden in Rückzugs- und Kommunikationsnischen den „vorangegangenen Unterrichtsstoff verarbeiten und verdauen" können und sprechen den Pausen somit eine Bedeutung als Produktionsfaktor für den Unterricht zu. Kottmann et al. (vgl. 1985, S. 36-38) liefern die bisher einzigen empirischen Ergebnisse zu diesem Aspekt. In ihrer Untersuchung sprechen sich fast 50 % der ca. zehn bis 16-jährigen Schüler dagegen aus, die Pause als Vorbereitung auf den Unterricht zu betrachten. 30,2 % sind unentschlossen und 21,9 % sehen es als unproblematisch an, die Pausen zur Unterrichtsvorbereitung zu nutzen. Bei dem speziellen Aspekt der Hausaufgabenbetreuung sieht es ähnlich aus. Hier sprechen sich 42,4 % strikt dagegen aus, 31,6 % haben keine explizite Meinung dazu und 26 % schreiben der

Pause eine Funktion bezüglich der Hausaufgabenanfertigung zu. Kottmann et al. (vgl. 1985, S. 36) unterstellen den „unentschiedenen" Schülern,

> „daß sie nur in Ausnahmefällen die Pause zweckentfremden wollen. Solche Ausnahmesituationen könnten z. B. entstehen, wenn sie sich schlecht für den nachfolgenden Unterricht präpariert oder die Hausaufgaben noch nicht erstellt haben".

Die meisten Lehrer lehnen es ab, dass die Schüler während der Pausen ihre Hausaufgaben nachmachen können (vgl. Kottmann et al., 1985, S. 38). Über den Produktionsfaktor hinaus wird der Mittagsfreizeit, vor allem von Sportwissenschaftlern und Fachleuten der Unfallkassen, eine Funktion als Element der Sicherheitsförderung zugesprochen.

3.3 Pause als Element der Sicherheitsförderung

In Deutschland ereignen sich in den Bildungseinrichtungen, vor allem in der Tagesbetreuung, in Schulen sowie Hochschulen, jährlich ca. 1,3 Millionen meldepflichtige Unfälle mit abnehmender Tendenz (vgl. Lipka, Piwkowski & Scherer, 2013, S. 4; Hess & Hundeloh, 2001, S. 5). In der Schule geschehen ca. 50 % der Unfälle im Sportunterricht und nur knapp ein Viertel in der Pause. Die Deutsche Gesetzliche Unfallversicherung (DGVU) stellte 2012 heraus, dass wiederum zwei Drittel der Unfälle in der Pause auf dem Schulgelände passieren. Hauptsächlich verletzen sich die Schüler durch Rennen, Nachlaufen und Fangen spielen auf dem Schulhof. Die restlichen Verletzungen in den Pausen ereignen sich in Klassenräumen, Fluren, Treppen sowie weiteren Pausenräumen auf dem Schulgelände (vgl. Lipka, Piwkowski & Scherer, 2013, S. 28). Obwohl Unfälle in den Pausen statistisch betrachtet relativ selten erfolgen und vor allem auf unstrukturierte Schulhofflächen sowie unangemessenes Verhalten der Heranwachsenden zurückzuführen sind, ist eine Sicherheitsförderung in der Schule notwendig. Diese beinhaltet den pädagogischen Ansatz der Sicherheitserziehung, welcher sich vor allem auf eine *Verhaltensmodifikation* der in der Schule lebenden, lernenden und arbeitenden Akteure bezieht. Dabei geht es darum, Wissen und Fähigkeiten zu vermitteln, die sicherheitsfördernd wirken und gleichzeitig dazu motivieren, diese anzuwenden sowie in entsprechende sicherheitsförderliche Handlungen umzusetzen und somit eine positive Einstellung zum sicheren Verhalten zu untermauern. Dieser ursprüngliche Ansatz wird um die systemische Dimension und den Lebensweltenbezug ergänzt, d. h. es wird ebenso die *Verhältnismodifikation* betrachtet. Dabei geht die Sicherheitsförderung davon aus,

> „dass Verhaltensmodifikationen und Entscheidungen über Verhaltensweisen nicht im luftleeren Raum erfolgen, sondern in einem Alltagsrahmen, also dort, wo Menschen leben, arbeiten, lernen und spielen und einen großen Teil ihrer Zeit verbringen. Schule ist ein solcher Lern-, Lebens- und Erfahrungsraum für Kinder und Jugendliche" (Hesse & Hundeloh, 2001, S. 9-10).

Während der Erhalt bzw. die Wiederherstellung von Sicherheit durch Bewegung im physischen Sinne zum Erwerb von sicherheitsrelevanten Kenntnissen sowie motorischen Kompetenzen führen kann, wird der Sicherheitsförderung von der WHO (World Health Organisation) aus einer psychischen und gesundheitlichen Perspektive zusätzlich die Bedeutung beigemessen, zur Stärkung des Selbstkonzeptes und des Selbstwertgefühls beitragen zu können (vgl. Hesse & Hundeloh, 2001, S. 8; Sonstroem & Morgan, 1989). Eine aktive Pausenbetätigung durch Lösen von (selbstgewählten) und riskanten motorischen Aufgabenstellungen fördert darüber hinaus ebenso das Gefühl des Angenommenseins in der Gruppe sowie die soziale Unterstützung und kann damit, in Anlehnung an Antonovskys (1997) Salutogenesemodell, als ein Element zur Gesundheitsförderung bei Menschen betrachtet werden (vgl. Schnabel, 2011, S. 98; Zimmer, 2004, S. 246; vgl. Kap. 3.4). Antonovsky (1997) versteht unter dem Begriff Kohärenzsinn eine positive Grundhaltung eines Individuums gegenüber sich selbst und seiner Umwelt, welche durch Bewegung erreicht werden kann. Auf diese Weise kann durch eine Stärkung des Kohärenzsinns die Gesundheit im Sinne eines Empowerments gestärkt werden (vgl. Kap. 3.4), was die enge Verbindung zwischen Sicherheits- und Gesundheitsförderung verdeutlicht. Dennoch wird die Funktion der Pause als Element der Sicherheitsförderung getrennt von der Gesundheitsförderung betrachtet. Hintergrund ist, dass eine Sicherheitsförderung in den Pausen einen zentralen und nicht unproblematischen Stellenwert einnimmt. Sie wird vor allem durch *Pausenregeln* (Kap. 3.3.1) und *Aufsichten* (Kap. 3.3.2) reguliert.

3.3.1 Pausenregeln

Mit Pausenregeln sollen in der Schule das soziale Miteinander geregelt und Unfälle bzw. Verletzungen vermieden werden. Auf der einen Seite sind Regeln wichtig und unersetzlich, da sie eine präventive Wirkung besitzen, um Verletzungen und Unfälle zu vermeiden und die gedankliche Auseinandersetzung mit möglichen Gefahren zu fördern. Auf der anderen Seite aber entsteht in Schulen bezüglich des Bewegungsverhaltens der Schüler eine zu hohe Gefahrenabsicherung durch Regeln, da diese die Pause so stark dominieren können, dass sie ihre eigentliche Wirkung verliert und „im Grunde körper- und bewegungsfeindlich" ist (Dietrich,

1992, S. 15). Schulordnungen können so enorm einschränkend fungieren, dass die Wirkung der Pause als Ort der Bewegungs- und Sicherheitsförderung konterkariert wird (vgl. Hintz, Pöppel, & Rekus, 1993, S. 238).

Sicherheitsregeln sind dann sinnvoll, wenn es um das Einhalten allgemeiner sozialer Verhaltensregeln geht, z. B. das Verbot, ein Bein zu stellen, den Stuhl wegzuziehen, zu schubsen oder beim Nachlaufen Türen zuzuwerfen. Insgesamt werden derartige soziale Verhaltensregeln für den richtigen Umgang mit riskanten Situationen viel relevanter und lehrreicher betrachtet als grundsätzliche Verbote von Bewegung, Spiel und Sport in bestimmten Situationen (vgl. Enderlein, Schattat & Welsch, 2008, S. 37-38). Ein angemessenes Verhalten für einen sicheren Umgang mit sich und der Umwelt bildet sich in der Kindheit insbesondere durch Bewegung aus. Nach Untersuchungen von Unfallstudien wurde festgestellt, dass eine bewegungsanregende Umgebung sowie das Gewährleisten von Bewegung Unfälle in den Pausen reduzieren. Forschungen von Bös (1999) sowie Obst und Bös (1997) demonstrierten für Grundschulen, dass eine Bewegungsförderung eine positive und vorbeugende Wirkung auf die Verletzungsgefahren hat. Motorisch erfahrene Kinder sind deutlich weniger in Unfälle verflochten als andere. Auch Untersuchungen in Sachsen (vgl. Kunz, 1993, S. 89) belegen, dass die Unfallzahlen sogar sinken, wenn die Möglichkeit eines Pausensports besteht. Demzufolge schafft Bewegung, neben der Steigerung von Kraft und Ausdauer sowie der Verfeinerung koordinativer Fähigkeiten, die Voraussetzung, Fertigkeiten wie Balancieren und Fallen zu lernen. Auch wenn es widersprüchlich scheint, kann Bewegung in den Pausen langfristig betrachtet „als generelle Unfallverhütung angesehen werden“ (Hundeloh, 1995, S. 8).

Demzufolge wird insbesondere für Ganztagsschulen gefordert, die Bewegungszeiten in den Pausen durch eine bewegungsanregende Gestaltung des Schulhofes und eine Lockerung der Pausenregeln zu unterstützen, da auf diese Weise langfristig das Sicherheitsbewusstsein der Schüler gesteigert werden kann. Neben dem Sportunterricht sollte auch das Schulgelände zu Bewegung, Spiel und Sport animierende Angebote bieten, welche die Bewegungssicherheit fördern. Auf diese Weise wird den Kindern ermöglicht, spielerisch ein „psychomotorisches Sicherheitstraining“ zu absolvieren (Hundeloh, 1995, S. 8). Menschen, die in ihrer Kindheit nicht die Möglichkeit hatten, Risiken eigenständig zu begegnen und angemessenes Reagieren zu lernen, sind bei Unfällen eher gefährdet, folgenschwere Schäden zu erleiden (vgl. Hess & Hundeloh, 2001, S. 9). Gerade für Kinder sind elementare Bewegungsformen notwendige Herausforderungen, denn zur „gesunden körperlichen wie geistigen Entwicklung gehört das kalkulierbare Risiko“ (Pappler & Witt, 2001, S. 16-17).

Aus diesen Gründen sprechen sich die Unfallversicherungen heute zur Förderung einer Risikokompetenz aus. Darunter versteht man die Fähigkeit und Bereitschaft, Risiken und Gefahren zu erfassen, zu bewerkstelligen und gegebenenfalls zu beseitigen, um dadurch neue Sicherheit zu erlangen (vgl. Hess & Hundeloh 2001, S. 10). Zentral ist, dass Heranwachsende die Fähigkeit erlangen, „für sie bedrohliche Gefahren selbständig einzuschätzen und darauf angemessen zu reagieren" (Pappler & Witt, 2001, S. 20). Damit ist gemeint, sicherheitsverträgliche Verhaltensmuster zu etablieren, Risiken zu berechnen sowie berechenbar auszurichten. Nur wenn Kinder die Möglichkeit haben, altersgerechte Erfahrungen machen zu können, kann sich ein adäquates Gefahrenbewusstsein ausbilden (vgl. Enderlein, Schattat & Welsch, 2008, S. 35). Hesse und Hundeloh (2001, S. 11) sprechen in diesem Zusammenhang von einer Risikodosierung.

Die Schwierigkeit einer Risikodosierung stellt die Einschätzung der vorhandenen Risikokompetenzen der jeweiligen Kinder dar, weshalb durch Pausenregeln oftmals generell bestimmte Risikosituationen verhindert werden sollen. Wer Kinder in Naturspielräumen und auf Schulhöfen beobachtet, wird feststellen, dass sie eine Risikodosierung selbst vornehmen und ihre Bewegungsaufgaben entsprechend ihrer individuellen Fähigkeiten und Fertigkeiten gestalten (vgl. Derecik, 2011, 127; Pappler & Witt, 2001, S. 20). Sie wählen sich in der Regel genau die Herausforderung aus, die sie noch realistisch meistern können und bei denen ein Versagen keine gesundheitlichen Schäden mit sich bringt. Damit demonstrieren Kinder, dass sie durchaus in der Lage sind, ein Gleichgewicht von Sicherheit und Wagnis zu halten. Zudem nehmen sie in informellen Kontexten wie dem Schulhof selbstständig eine angemessene Differenzierung vor, was im Bewegungsunterricht und auch im Vereinstraining eine angestrebte didaktische Leitidee ist, oftmals aber keine Anwendung findet (vgl. Laging, 2006, S. 123).

Damit die Heranwachsenden eine Risikokompetenz im Sinne einer Sicherheitsförderung erlangen können, müssen in den Pausen entwicklungsangemessene Bewegungschancen angeboten und die Pausenregeln gelockert werden. Ein Scheitern darf möglich sein, es dürfen allerdings keine grob fahrlässigen Gefahrensituationen existieren, welche zu schweren gesundheitlichen Folgen führen könnten. Ansonsten impliziert die Förderung von Sicherheit das Zulassen von Wagnis, Abenteuer und Risiko in Anpassung an das Alter als pädagogischer Auftrag in jede Spielanlage (vgl. Pappler & Witt, 2001, S. 16-17; Hundeloh, 2012, S. 29-30). In diesem Sinn ist ein bestimmtes Verletzungsrisiko in den Pausen eingeschlossen. Dabei wird dem Leitgedanken gefolgt: „Jedes Kind hat ein Recht auf seine eigene Beule" (Enderlein, Schattat & Welsch, 2008, S. 36).

Aus einer entwicklungspsychologischen Perspektive wird diese Einschätzung bestärkt, da die Erfahrung, einen Schmerz auszustehen und zu überwinden schlussendlich auch eine Erfahrung von Lebenskraft ist. Diese schafft Vertrauen und Sicherheit, um mit heiklen Situationen zurecht zu kommen (vgl. Abel, 2006). Der Umgang mit Risiko und Herausforderung muss demnach nicht nur bewusst gefördert, sondern auch als ein zentrales erzieherisches Element charakterisiert werden, welches neben der Sicherheitsförderung auch der Gesundheitsförderung dient (vgl. Pfitzner, 2003; Hundeloh, 1995, S. 8). Die Involvierung des Risikos in die Sicherheitsförderung ist somit grundlegend für die weitere gesunde Entwicklung von Heranwachsenden, wodurch die besonders enge Verbindung zwischen Sicherheits- und Gesundheitsförderung deutlich wird. Ebenso ist anhand der Ausführungen zur Sicherheitsförderung zu entnehmen, dass sie sich in erster Linie auf Kinder bezieht und durch eine Bewegungsförderung erreicht werden soll.

3.3.2 Aufsicht

Vorhandene Pausenregeln und die Angst vor Unfällen während der Pausenaufsicht führen dazu, dass von den Aufsicht führenden Lehrkräften häufig verbal Warnungen ausgesprochen werden, wenn diese eine motorische Herausforderung für Kinder unmittelbar als Gefahr ansehen. „Fall nicht hin! Stolpere nicht!", „Du wirst gleich stürzen!" und „Das kann nur schief gehen" sind typische Aussagen (Deutsche Gesetzliche Unfallversicherung, 2007, S. 25). Eine bloße Schilderung über die Folgen von riskanten Situationen ist aber nicht ausreichend, da Kinder selbst ihre Möglichkeiten und Grenzen durch „Versuch und Irrtum" ertasten müssen (vgl. Hess & Hundeloh, 2001, S. 11). Durch dieses Sich-Erproben können dann kleinere Missgeschicke dazu beitragen, größeren Schäden zu entweichen. Dementsprechend sind sich Aufsicht führende Lehrkräfte oftmals nicht bewusst, inwieweit sie mit derartigen Reglementierungen das Bewegungsbedürfnis und eine Sicherheitsförderung der Schüler behindern. Nach einer Erhebung der Nordrhein-Westfälischen Begleitstudien zu Offenen Ganztagsgrundschulen kritisieren vor allem jüngere Kinder, dass ihre Bewegungsbedürfnisse nicht ausreichend beachtet werden, was sich darin äußert, dass Schüler beispielsweise nur dann im Außengelände rennen, klettern und Fußball spielen dürfen, falls eine Aufsicht dies ermöglicht (vgl. Wissenschaftlicher Kooperationsverbund, 2005, S. 44).

Anhand dieser Maßnahmen und Aussagen lässt sich erkennen, wie Lehrer mit ihren Vorsichtsmaßnahmen die Bewegungen der Kinder einschränken oder blockieren. Anstatt den Empfehlungen der Unfallkassen und Sportpädagogen zu folgen (vgl. Kap. 3.3.1), sehen sie in den motorischen Bewegungen vorwiegend Gefahren, übertragen diese negative Einstellung folglich auf die Kinder und verunsichern sie durch ihre überfürsorglichen Handlungen. Die Kinder werden oftmals in „Watte gepackt", da auf Seiten von einigen Lehrern Befürchtungen bestehen, dass vermehrte Bewegung bei ihnen zu einer höheren Unfallhäufigkeit führt (Müller & Petzold, 2006, S. 181). Diese Überfürsorglichkeit wird auch als Bewahrungspädagogik bezeichnet (vgl. Wetterich, 2001, S. 7). Hintergrund hierfür ist, neben einer (falsch verstandenen) Fürsorgepflicht, die Überzeugung, dass Lehrer bei ihrer Aufsichtstätigkeit „mit einem Bein immer im Gefängnis" stünden (Rauch, 1981, S. 80). Infolge dieser Fehleinschätzung ist die Aufsicht von Lehrern in den Pausen auch heute immer noch „fast ausschließlich von den Kontroll- und Beobachtungsaufgaben her bestimmt" (Kottmann et al., 1985, S. 47). Tatsache ist jedoch, dass Lehrkräfte größtenteils nicht hinreichend darüber informiert sind, inwieweit die Schüler gesetzlich unfallversichert sind bzw. die Lehrkräfte die Verantwortung und Aufsichtspflicht der Heranwachsenden übernehmen müssen. Bei genauerer zur Kenntnisnahme der Rechtsgrundlage wird ersichtlich, dass diese Befürchtungen seitens der Lehrer emotional nachvollziehbar, aber sachlich unbegründet sind und überwunden werden sollten (vgl. DGUV, 2006, S. 28).

Nach dem Bundesministerium für Soziales und Arbeit sind Schüler durch die gesetzliche Unfallversicherung ganzheitlich abgesichert, sei es während des Unterrichts, in den Pausen oder auf dem direkten Schulweg (vgl. Bundesministerium für Soziales und Arbeit, 2012, S. 6). Aus diesem Grunde hat das Ministerium für Schule, Jugend und Kinder des Landes Nordrhein-Westfalen (MSJK NRW) (2002, S. 38) in dem „Sicherheitserlass für den Schulsport" (BASS 18-23 Nr. 2) folgendes zum Ausdruck gebracht:

> „Ständige Gängeleien und übertriebene Aufsicht tragen erfahrungsgemäß weniger zur Sicherheit bei als die Erziehung zu einem selbstständigen, selbstverantwortlichen und sicherheitsbewussten Denken und Verhalten".

Sportwissenschaftler und Fachleute der Unfallkassen bzw. der Gemeindeunfallversicherungsverbände distanzieren sich inzwischen weit von einer Bewahrungspädagogik, da diese eher einen negativen Effekt auf die Unfallstatistik hat (vgl. Wetterich, 2001, S. 7). Demzufolge bewirken Lehrkräfte nach Meinung der Unfallkassen mit einem überfürsorglichen Verhalten auf die Dauer gesehen also das Gegenteil einer Sicherheitsförderung (vgl. Hess & Hundeloh, 2001, S. 9). Die Bundesarbeitsgemeinschaft „Mehr Sicherheit für Kinder" spricht in diesem Zusammenhang der Bewegung eine enorm hohe Bedeutung für die Unfallverhütung im Kindesalter zu (vgl. BAG, 2007, S. 26-28). Nicht nur aus diesem Grund hat die Schule die Aufgabe, Freude an Bewegung und Sport zu fördern und die Chance, das Verhalten ihrer Schüler hinsichtlich eines Sicherheitsbewusstseins zu modifizieren (vgl. Schulministerium NRW, 2015, §2, Abs. 5). Die Unfallkassen regen in diesem Zusammenhang an, den Schülern durchaus mehr Vertrauen während der Aufsicht entgegenzubringen, denn nur so kann die Erziehung zur Selbstständigkeit und Selbstverantwortung und damit letztlich zu einem Sicherheitsbewusstsein stattfinden (vgl. Unfallkasse Nordrhein-Westfalen, 2011, S. 13-15).

3.4 Pause als Element der Gesundheitsförderung

Durch die gegenwärtigen veränderten Lebensverhältnisse ist neben der Gesundheit der Erwachsenen inzwischen auch die Gesundheit der Heranwachsenden immer mehr in den Fokus von wissenschaftlichen Diskussionen gerückt. Zwar sind im globalen Vergleich die Heranwachsenden aus Deutschland und westlichen Ländern weitgehend gesund. Dennoch beobachten Studien Trends einer Verschlechterung des Gesundheitszustandes (vgl. Horch, 2008, S. 125-127). Insbesondere die HBSC-Studie (vgl. Richter, 2008, S. 9-11) sowie die KIGGS-Studie (2007; vgl. Kurth, 2007, S. 533-546) zeigen, dass ein hoher Handlungsbedarf besteht, da die Untersuchungen im physischen und psychischen Bereich bedenkliche Ergebnisse vorweisen (vgl. Appel, Ludwig & Rother, 2009, S. 34-36). Bereits Kinder und Jugendliche leiden heute z. B. unter chronisch-körperlichen Erkrankungen sowie psychosomatischen, psychischen und sozialen Störungen, die einen schädlichen Effekt auf ihre Lebensqualität haben (vgl. Enderlein, Schattat & Welsch, 2008, S. 13).

Der Schule kommt eine zentrale Rolle für die Gesundheitsförderung zu, da die Förderung von Gesundheit zu ihrem erweiterten Erziehungs- und Bildungsauftrag gehört (vgl. Dollinger, 2014, S. 64; Stiller & Alfermann, 2005) und alle sozialen Schichten in der Schule erreicht werden können (vgl. Fessler & Knoll, 2013). Dementsprechend sind immer mehr Ganztagsschulen mittlerweile der Auffassung, dass die Gesundheitsförderung auch zu ihren Aufgaben gehört (vgl. Enderlein, Schattat & Welsch, 2008, S. 5). Dabei folgen sie der Definition von Gesundheit der Weltgesundheitsorganisation (vgl. WHO, 2003), welche Gesundheit als körperliches, geistiges und soziales Wohlergehen umfasst. Dieses Verständnis von Gesundheit beruht auf dem Salutogenesemodell von Antonovsky (1997) und führt zu einer Differenzierung nach einer Verhältnis- und Verhaltensprävention (vgl. Brodtmann, 1998; Hildebrandt-Stramann, 1999, S. 25-27; vgl. Kap. 3.3). Gesundheitsförderung durch Verhältnisprävention in der Schule bedeutet prinzipiell, alle äußeren Verhältnisse so zu gestalten, dass sie die Gesundheit des Einzelnen positiv beeinflussen können. Auch wenn bestimmten gesundheitsrelevanten Verhältnissen, wie u. a. Armut, durch die Schule kaum entgegengewirkt werden kann, sind einige strukturelle Verhältnisse in der Schule durchaus beeinflussbar (vgl. Brodtmann, 1998, S. 19-21). Dazu gehört neben einer gesunden Mittagsverpflegung die Steigerung und Stabilisierung des Wohlbefindens der Schüler, u. a. durch eine Gestaltung von anregenden Freizeiträumen, die, dem Entwicklungsstand der Heranwachsenden entsprechend, sowohl Bewegung als auch Ruhe ermöglichen.

Bei einer Verhaltensprävention geht es zum einen um die Vermittlung von gesundheitsrelevanten Kenntnissen, Kompetenzen und Einstellungen (im Sinne einer Gesundheitserziehung). Darüber hinaus geht es zum anderen aber auch um die Stärkung der personalen Ressourcen. Dieser Aspekt wird häufig mit „Empowerment" beschrieben. Die Förderung von Empowerment meint, dass Jugendliche befähigt werden sollen, ihren eigenen Kompetenzen zu trauen, die Kontrolle über ihren eigenen Lebensraum (wieder) zu erlangen und ihre eigenen Lebensräume aktiv zu gestalten (vgl. Sonntag, 1997, S. 4, in Brodtmann, 1998). Bei der Gesundheitsförderung als Verhaltensprävention geht es folglich um das Entwickeln und Stärken der individuellen Kompetenzen, „mit deren Hilfe die eigene Gesundheit und die Gesundheit anderer positiv beeinflusst werden können, sowie um das Entwickeln und Stärken der Bereitschaft, diese Kompetenzen auch tatsächlich in gesundheitsdienlicher Weise einzusetzen" (Brodtmann, 1998, S. 21, vgl. Hundeloh, 2012, S.160-161).

In der Mittagsfreizeit kann eine Verhaltens- und Verhältnisprävention durch *Bewegung*, *Ruhe* und ein gesundes *Mittagessen* angestrebt werden. Aus analytischen Gründen wird im Folgenden nach *Gesundheitsförderung durch Bewegung* (Kap. 3.4.1) und *Gesundheitsförderung durch Ruhe* (Kap. 3.4.2) differenziert. Beide Facetten beeinflussen sowohl die physische als auch die psychische Gesundheit, die untrennbar miteinander verbunden sind und sich gegenseitig bedingen. Darüber hinaus wird auf die *Gesundheitsförderung durch das Mittagessen* eingegangen (Kap. 3.4.3).

3.4.1 Gesundheitsförderung durch Bewegung

Insgesamt sollten Heranwachsende in Anlehnung an die Aktivitätsrichtlinien der WHO täglich mindestens 60 Minuten bei moderater bis starker Intensität körperlich aktiv sein. Von den vier bis 17-Jährigen werden diesem Richtmaß in der Gesamtstichprobe nur noch etwa 15 % der Kinder und Jugendlichen gerecht, wobei deutliche Alters- und Geschlechtsunterschiede existieren. Umso älter die Heranwachsenden werden, desto weniger erreichen sie das Mindestmaß an körperlicher Aktivität (vgl. Bös, Worth, Opper, Oberger & Woll, 2009, S. 191-192). Laut der deutschlandweit repräsentativen Gesundheitsstudie KIGGS (2007) ist ein Anstieg der übergewichtigen und adipösen Kinder zu verzeichnen. 15 % der drei bis 17-Jähringen sind übergewichtig und 6 % adipös. Nach Untersuchungen von 2003-2005 sind in der Altersgruppe der drei bis 16-Jährigen 6,2 % der Kinder bereits übergewichtig und 2,9 % adipös. Bei den Grundschülern erhöht sich diese

Zahl wiederum auf einen Anteil von 9 % der Kinder, die von Übergewicht betroffen sind und 6,4 %, die bereits als adipös gelten (vgl. Schmelt, Hoffmann & Naul, 2011, S. 120-121). Zusätzlich ist eindeutig eine Zunahme der übergewichtigen Jungen und Mädchen der Geburtenjahrgänge 1993 bis 2002 zu verzeichnen. Besonders auffällig ist hierbei die Gewichtszunahme der 15-Jährigen in den letzten vier Jahren. Die Ursachen hierfür sind nicht eindeutig geklärt. Es ist jedoch anzunehmen, dass es teilweise aus dem Zusammenspiel von mangelnder Bewegung und einer falschen Ernährung resultiert (vgl. Schmelt, Hoffmann & Naul, 2011, S. 120-121).

Die Studien Kinderbarometer NRW 2003 und Kinderbarometer Hessen 2004 verdeutlichen, dass der alterstypische Bewegungs- und Aktivitätshunger der Kinder zur Zeit nicht mehr ausreichend befriedigt wird (vgl. Enderlein, 2008, S. 31). Demzufolge ist es Aufgabe einer kindgerechten Ganztagsschule, die natürlichen Bewegungsbedürfnisse der Kinder zu akzeptieren sowie adäquate Angebote zu stellen (vgl. Largo, 2009, S. 124-136). Ansonsten können die Folgen einer Gesundheitsbeeinträchtigung durch mangelnde Bewegung durch das System Schule mit verursacht werden. Es wird z. T. gegen wesentliche Lebensbedürfnisse verstoßen, die für die Entwicklung grundlegend sind, da die Kinder beispielsweise 60 % der Tageszeit im Sitzen verbringen (vgl. Schnabel, 2011, S. 98; Rohnstock, S. 4). Aus einer medizinisch-gesundheitswissenschaftlichen Perspektive, welche medizinisch-orthopädische, sicherheitserzieherische (vgl. Kap. 3.3) sowie gesundheitspädagogische Aspekte enthält, soll die Pause im Rahmen einer Bewegten Schule zu einer Kompensation von Bewegungsmängeln sowie zur Prävention dieser beitragen (vgl. Thiel, Teubert & Kleindienst-Cachay, 2002, S. 25).

Als Ausgleich für das statische Sitzen im Unterricht werden vor allem junge Heranwachsende bis etwa zur siebten Klasse aufgefordert, das Schulgelände zu verlassen und sich an der frischen Luft zu bewegen (vgl. Axster, 2001, S. 1; Besele, 1999, S. 62). Jugendliche werden in der Praxis ebenfalls häufig angehalten, sich zu bewegen, um das lange Sitzen im Unterricht zu kompensieren. Diese ‚Verordnung' widerspricht allerdings oftmals den Bedürfnissen vieler Jugendlicher nach einer eher ruhigen Pausengestaltung in Rückzugs- und Kommunikationsnischen (vgl. Derecik, 2013, S. 44-45; Abb. 2). Einige Lehrer respektieren die Befriedigung der sozial-kommunikativen Bedürfnisse der Jugendlichen während der Pause auch in der Praxis, die meisten aber wollen die Heranwachsenden in den Pausen unter einem Kompensationsaspekt zur Bewegung animieren (vgl. Kottman et al., 1985, S. 38).

Abb. 2 Schüler-Lehrer-Paradoxon zur Kompensation des Unterrichts (Besele, 1999, S. 62)

Unter einer medizinisch-orthopädischen Perspektive sollen durch eine aktive Pausenbetätigung der Haltungs- und Bewegungsapparat sowie das Immunsystem gestärkt und Übergewicht vermieden bzw. reduziert werden. Der Bewegung in den Pausen wird u. a. die Funktion zugesprochen, den *Haltungs- und Bewegungsapparat* nach einem langen Sitzen wieder zu stimulieren. Dabei erweist sich Bewegung und die damit verbundene neu erlangte Gewandtheit als „Gegenmittel" für die Haltungsschäden des heutigen „Stubenhockertums" (Pappler & Witt, 2001, S. 21; vgl. Fiegenbaum, 2011, S. 63). Illi hat schon im Rahmen einer Tagung (vgl. 1998, S. 1) angeführt, dass insbesondere das stundenlange Sitzen während des Unterrichts die Wirbelsäule und die Bandscheiben immens belastet, sodass bekannte Zivilisationskrankheiten wie Rückenleiden und Haltungsschäden bereits im Jugendalter auftreten können. Die auffällige Zunahme von Rückenbeschwerden bei Schülern wird somit auf den bewegungseinschränkenden Schulalltag zurückgeführt. Dabei resultieren massive Beschwerden vor allem aus dem monotonen Sitzen während des Unterrichts. Gamp und Illi (vgl. 1995, S. 146) beschreiben, dass die Wirbelsäule während des langen passiven Sitzens deutlich höher belastet wird als im Stehen und bei Bewegung. Gleichzeitig fehlt durch das lange Sitzen die notwendige Stimulation der Muskulatur und die Bandscheiben werden durch eine schwerstatische Beanspruchung weniger gut versorgt. Rohnstock (vgl. 1985, S. 18) sieht in der aktiven Pausenbetätigung die Möglichkeit, unterrichtsbedingte Verspannungen zu lösen und zu lockern. Gemäß Illi (1995, S. 404) reicht nämlich der reguläre Sportunterricht nicht aus, um das lange Sitzen zu kompensieren.

Enderlein, Schattat und Welsch (vgl. 2008, S. 29-31) thematisieren darüber hinaus *Übergewicht* und führen die Ursachen dafür z. T. auf ungünstige Bedingungen in Schulen zurück. US-amerikanische Forscher wollen diesem Umstand entgegenwirken und verweisen auf die Bedeutung der Pausen zur Reduzierung von Übergewicht. Sie sehen in ihr eine Chance, Adipositas bereits im Kindesalter entgegenzuwirken. In den USA existieren bereits Projekte gegen Fettleibigkeit, wie beispielsweise das von Michelle Obama initiierte und 150 Millionen Dollar teure Projekt „Let's move! Active schools", das in 50.000 Schulen seit Anfang 2013 läuft und gegen überschüssige Pfunde der Kinder anzukämpfen versucht. Ziel ist es, mindestens eine Stunde körperliche Aktivität pro Tag in den Schulen anzubieten. Dies soll durch strukturierte und reglementierte Pausen gewährleistet werden (vgl. Ramstetter, Murray, & Garner, 2010, S. 523). Dieses Vorgehen widerstrebt z. T. dem Anspruch an die Mittagsfreizeit und entspricht eher den Vorstellungen von gebundenen Freizeitangeboten (vgl. Kap. 2.4.2) oder der täglichen Sportstunde (vgl. Thiele & Seyda, 2011).

Durch eine entsprechende Bewegung in den Pausen in einem ausreichendem Maße soll ebenfalls die Entstehung von Stoffwechselkrankheiten vermieden werden, indem das *Immunsystem* stimuliert und mehr Abwehrzellen produziert werden. Eine körperliche Aktivität regt den Stoffwechsel an, was für statisch beanspruchte Schüler sehr wichtig ist, da es ohne eine ausreichende Bewegung andernfalls zu einer Verflachung der Atmung, Verlangsamung der Blutzirkulation und in der Konsequenz zu einer schlechteren Sauerstoffversorgung kommen kann (vgl. Rohnstock, 1985, S. 18-19). Zusätzlich kommen die Schüler in den Schulpausen bei entsprechender Gestaltung mit Naturmaterialien, wie beispielsweise Sand, Steinen und Pflanzen, in Berührung. Nach Aussagen von Kinderärzten sollten Schürfwunden sogar präventiv gegen Allergien wirken (vgl. Enderlein, Schattat & Welsch, 2008, S. 40). Selbstverständlich muss an dieser Stelle ebenfalls berücksichtigt werden, dass der Erfolg eines Abwehrsystems nicht ausschließlich vom Ausmaß der Bewegung eines Menschen gesteuert wird, sondern die Beeinflussung durch weitere Faktoren, wie unter anderem ausreichend Schlaf und einer gesunden Ernährung, beeinflusst wird (vgl. Bant, Haas, Ophey & Steverding, 2011, S. 360-361).

In Ganztagsschulen bedarf es neben der Bewegung auch einer Berücksichtigung von Ruhe, da der Wechsel von Belastung und Erholung als ein wesentliches Element zur Erhaltung der Gesundheit betrachtet werden muss (vgl. Rohnstock, 1985, S. 7; Kugelmann, 2001, S. 26).

3.4.2 Gesundheitsförderung durch Ruhe

Die heutige Gesellschaft ist geprägt von wachsenden Leistungsanforderungen, sodass die Grenzen eines gesunden Lebens z. T. schon überschritten werden (Rohnstock, 1985, S. 6). Auch das Schulleben ist von dieser Entwicklung nicht ausgenommen. Heranwachsende werden schon frühzeitig mit diesem Druck konfrontiert (vgl. Honoré, 2008). Ein höchstmöglicher Schulabschluss wird von vielen Erwachsenen, aber inzwischen auch von den Heranwachsenden selbst, als ein ‚Muss' für die spätere Laufbahn vorausgesetzt (vgl. Maschke & Stecher, 2015, S. 17-18). Einige Kinder und Jugendliche arbeiten mehr als 40 Stunden in der Woche für die Schule, sodass Elkind (1991) von einer „gehetzten Kindheit" spricht.

Heute beklagen Kinder- und Jugendärzte die Folgen dieser steigenden Schulbelastungen: „Immer mehr Mädchen und Jungen leiden unter Depressionen, Ängsten, Schlafstörungen, sozialen Auffälligkeiten, Kopf-, Bauch- und Rückenschmerzen und psychosomatischen Erkrankungen" (Enderlein, Schattat, & Welsch, 2008, S. 15). Dies wird durch die Bella Studie (2006) sowie dem Kinderbarometer (2003) bestätigt (vgl. Enderlein, 2008, S. 10). Schüler der fünften, siebten und neunten Klasse wurden befragt, wie sie auf stressbedingte Belastungen reagieren. Als belastungsbedingte Symptome, unter denen die Lernenden fast jede Woche oder sogar fast jeden Tag leiden, werden insbesondere *Müdigkeit* und Erschöpfung (46 %), *Kopfschmerzen* (25 %), *Einschlafstörungen* (27 %) und schlechte Laune bzw. *Reizbarkeit* (30,5 %) angeführt (vgl. Enderlein, 2008, S. 12).

Während der Bewegung allgemein ein positiver Wert zur Förderung der Gesundheit beigemessen wird, ist im Kontext von Ganztagsschule auffällig, dass der Ruhe sowohl auf theoretischer als auch auf der praktischen Ebene relativ wenig Bedeutung zugeschrieben ist. Am ehesten wird die Bedeutung der Ruhe im Zuge der Ganztagsentwicklung durch Studien zur Chronobiologie erörtert (vgl. Bergmann & Fiegenbaum, 2009, S. 9-10; Hildebrandt-Stramann, 2010, S. 14-21). Demnach kann eine fehlende Ruhe in der Ganztagsschule eine „Krankheitsanfälligkeit" mit den oben beschriebenen stressbedingten Symptomen günstig beeinflussen (Salzberg-Ludwig, 2004, S. 97). Eine Stressbewältigung in den Pausen wird von den Heranwachsenden in Abhängigkeit ihres Alters und Geschlechts sehr individuell und unterschiedlich erreicht. Während Kinder entwicklungsbedingt ein natürliches und intensives Bewegungsbedürfnis besitzen und sich auf diese Weise vom Unterricht erholen, entspannen sich viele Jugendliche „genau wie Erwachsene oft einfach durch Nichtstun, Faulenzen, Quatschen usw." (Althoff et al., 2009, S. 31; vgl. Haenisch, 2011; Ritzdorf, 2011, S. 49). Der letztgenannte Aspekt impliziert jedoch, entgegen dem Bestreben vieler Lehrer, ihre Schüler in den Pausen zur Bewegung zu animieren (vgl. Kap. 3.4.1), dass gerade für die jugendlichen Schüler die bewegungsärmere Form der Entspannung in der Mittagsfreizeit ihre volle Berechtigung erhalten sollte: „Freizeit muss eben auch die Freiheit der Schülerinnen und Schüler einschließen, nichts tun zu dürfen – trotz zahlreicher Angebote“ (Althoff et al., 2009, S. 31).

Hier sollten Gesundheitsförderungsprogramme ansetzen, die sich darum bemühen, eine angenehme Atmosphäre zu schaffen, damit sich Lernende in der Schule wohlfühlen (vgl. Enderlein, Schattat & Welsch, 2008, S. 45-93). Dies kann in den Pausen u. a. durch die Bereitstellung von entwicklungsadäquaten Schulfreiräumen erfolgen. Neben Bewegungsräumen für Kinder werden hierfür vor allem Rückzugs- und Kommunikationsnischen für Jugendliche benötigt (vgl. Derecik, 2013). Für Jugendliche steht aus einer gesundheitspädagogischen Betrachtungsweise, zumindest in den Pausen an Ganztagsschulen, nicht primär die körperliche Fitness im Vordergrund. Vielmehr fordern sie als Ausgleich zur kognitiven Beanspruchung Möglichkeiten zur Ruhe. Gerade für die Jugendlichen muss die Pause als selbstverständlicher Anlass wahrgenommen werden, um sich auszuruhen und damit für ihre eigene Gesundheit aufzukommen. Dies entspricht ihrem Drang, „im Hier und Jetzt aktuelle Bedürfnisse nach Erholung und Entspannung zu stillen, und gleichzeitig ein adäquates Gesundheitsverhalten einzuüben für das Leben außerhalb und nach der Schule“ (Kugelmann, 2001, S. 27). Die Pausen sind in der Schule nahezu die einzigen Zeiträume, in denen sich die Jugendlichen explizit ausruhen können, was ihnen auch gewährt werden sollte.

Des Weiteren sind Ruhe und *Lärm* bei Schülern eng miteinander verbunden. Schüler haben das Bedürfnis, sich durch Körperlichkeit und Lautstärke auszudrücken. Dies macht sich durch lautes Klatschen, Schreien, Trampeln oder beispielsweise Lachen bemerkbar. Durch diese Art und Weise des „Sich-Öffnens“ werden Stresshormone abgebaut und Glückshormone ausgeschüttet. Auf dem Pausenhof können sich die Schüler „abreagieren“ und laut sein. Durch diesen emotionalen Stressabbau wird die psychische Gesundheit gefördert. Eine *abgestandene Luft* und *schlechte Akustik* in den Räumen können z. T. ebenfalls erschwerend als gesundheitsbelastend eingestuft werden (vgl. Enderlein, Schattat & Welsch, 2008, S. 111). Durch eine gesunde Ernährung in der Mittagsfreizeit und das Wissen um diese soll ebenso ein Beitrag zu einem positiven Gesundheitsverhalten geleistet werden.

3.4.3 Gesundheitsförderung durch Mittagessen

Das Mittagessen in der Mittagsfreizeit ist ein zentrales Element der Ganztagsschule. Allen Heranwachsenden, die am Ganztag teilnehmen, soll ein warmes und gesundes Essen zur Verfügung gestellt werden. Kamski (vgl. 2008, S. 567) wertet über diese strukturelle Ebene hinaus die Vermittlung von Wissen über eine gesunde Ernährung als eine Kernkompetenz in der heutigen Gesellschaft, die durch die Ganztagsschule gefördert werden soll. Da Heranwachsende oft mehrere Tage in der Woche in der Schulmensa oder Cafeteria speisen und „die Zeit, die mit dem gemeinsamen Essen in den Familien verbracht wird", rückläufig ist, soll die Ganztagsschule Aufgaben übernehmen, die vorher ausschließlich von Eltern bewerkstelligt werden mussten (Enderlein, Schattat & Welsch, 2011, S.103).

In der Tat bietet sich durch die vermehrte Einrichtung von Ganztagsschulen und die Organisation des Mittagessens in diesen die einmalige Chance, außerfamiliär durch Verknüpfung von Verhaltens- und Verhältnisprävention positiv auf die Gesundheit von Heranwachsenden einzuwirken. Ein gemeinsames Essen kann nachhaltig Einfluss auf die Ernährung- und Esssozialisation der Schüler nehmen, indem sie u.a. Tischgemeinschaft erfahren, Tischkultur und -manieren erwerben, internationale Esskulturen kennen lernen und soziale Begegnungen und Kommunikation fördern können (vgl. Dollinger, 2014, S.65). Beer und Heseker (2004, S.240-242) weisen, belegt von empirischen Ergebnissen, weiter darauf hin, dass Faktoren wie ein ernährungsphysiologisch vorbildliches Angebot, ein hoher Genusswert, Abwechslungsreichtum und die Berücksichtigung von Schülerwünschen eine große Rolle zur Annahme des Mittagessens spielen. Der Ruf nach einer freien Komponentenwahl beim Mittagessen sowie die Förderung eines Gesundheitsverständnisses durch geplante Aktionswochen werden insbesondere durch die Ergebnisse der Nestle-Studie 2010 sowie des Bundeskongress Schulverpflegung 2014 deutlich (vgl. Barlovic, 2010, S. 15; Arens-Azevedo, 2010, S. 21; Arens-Azevedo et al. 2014, S. 40-57). Bisher wird das Thema Ernährung in der Schule allerdings zu selten in den Fokus gerückt, obwohl von Seiten der Schüler eine hohe Akzeptanz dafür vorherrscht, dass Kochen Teil des Unterrichts sein könnte. 63 % der Schüler, die das Kochen im schulischen Kontext thematisiert haben, geben an, seither mehr auf ihre eigene Ernährung zu achten und auch (besser) zu kochen (vgl., 2010, S. 15-17).

In der Konsequenz wird von Ganztagsschulen gefordert, dass sie Kenntnisse über ausgewogene Speisepläne und auch religiöse sowie kulinarische Vorgaben vermitteln (vgl. Kamski, 2008, S. 567). Bisher servieren die Mensen allerdings häufig Nudeln, Pizza und Fleisch, weshalb gefordert wird, verstärkt auf eine gute Präsentation von Gemüse- und Obstwaren zu achten, damit die Speisen nicht als mangelhaft und unattraktiv bewertet werden (vgl. Barlovic, 2010, S. 9). So verwundert es nicht, dass sich die Bewertung von Schulmensen von 2,3 (2006) auf 2,9 (2010) signifikant verschlechtert hat und die gesunde Ernährung für Schüler in der Schule eine eher untergeordnete Rolle spielt. In der Konsequenz sind laut der repräsentativen Gesundheitsstudie der Nestle Deutschland AG (2010) viele Schüler nach dem Mittagessen in der Ganztagsschule müde, träge, schwer und lustlos, obwohl das genaue Gegenteil erreicht werden soll (vgl. Barlovic, S. 5-9). Der Nutzen einer gesunden Mittagsverpflegung ist auch für die Schule nicht außer Acht zu lassen, denn bei Schülern, die eine unausgewogene bzw. unzureichende Ernährung erfahren, können Konzentrationsschwächen und Müdigkeit auftauchen. Dies kann eine Einschränkung der schulischen Leistungsfähigkeit zur Folge haben.

Diesbezüglich stellt sich die Frage, ob Heranwachsende überhaupt gewillt sind, sich ausgewogen und gesund zu ernähren, da im Alltag oftmals angenommen wird, dass Schüler bevorzugt fettiges Essen, wie Burger, Pizza oder Ähnliches, zu sich nehmen. Eine Studie von Prüß, Hamf, Kortas und Schöpa (2009, S. 38) zeigt allerdings, dass Schüler mehr gesunde (Reis, Gemüse, Wasser, Nudeln) als ungesunde (Cola, Süßigkeiten, Pommes, Chips) Nahrungsmittel konsumieren. Bödeker (2011, S. 39) stellt in diesem Zusammenhang zudem fest, dass es Unterschiede bei häuslicher und außerhäuslicher (z. B. schulischer) Ernährung gibt: Das Essen in der Schule „soll vor allem gut schmecken und satt machen" (Bödeker, 2011, S. 39). Zu Hause wiederum wird mehr Wert auf kalorienarmes und gesundes Essen gelegt, zumindest bei Schülern aus einem gesundheitsbewussten Elternhaus.

Festzustellen bleibt, dass vor allem die Essgewohnheiten von Jugendlichen aufgrund von immens hohen Angeboten von außen (z. B. Fast-Food, Biokost, Kiosk, Großküchen) sehr verschieden sind. Folglich ist es für Ganztagsschulen eine schwierige Aufgabe, die richtigen Essensangebote

> „heraus zu suchen und über die sehr unterschiedlichen Speisen in gesundheitlich und finanziell verantwortlicher Weise so zu entscheiden, dass die potenziellen Essensteilnehmer/-innen in der Schule diese Entscheidung auch annehmen" (Appel & Rutz, 2005, S. 260).

Räumliche Gegebenheiten und gerade der finanzielle Aspekt stellen Schulen oft vor Schwierigkeiten, sodass manche Vorstellungen und wünschenswerte Realisierungen diesen Faktoren zum Opfer fallen. Daher sind Schulen teilweise gezwungen, nach Alternativen zu suchen, die die Wünsche mancher Schüler in den Hintergrund stellen, dafür aber den besten Kompromiss für alle Beteiligten darstellen.

Darüber hinaus ist zu erwähnen, dass keine Gewährleistung für eine Partizipation aller Schüler besteht, selbst wenn ein gesundes und preiswertes Speisenangebot realisiert wird, das der Mehrheit gefällt (vgl. Oepping, 2011, S. 34). Insgesamt geben etwa drei Viertel aller Schüler an, regelmäßig in der Schule zu essen (vgl. Barlovic, 2010, S. 6). Bereits Reinert und Zinnecker (vgl. 1978, S. 165-166) stellten fest, dass 11 % der befragten Schüler unerlaubt das Schulgelände verlassen, meist ab der achten Klasse. Beliebte Fluchtziele, vor allem bei einem engen Schulgelände, sind Supermärkte oder heimliche Orte. In einer aktuellen Studie zu den Veränderungen der Gewohnheiten und Bedürfnisse der Schüler in der Mittagsfreizeit von gebundenen Ganztagsrealschulen und -gymnasien in Nordrhein-Westfalen werden diese Ergebnisse bestätigt. Dabei ist zu konstatieren, dass Schüler ab der siebten Klasse immer häufiger einen neuen Erlass nutzen, der erlaubt, das Schulgelände in der Mittagszeit zu verlassen. Laut der Studie von Haenisch (2014, S. 19) liegt dies allerdings nicht zwangsläufig am Mittagessen, denn selbst wenn dieses von den Jugendlichen als gut bewertet wird, bleiben sie der Mensa fern und gehen in Supermärkte oder Imbissbuden. Als Gründe für die „Fluchttendenzen" werden von den Jugendlichen selbst verschiedene Aspekte angeführt. Dazu gehört u. a., dass die durch den neuen Erlass geschaffene Freiheit für die Jugendlichen neue Gelegenheiten bietet in ihrer freien Zeit möglichst keine Einschränkungen hinnehmen zu müssen und das Schulgelände deshalb verlassen wird. Es wird ebenfalls angeführt, dass es aus Sicht der Jugendlichen in der Mensa zu eng wird und schließlich vom Speiseplan abhängig ist, ob die Mensa besucht wird (vgl. Haenisch, 2014, S. 20).

Neben dem Mittagessen an sich spielt es also eine große Rolle, ob die Schüler sich wohlfühlen und dass die Mensa eine angenehme Atmosphäre vermittelt, in der sie gemeinsam ihre Zeit verbringen können. Dies zeigt sich bereits in der Nestlé Studie (vgl. Arens-Azevedo, 2010, S. 24) und jüngst wieder in der Studie zur Qualität der Schulverpflegung (vgl. Arens-Azevedo et al., 2014, S. 47-52). Aus beiden Studien geht hervor, dass Ruhe, Gemütlichkeit und Großräumigkeit der Mensen von den Heranwachsenden negativ bewertet werden.

3.5 Pause als Sozialraum

Die Mittagsfreizeit in der Ganztagsschule stellt einen großen Sozialraum dar und verweist auf verschiedene Aspekte. Zunächst wird der Mittagsfreizeit eine enorme Funktion als *Kompensation der (verlorenen) Freizeit* (Kap. 3.5.1) und damit als *Treffpunkt und Kontaktbörse* für Heranwachsende zugesprochen (Kap. 3.5.2). In diesem Zusammenhang wird die *Bedeutung von Freundschaftsbeziehungen* für die Entwicklung der Heranwachsenden hervorgehoben (Kap. 3.5.3). Bewegung, Spiel und Sport sowie Ruhe und Kommunikation sind, in Abhängigkeit von Alter und Geschlecht, die zentralen *informellen Pausenaktivitäten von Heranwachsenden*, anhand derer die Kinder und Jugendlichen die Pausenräume zu entwicklungsadäquaten Sozialräumen gestalten (Kap. 3.5.4). Während dieser Aktivitäten können die Heranwachsenden vielfältige *informelle Kompetenzen erwerben* (Kap. 3.5.5).

3.5.1 Kompensation der (verlorenen) Freizeit

Dass Schulräume mehr sind als lediglich ein Medium zum Lehren und Unterrichten, sondern den Heranwachsenden vielmehr ein „geselliges Leben ermöglichen (Spiel, Sport, Tanz usw.) und auch ein Stück ‚Straße' in sich aufnehmen" sollen, ist keineswegs neu und wurde bereits zu Beginn des 20. Jahrhunderts von reformorientierten Ansätzen gefordert (Blömer, 2011, S. 95). Zinnecker (2001, S. 201) spricht in diesem Zusammenhang, sich auf eine empirische Basis berufend, von einer regelrechten „Verstraßung von Schule" und bezeichnet damit das Phänomen, dass Kindheit und Jugend zwar historisch verschult wurden, aber gleichzeitig Momente der „Straßenkindheit" bereits vor der Entwicklung von Ganztagsschulen vielfach innerhalb der Schule stattfinden. Zinnecker (2001, S.194) beschreibt die Pausen als „Straßencafé" und „Marktplatz", da die Schüler in dieser Zeit andere Gleichaltrige treffen und mit ihnen in Kontakt kommen (vgl. Kap. 3.5.2).

Bereits in den 1990er Jahren werden die Schule allgemein und speziell die Pausen als Ort bezeichnet, in denen die Gesellschaft der Gleichaltrigen auf vielfältige Art und Weise organisiert wird:

> „Schule organisiert nicht nur das Lernen der heutigen Kinder und Jugendlichen, sondern zugleich auch die Gesellschaft der Gleichaltrigen. Letzteres mehr oder weniger ungewollt. Über die Schule werden Gleichaltrige erreichbar und verfügbar, die sich ansonsten in einer von Kindern und Jugendlichen ausgedünnten Stadtzone verflüchtigen würden. Hier entstehen Freundschaften, werden Verabredungen für den Nachmittag getroffen; hier ist der Schwarzmarkt für Tauschgüter aller Art aus dem Arsenal aktueller Kinder- und Jugendkultur – sie werden getauscht, geschnorrt, gestohlen, geschenkt. Hier ist schließlich der Ort, die Gesellschaft der Gleichaltrigen zu inszenieren, sie ästhetisch-sinnlich zu erfahren und sich selbst auf diesem Marktplatz – oder Jahrmarkt der Eitelkeiten? – zu präsentieren" (Zinnecker, 1995, S. 58).

Damit kompensiert die Pause schon immer „ein Stück weit das verloren gegangene Straßenterrain", ob von der Schule beabsichtigt oder nicht (Zinnecker, 1995, S. 59). Die Nachbarschaft und das nähere Wohnumfeld büßen aufgrund der veränderten Lebensbedingungen im Zusammenhang der Entwicklung von Ganztagsschulen zunehmend ihre Bedeutung für den Ausbau von Gleichaltrigen-Beziehungen und Straßenspielkultur ein (vgl. Holtappels, 2005, S. 9). Eventuell können auch aufgrund des längeren Aufenthalts in der Ganztagsschule nicht mehr alle Aktivitäten in Vereinen wahrgenommen werden und den Heranwachsenden stehen zusätzlich weniger Zeiträume zur Verfügung, sich informell mit Gleichaltrigen zu treffen. „Die Zeit, die den Kindern zu Hause zum Verabreden und Spielen bleibt, wird verkürzt und der Lebens- und ‚Spiel'- Mittelpunkt wird in die Schule verlegt" (Althoff et al., 2009, S. 31). Höhmann (2012) wirft die Frage auf, wo Kinder und Jugendliche heute unter den veränderten gesellschaftlichen Rahmenbedingungen ihre wertvollen Erfahrungen von der Straße sammeln und kommt zu folgendem Schluss:

> „Wenn Eltern nicht der Bildungscoach für ihre Kinder sein können und sie von Angebot zu Angebot fahren, gibt es die erfahrungs- und anregungsreiche Kinder- und Jugendzeit nicht. Erfahrungsreichtum ist jedoch die Grundlage für erfolgreiches Lernen. Was im privaten sozialen Umfeld nicht vorhanden ist, muss die Schule kompensieren" (Höhmann, 2012, S. 13-14).

In diesem Sinn weist Lehrer-Vogt (vgl. 2013, S. 151) anhand ihrer empirischen Untersuchung mit zwölf- bis 15-jährigen Schülern mit einem Migrationshintergrund darauf hin, dass die Schule insbesondere die Freizeit für sozial Benachteiligte kompensieren kann. Damit stellen die Schule und insbesondere die Mittagsfreizeit für einige Heranwachsende mit Migrationshintergrund und sozialer Benachteiligung nicht nur einen Lern-, sondern auch einen Lebensraum dar. Das Treffen mit Gleichaltrigen kann für sie auch aufgrund ihrer familiären Bedingungen weniger stark im Freizeitbereich außerhalb der Schule stattfinden, sondern wird in die Schule verlagert, auch weil dies ein Ort ist, den die Eltern akzeptieren. Sie nutzen dabei die Schule als „Alibi" für ihre Freizeitaktivitäten und betrachten diese als Schutzraum (Lehrer-Vogt, 2013, S. 151). Es sind gerade die für die Identitätsbildung so wichtigen Rückzugs- und Kommunikationsräume, die vor allem den Mädchen im familiären und sozialräumlichen Umfeld fehlen und welche daher in der Schule gesucht und konstruiert werden (vgl. Lehrer-Vogt, 2013, S. 139-154; Deinet, 2014, S. 223).

Die Schule ist damit heute mehr denn je gefordert, gerade für bildungsbenachteiligte Heranwachsende, entwicklungsadäquate Freizeiträume in den Pausen zu arrangieren, die als Treffpunkt und Kontaktbörse fungieren und in denen Jugendliche vielfältige Erfahrungen inmitten Gleichaltrigen sammeln können.

3.5.2 Treffpunkt und Kontaktbörse

Werden die Orte, an denen Kontakte geknüpft und Freundschaften gebildet werden, genauer betrachtet, „wird deutlich, dass die Schule mit 90 % eindeutig der vorrangigste Raum für das Kennenlernen von FreundInnen ist" (Kromer, 1995, S. 45). Pausenräume sind gerade in Grundschulen „die zentralen Orte, an denen Kinder einander kennen lernen, Freundschaftsgeflechte bilden und pflegen" (Preuss-Lausitz, 1999, S. 165). Auch an weiterführenden Schulen gewinnt die Schule für die Heranwachsenden als Lebensraum zunehmend an Bedeutung:

> „Der überwiegende Teil der Kids geht gerne in die Schule, aber nicht in erster Linie aus Interesse am Unterricht, sondern weil Schule für die Kids ein sozialer Treffpunkt mit Gleichaltrigen ist. Die unterrichtsfreie Zeit (Pausen) und das, was neben und trotz des Unterrichts passiert, macht für die Kids die wesentliche positive Qualität von Schule aus" (Kromer, 1995, S. 26).

Heranwachsende brauchen gerade in der Ganztagsschule Zeit- und Freiräume, „in denen sie untereinander in Kontakt kommen, Geselligkeit pflegen, Beziehungen aufbauen, miteinander leben, voneinander lernen, Regeln des Zusammenlebens ausprobieren und Grenzen erfahren können" (Balnis, 2005, S. 65). Damit sind für Kinder und Jugendliche zwei Themen zentral, damit sie sich in der Schule wohlfühlen: Die Gestaltung der freien Zeit und die Mitschüler (vgl. Enderlein, 2012, S. 17).

Auch wenn eventuell noch ein Bedarf bei der Gestaltung von entwicklungsorientierten Schulfreiräumen besteht (vgl. Derecik, 2015a), steht in der Mittagsfreizeit von Ganztagsschulen nun erheblich mehr Zeit zur Verfügung als in Halbtagsschulen. Denn die Schüler betrachten die Schule nicht in erster Linie als Bildungseinrichtung, sondern als „Kontaktbörse", in der sie andere besser kennen lernen können (Schmalfeld, 2012, S. 98). In den Pausen entstehen für die Heranwachsenden zahlreiche Möglichkeiten, mit anderen Schülern in Kontakt zu treten. Bei Kindern erfolgt dies in erster Linie durch Bewegung und Spiel. Bei Kids[2] durch Bewegung, Spiel und Sport, aber auch durch Gespräche in Rückzugsnischen. Jugendliche treten vor allem in Ruhe- und Kommunikationsnischen in Kontakt. Erste Annäherungsversuche zu dem anderen Geschlecht sind vor allem bei einigen Jugendlichen durch Flirten zu verzeichnen, aber auch bei Kids durch gegenseitiges spielerisches Ärgern (vgl. Derecik, 2013, S. 44-45; Reinert & Zinnecker, 1978, S. 166).

Wenngleich einige Heranwachsende Angst vor einer Verkürzung ihrer frei verfügbaren Zeit durch die Ganztagsschule haben, geben in der StEG-Studie von 2005 61,2 % der befragten Schüler aus den Klassenstufen drei bis zehn an, dass das Zusammensein mit Freunden ausschlaggebend für den Entschluss des Besuchs einer Ganztagsschule war (vgl. Arnoldt & Stecher, 2007). Auf die Frage, was die Schüler an ihrer Schule besonders mögen, antworten Heranwachsende dementsprechend nicht selten: Die Pausen! Am Transferzentrum für Neurowissenschaften und Lernen (ZNL) der Universität Ulm wurde eine Studie durchgeführt, in welcher die Schüler

2 Kids stellen in der neueren Kindheits- und Jugendforschung eine eigene Entwicklungsstufe mit eigenen Bedürfnissen dar. Sie sind noch keine Jugendlichen, „weil sie nicht wie diese Ablösung von den Erwachsenen öffentlich demonstrieren, Kinder sind sie aber längst nicht mehr, da ihre Spiele und Aktivitäten nicht mehr an die familiale Kontrolle gebunden und rückverwiesen sind" (Böhnisch, 2008, S. 132). Während mit Kindern die Schüler der Klassen eins bis vier gemeint sind, stellen Kids die Schüler der Klassen fünf bis sieben dar und Jugendliche sind die Schüler ab der Klasse acht.

zwischen 2004 und 2006 einen Fragebogen mit der Frage nach dem „Schönsten“ und dem „Blödesten“ in der Schule zu beantworten hatten. Hier haben über 200 Schüler der Schulformen Gymnasium, Real- und Hauptschule im Alter von ca. 11-15 Jahren teilgenommen. Aus den Antworten der Heranwachsenden wird deutlich erkennbar, dass die Pausen sowie das Treffen und Zusammensein mit Freunden und Gleichaltrigen über alle Altersgruppen hinweg das „Schönste“ an der Schule ist (vgl. Enderlein, 2012, S. 175).

Zwar macht es vordergründig den Anschein, jedoch ist damit zunächst keineswegs eine Abgrenzung gegen den Unterricht gemeint. Beim Nachfragen wird deutlich, dass die Pausen der Zeitraum für soziale Begegnungen mit Gleichaltrigen sind. Statt über Facebook finden in diesem Rahmen persönliche Begegnungen ‚face to face‘ statt, welche es sonst im digitalen Zeitalter zunehmend weniger gibt. Die sozialen Netzwerke im Internet mögen interessant und spannend sein, aber sie können den direkten sozialen Kontakt nicht ersetzen und tun dies auch nur bedingt. Ganztagsschulen können hier ansetzen und die erweiterte Aufgabe bei der Sozialisation von Kindern und Jugendlichen wahrnehmen, die der Schule heute zukommt (vgl. Höhmann, 2012, S.13-14, Seydel, 2011, S. 2; Deinet, 2008).

3.5.3 Bedeutung von Freundschaftsbeziehungen

Die Bedeutung des Aufbaus und der Pflege von Freundschaften ist ein für die Pause ebenso bedeutender Aspekt. Schmalfeld (2012) betont aus der Perspektive von Peer-Netzwerken in Ganztagsschulen die Bedeutung von Freundschaften für deren emotionale und soziale Entwicklung (vgl. Kap. 3.5.5). Infolgedessen sollte die hohe Bedeutung der im Terminus des Sozialraums mit inbegriffenen und nicht eindeutig davon trennbaren Peer-Kultur nicht unterschätzt werden:

> „Wir halten die Gleichaltrigen (Peers) für die Entwicklung sozialer und emotionaler Fertigkeiten für äußerst wichtig, denn diese befriedigen nicht nur das Bedürfnis der Heranwachsenden nach Geselligkeit und Kommunikation, sie schaffen – vor allem in der Freizeit – einen sozialen Raum, in dem Kinder und Jugendliche informell lernen, ihre Entwicklungsaufgaben bearbeiten und so ihre Kompetenzen erweitern können. Für diesen Bereich gibt es kein Schulcurriculum“ (Kanevski & Salisch, 2011a, S. 35).

Auch Diketmüller und Studer (2007, S. 131) stellen dies fest, indem sie sagen, dass Schulfreiräume „wichtige Bewegungsräume, Lernorte und Treffpunkte für Kinder und Jugendliche [sind], die für die körperliche und soziale Entwicklung große Bedeutung haben“.

Den essentiellsten Nachweis für die Bedeutung von innigen und kontinuierlichen freundschaftlichen Verbindungen lieferte bereits vor über 25 Jahren eine Längenschnittstudie von Bagwell, Newcomb und Bukowski (vgl. 1998, S. 151). Sie hat Jugendliche von der fünften Klasse an zwölf Jahre lang begleitet und ist zu dem Ergebnis gekommen, dass Heranwachsende, die im frühen Jugendalter wenigstens eine dauerhafte und reziproke Freundschaft hegten, zwölf Jahre danach als junge Erwachsene eine höhere Steigerung ihres Selbstwerts und eine niedrigere Anzahl an depressiven Symptomen aufwiesen als die Gegengruppe, die ohne innige Freundschaften groß wurde. Opp, Brosch und Teichmann (2010, S. 255) teilen diese Auffassung und machen deutlich, dass es unter dem Aspekt des Sozialraums „um Zugehörigkeit zu sozialen Geflechten und Gemeinschaften jenseits irgendeiner Gemeinschaftsromantik, um Mitsprache und Entscheidungsrechte sowie um die Sorge und Übernahme von Verantwortung für sich und andere" geht.

Trotz zahlreicher positiver Studienergebnisse ist zu berücksichtigen, dass Freundschaften auch negative Seiten aufweisen können. Schüler, die den Unterricht beispielsweise oft störten, übertrugen den Störfaktor häufig auf ihre Freunde (vgl. Berndt & Keefe, 1995). Auch die Schüler selbst empfinden die Peerbeziehungen nicht immer als positiv, da sie Angstgefühle hervorrufen können. Einige Schüler fühlten sich z. B. durch rauchende Mitschüler bedroht oder belästigt. Dieser Schwierigkeiten sollte sich die Institution Schule bewusst sein und entsprechende Projekte zu Problemminderung initiieren (vgl. Schmalfeld, 2012, S. 79). Des Weiteren wurde festgestellt, dass Jugendliche, die sehr viel Zeit mit ihren Freunden verbrachten und deren Hilfe und Beistand erfuhren, ein höheres Kriminalitätspotenzial sowie ein erhöhtes Risiko aufwiesen, zu rauchen oder Alkohol und andere Drogen zu sich zu nehmen (vgl. Wehner, 2009). Folglich sind also die Qualität der Freundschaft und das Charakteristikum des Freundes dafür entscheidend, ob eine Freundschaft einen positiven oder negativen Einfluss auf Jugendliche nimmt (vgl. Hartup & Stevens, 1997, S. 121).

Es ist festzustellen, dass viele Jugendliche vor allem *klasseninterne Freundschaftsbeziehungen* pflegen. Ein Motiv hierfür ist, dass der Klassenverband eine enge Zugehörigkeit bietet und somit die Vertiefung von Peerkontakten ermöglicht (vgl. Schmalfeld, 2012, S. 89). Weiterhin ist diesbezüglich festzustellen, dass sich bei einer Vielzahl Jugendlicher untereinander Freundschaften bereits während der Grundschulzeit angebahnt haben, welche im Rahmen des gemeinsamen Übergangs in die Ganztagsschule aufrechterhalten werden und infolgedessen bei der Eingliederung in den neuen Klassenverband und die neue Schule helfen können (vgl. Schmalfeld, 2012, S. 100). Nichtsdestotrotz ist im Allgemeinen eine Veränderung der Freundschaftsnetzwerke zu verzeichnen. Heranwachsende werden mit dem Alter wählerischer bezüglich ihrer Begleiter. Es zeigte sich, dass bei Achtklässlern eine stärkere Selektivität von Freunden vorherrscht, als dies bei Viertklässlern der Fall ist (vgl. Kanevski & Salisch, 2011a, S. 127). Mit steigendem Alter findet bei Jugendlichen, vor allem bei Mädchen, eine Konzentration auf eine kleine Zahl enger Vertrauter statt (vgl. Kanevski & Salisch, 2011a, S. 147).

Werden die Freundschaften in Bezug auf das Geschlecht betrachtet, ist festzustellen, dass sowohl Mädchen als auch Jungen bis ins Jugendalter *gleichgeschlechtliche Freundschaften* bevorzugen, welche dementsprechend zwischen 62 % und 81 % aller Freundschaften ausmachen. Innerhalb dieser Peerbeziehungen machen sich zwischen Mädchen und Jungen erhebliche Geschlechtsunterschiede bemerkbar. Während Mädchen innigere Beziehungen präferieren, halten sich Jungen vorzugsweise in breitgefächerten Gruppen auf (vgl. Schmidt-Denter, 2005, S. 106; Kanevski & Salisch 2011a, S. 45). Diese Ergebnisse von Schmidt-Denter werden in einer aktuellen Studie zur Bedeutung von Peer-Netzwerken in Ganztagsschulen bestätigt. Dabei zeigte sich, dass weibliche Ganztagsschülerinnen aus der neunten Klasse mehr intensive Freundschaftsbeziehungen haben als ihre gleichaltrigen männlichen Mitschüler. Weibliche Schülerinnen scheinen insbesondere zu ihren Freundinnen vertrauensvollere Beziehungen zu pflegen als ihre männlichen Altersgenossen (vgl. Salisch et al., 2013, S. 44).

3.5.4 Informelle Pausenaktivitäten von Heranwachsenden

Die Pausenräume werden von den Schülern schon immer als Orte des sozialen Verhaltens aufgefasst (vgl. Höhmann, 2012, S. 14; Kraft, 1977, S. 64). Der Mittagsfreizeit und den entsprechenden Räumlichkeiten wird in diesem Zusammenhang eine hohe Bedeutung zugewiesen, da die Jugendlichen einen erheblichen Anteil ihrer Schulzeit auf dem Pausenhof verbringen und diese durch ihre informellen Aktivitäten zu einem, wenn nicht dem größten, Sozialraum gestalten (vgl. Derecik, 2013, S. 44-45). Die *Hauptaktivitäten der Schüler* weisen aus einer sozialräumlichen Aneignungsperspektive auf entwicklungsbedingte Unterschiede hin. Obwohl die Altersspanne zwischen Kindern (1.-4. Klasse), Kids (5.-7. Klasse) und Jugendlichen (8.-10. Klasse) äußerst gering ist, verändern sich ihre dominanten Tätigkeiten innerhalb weniger Jahre deutlich.

Kinder offenbaren vordergründig ein natürliches Bedürfnis nach Bewegung in Spielräumen. In geringerem Maße demonstrieren sie aber auch einen Bedarf nach Rückzugs- und Kommunikationsnischen. Gerade über *Bewegung und Spiel* setzen sich Kinder untereinander in Beziehung und erfahren dabei ihre Schule nicht nur als Lern-, sondern auch als Lebens- und Erfahrungsraum, in dem sie sich über Bewegung und Spiel entwickeln können (vgl. Derecik, 2015b; Hildebrandt-Stramann,

2007, S. 14-19). Bereits im Verlauf des Vor- und Grundschulalters entwickeln sich unterschiedliche Bewegungs- und Spielinteressen bei Jungen und Mädchen, die sich im räumlichen Verhalten ausdrücken. So verbringen Jungen unverkennbar mehr Zeit mit Bewegungsspielen und spielen insgesamt aktiver, raumgreifender, stürmischer und riskanter als Mädchen. Mädchen hingegen arrangieren sich eher mit räumlichen Gegebenheiten und ziehen sich zurück, wenn es ihnen zu wild wird (vgl. Rohrmann, 2015, S. 45; Derecik, 2013, S. 37).

Bei Jugendlichen dreht sich das Verhältnis von Bewegung und Ruhe um. Sie eignen sich auf Schulhöfen in erster Linie Rückzugs- und Kommunikationsnischen an, indem sie durch die Gestaltung von gegenkulturellen Räumen eine Konstituierung ihrer Gleichaltrigenkultur anstreben. Für Jugendliche gewinnt die *Ruhe und Kommunikation* an Bedeutung und dementsprechend gehen vor allem die Mädchen in den Pausen eher „ziellos umher", die Jungen nehmen dagegen vermehrt „feste Plätze in den Ecken bzw. an Rändern von Schulhöfen" ein und unterhalten sich dabei (Derecik, 2011, S. 149; vgl. Reinert & Zinnecker, 1978, S. 166). Lehrer-Vogt (2013, S. 151) interpretiert, vor allem für weibliche Jugendliche, aus aneignungstheoretischer Sicht die Schule als einen Raum, an dem sie einen „Chillort" suchen und außerhalb der Unterrichtszeit die Aufenthaltsqualität von Schule durch ihre selbst konstruierten Rückzugs- und Kommunikationsnischen quasi erzwingen. Das rührt daher, dass der sozialkommunikative Aspekt in dieser Phase eine zentrale Rolle spielt. Die Bedeutung der Kommunikation mit Gleichaltrigen nimmt spätestens ab der weiterführenden Schule zu. Die Tendenz des Kommunikationsanteils der Schüler in den Pausen wächst dabei von Jahrgang zu Jahrgang. So liegt der Prozentanteil der Unterhaltungen in den Pausen in der fünften Klassenstufe noch bei 18 %, wächst in der siebten Klassenstufe auf 47 % und steigt in der neunten Klassenstufe sogar auf 69 % an. Dabei sind geschlechtsspezifische Unterschiede zu verzeichnen. In erster Linie geben die Mädchen (48 %) an, dass ihnen die Unterhaltungen zu anderen Mitschülern sehr wichtig sind. Bei den Jungen sind es 32 %, die das Miteinanderreden in den Pausen hervorheben (vgl. Reinert & Zinnecker, 1978, S. 168; Kottmann et al., 1985, S. 24-36). Bei diesen Gesprächen handelt es sich nicht nur um lustigen Tratsch, sondern ebenso auch um ernsthaftere Themen, Planungen, persönliche Interessen und Probleme, Gespräche über Mitschüler und die Verarbeitung des Schulalltags (vgl. Zinnecker, 1987, S. 166-168; Zinnecker, 2001, S. 194). Reinert und Zinnecker (1978, S. 168-169) haben acht Gesprächsthemen ausdifferenziert, über die sich Schüler in der Pause unterhalten, wobei an erster Stelle mit 34 % eindeutig die Verarbeitung des aktuellen Schultages steht:

1. Verarbeitung des aktuellen Schulalltages
2. Verarbeitung von Tagesereignissen (außerschulische Lebenswelt)

3. Planung des kommenden Tages (außerschulische Lebenswelt)
4. Persönliche Interessengebiete ansprechen
5. Persönliche Probleme ansprechen
6. Vorbereitung des bevorstehenden Schulalltages
7. Allgemeine und unbestimmte Angaben
8. Angaben zu Gesprächsinhalten

Bei Jugendlichen findet ab ca. dem siebten Schuljahr eine Distanzierung zur Spielwelt statt und die Schüler sind zum Teil hin- und hergerissen. Zum einen möchten sie gern noch weiterspielen, doch zum anderen scheint dies dem Alter nicht mehr angemessen zu sein (vgl. Reinert & Zinnecker, 1978, S. 171). Dementsprechend zeigen nur noch ca. 3-18 % der 16-Jährigen ein bewegungsorientiertes Verhalten während der Pause (vgl. Kottmann et al., 1985, S. 25-26). Gründe hierfür liegen darin, dass der Interessenschwerpunkt sich verlagert hat. Die Jugendlichen wollen sich durch ihr Verhalten von den Jüngeren abgrenzen und sich dadurch erwachsener fühlen (vgl. Kottmann et al., 1985, S. 27). In der Konsequenz offenbaren nur noch vorwiegend bewegungsfreudige (männliche) Jugendliche, und dies nur falls entsprechende Voraussetzungen arrangiert sind, ein Bedürfnis nach *Aktivitätsinseln*, in denen sie sich innerhalb der Gleichaltrigen ungestört in Szene setzen können (Derecik, 2013, S. 44; Schmalfeld, 2012, S. 78-79).

Kids eignen sich *Spielräume, Sporträume* sowie *Rückzugs- und Kommunikationsnischen* an, in denen sie jugendliches Verhalten einüben, aber auch Kind sein dürfen. Damit zeichnen sich ihre Hauptaktivitäten in den Pausen sowohl durch Bewegung, Spiel und Sport, als auch durch Ruhe und Kommunikation aus (vgl. Derecik, 2013, S. 44). Sportliche Aktivitäten in der Pause halten insbesondere Jungen bedeutsam für die Pflege ihrer Freundschaften und die Kontakte zu Gleichaltrigen. Bereits im Jahre 1983 gaben 41,4 % der zehn- bis zwölfjährigen Schüler an, in Pausen bewegungsbezogene Tätigkeiten auszuführen (vgl. Kottmann et al., 1985, S. 25). Dies deutet auf ein nahezu ausgeglichenes Verhältnis zwischen Bewegung und Ruhe im Kidsalter hin. Im Hinblick auf Mädchen und Jungen lässt sich eine unterschiedliche Pflege von Sozialkontakten festmachen. Mädchen pflegen eher eine kleine Zahl intimer Freundschaften, wohingegen Jungen eher lose Peerkontakte haben, welche besonders gut bei Mannschaftssportarten in größeren Gruppen aufrechterhalten werden können (vgl. Schmalfeld, 2012, S. 79; Youniss & Smollar, 1985; Petillon, 1993).

Resümierend kann festgehalten werden, dass Kinder, Kids und Jugendliche unterschiedlich gewichtete bipolare Bedürfnisse aufweisen. Dies hängt damit zusammen, dass Bewegung, Spiel und Sport sowie Ruhe- und Kommunikation in Abhängigkeit von Alter und Geschlecht unterschiedlich gewichtete Bedeutungen für die Entwicklung der Heranwachsenden besitzen (vgl. Sutton-Smith, 1978; Oerter & Montada, 2002). Bewegung und Ruhe sind in diesem Sinn nicht als getrennte Handlungsbedürfnisse zu sehen, vielmehr bedingen sie sich als Gegenpole wechselseitig. Sie helfen, eine gesunde Balance zwischen An- und Entspannung zu finden (vgl. Kap. 3.4.1 und 3.4.2) und ebenso die gegenwartsbezogenen *Entfaltungsbedürfnisse* sowie die *zukunftsorientierten Entwicklungsaufgaben* der Heranwachsenden zu erfüllen (vgl. Derecik & Deinet, 2013; Neuber, 2007; Dreher & Dreher, 1985; Havighurst, 1953). Aus der Geschlechterperspektive ist festzustellen, dass Jungen und Mädchen ihre Hauptaktivitäten in Schulfreiräumen unterschiedlich gestalten und dabei meist eine zweigeschlechtliche Kultur der Erwachsenen nachahmen, bei der eine Geschlechtsidentität durch Abgrenzung erfolgt (vgl. Hagemann-White, 2002). Dies vollzieht sich in verstärktem Maße bereits bei älteren Kids, aber virulenter wird es bei Jugendlichen. Wie bereits Diketmüller und Studer (2007, S. 25) formulieren zeigt sich somit, dass der Schulhof ein Sozialraum ist, in dem „Geschlechterverhältnisse erprobt und hergestellt werden", auch wenn hin und wieder alternative Konstruktionen von Männlichkeit und Weiblichkeit existieren. Damit sind diese Ergebnisse zu den informellen Tätigkeiten in den Pausen vor dem Hintergrund allgemeiner Studien zu den Peerbeziehungen nachvollziehbar (vgl. Kanevski & Salisch, 2011a, S. 48). Anhand dieser informellen Tätigkeiten in den Pausen können die Heranwachsenden vielfältige informelle Kompetenzen erwerben, die für ihre Entwicklung zentral sind.

3.5.5 Informeller Kompetenzerwerb

Heranwachsende lernen zu 70 % informell, also in der Lebenspraxis (vgl. Faure, 1972). Diese ‚natürliche' Lernform ist im Gegensatz zur pädagogisch arrangierten und didaktisch vorbereiteten Wissensvermittlung beim formellen Lernen (z. B. in der Schule) durch unmittelbare Umwelterfahrungen gekennzeichnet (vgl. Dohmen 2001, S. 28). Neben dem Raum als „dritten Pädagogen" bilden die Peers einen sozialen Raum für informelles Lernen (vgl. Schmalfeld, 2012; Schröder, 2006). Dementsprechend bringen die Schulfreiräume als Lernfeld von sozialen Interaktionen einen hohen sozialen Gebrauchswert mit sich. Jenseits unterrichtlicher Inhalte geht es um Beziehungsaufbau und -pflege, um Kooperation, Konflikte und Konfliktlösungen mit den gleich- und andersgeschlechtlichen Peers. Auf dem Schulhof entstehen in den Pausen soziale Kinderwelten, in denen „Kinder eigenständig Regeln eines vergnüglichen, hilfreichen, streitbaren und gelegentlich tröstlichen Zusammenseins ko-konstruieren" (Krappmann & Oswald, 1995, S. 23).

Die zentrale Aussage einer Untersuchung hierzu von Pelligrini und Bohn (2005) ist, dass sich kindliche Sozialkompetenz im Zusammenhang mit Peerbeziehungen entwickelt: „Peer interaction during recess allow children to develop social skills necessary to interact with peers in a positive way“ (Pellegrini & Bohn, 2005, S. 16). Diese Gleichrangigkeit ist Voraussetzung für Interaktionen auf gleicher Augenhöhe. Insbesondere nicht-reglementierte, d. h. wenig pädagogisch durchorganisierte Freiräume, wie die Pausenzeiten, bieten Chancen, das soziale Miteinander unter Gleichgestellten zu üben und dabei sozial-emotionale Kompetenzen im Umgang mit Peers zu gewinnen. Dazu gehören ebenfalls die Fähigkeit zur Übernahme von Verantwortung, der konstruktive Umgang mit Konflikten sowie die Entwicklung geteilter Normen (vgl. Korte, 1987; Krappmann & Oswald, 1995). Der Erwerb dieser sozialen Kompetenzen ist für das spätere Erwachsenenleben wichtig und wird durch die Peers während der Pausen gefördert (vgl. Forster, 2000, S. 118). Die Merkmalsfelder sozialer Kompetenz während der Pausen sind nach Forster (2000, S. 77-78) u. a.:

- Entwicklung der Fähigkeiten, Kontakte zu knüpfen und sich in Beziehungsgeflechten einzuleben
- Entwicklung von Fähigkeiten, Konflikte sozial „richtig“ zu lösen
- Entwicklung der Kommunikationskompetenz
- Erweiterung des Repertoires kooperativer Verhaltensweisen
- Entwicklung des Fairnessgedankens durch sportliches Spiel

Dies ist möglich, da über die Schule Gleichaltrige erreichbar werden, sodass Heranwachsende die Möglichkeit haben, Freunde zu treffen, neue Kontakte zu knüpfen, Regeln untereinander auszuhandeln und im Bereich der sozialen Beziehungen Erfahrungen zu sammeln (vgl. Müller, 2010, S. 192). Die Ganztagsschule bietet demnach die Möglichkeit zur Stärkung des sozialen Lernens beizutragen, sofern sie die entsprechenden Räume zur Verfügung stellt. Dies ist gerade vor dem Hintergrund der veränderten Lebensbedingungen von Heranwachsenden von enormer Bedeutung:

> „Der Wandel der Kindheit, welcher mit einem Rückgang der Geschwisterzahlen, der Minimierung der Anzahl der Nachbarskinder, den schwindenden Aufenthaltsmöglichkeiten im Freien, einem verstärkten Rückzug in die eigenen vier Wände und einer Verplanung des Alltags der Kinder und Jugendlichen einhergehen, erhöht die Bedeutung der Schule als „Dreh- und Angelpunkt“ sozialer Interaktionen und der Aushandlung sozialer Regeln“ (Preuss-Lausitz, 1999, S. 166).

Durch die fehlende außerschulische Freizeit und das familiäre Umfeld kann also „der Austausch mit anderen Kindern, freien Aktivitäten, Ausprobieren und nicht zuletzt Bewegung oft nicht mehr erfolgen" (Enderlein, 2008, S. 40f.). Entsprechend gewinnen Pausenräume angesichts der längeren Verweildauer in der Ganztagsschule als Lebens-, Erfahrungs- und Lernräume gerade zur Förderung des informellen Lernens und Kompetenzerwerbs an Bedeutung (vgl. Dietrich et al., 2005). Insbesondere durch die Ganztagsbeschulung entstehen in den verlängerten Pausen informelle Lernprozesse, die Kinder und Jugendliche bei der Weiterentwicklung von geistigen und körperlichen sowie sozialen und emotionalen Kompetenzen fördern können (vgl. Kottmann, Küpper & Pack, 2005, S. 41). Kanevski und Salisch (2011a, S. 165-173) stellen heraus, dass im Rahmen der Ganztagsschule ein höheres Maß an sozialer Bewusstheit bei allen Heranwachsenden und ein Rückgang körperlich aggressiven Verhaltens bei männlichen Jugendlichen zu verzeichnen ist, was sie vor allem mit der verlängerten Verweildauer in der Ganztagsschule begründen. Schmalfeld (2012, S. 86) zeigt sogar auf, dass sich die Schüler einen ‚Rederaum' wünschen, um in der Pause Konflikte klären zu können.

Pädagogisch betrachtet ist es in der Ganztagsschule also möglich, dass verhaltensbezogene Lernleistungen, wie beispielsweise die Einhaltung von Regeln, Einsatzbereitschaft, Empathie, Frustrationstoleranz, Disziplin, Koedukation und Teamfähigkeit, durch eine Bereitstellung von peerfreundlichen Freizeiträumen unterstützt werden können. Die Konsequenzen dieser Maßnahmen können dann bis in das außerschulische Sozialleben der Heranwachsenden hineinreichen (vgl. Appel, Ludwig & Rother, 2009, S. 67-68).

Zusammenfassung und Fragestellung 4

Durch die vermehrte Etablierung von Ganztagsschulen in den letzten Jahren haben sich auch die bildungspolitischen Diskussionen rund um die Ganztagsschulen verstärkt. Ganztagsschulen bieten insgesamt mehr Zeit und damit – im Gegensatz zu Halbtagsschulen – auch mehr Möglichkeiten, über eine Neugestaltung des schulischen Tagestaktes nachzudenken. Diese Forderung ist nicht neu und steht in einem engen Zusammenhang mit reformpädagogischen Argumentationslinien seit den 1920er Jahren (vgl. Kamski, 2014, S. 13; Laging et al, 2010, S. 30). Während über die Taktung und Rhythmisierung des Schultages und in der Konsequenz über verschiedene Zeitstrukturierungsmodelle intensiv diskutiert wird (vgl. Kamski, 2014, S. 71-144), werden die expliziten Bedeutungen der Pausen als wichtige Elemente der Taktung nur rudimentär thematisiert (vgl. Kap. 1). An Halbtagsschulen kann nach Minipausen (wenige Sekunden.), kleinen Pausen (3-8 Min.) und großen Pausen (15-30 Min.) unterschieden werden. An Ganztagschulen findet sich zusätzlich zu diesen drei Pausenformen noch die Mittagsfreizeit wieder. Nach Empfehlungen der verschiedenen Bundesländer sollte deren Dauer zwischen 45 und 90 Minuten liegen und den Schülern Zeit zur Nahrungsaufnahme und zur individuellen Gestaltung geben. Sie sollten die Möglichkeit bekommen, die Pause nach ihren Vorstellungen von Freizeit gestalten zu können (vgl. Verlemann & Zilske, 2011, S. 10), weshalb sich auch der Begriff Mittagsfreizeit gegenüber dem Begriff der Mittagspause durchgesetzt hat (vgl. Fiegenbaum, 2011, S. 63).

Die frei zur Verfügung stehende Zeit in der Mittagsfreizeit nimmt demnach einen nicht zu unterschätzenden Anteil am Schulleben ein und kann als wertvolle pädagogische Situation gewertet werden, die ein enormes Potenzial für informelles Lernen bietet (vgl. Derecik, 2013). Dennoch werden die pädagogischen Möglichkeiten, die sich in der großen Pause und vor allem in der Mittagsfreizeit bieten, in den Diskussionen um die Weiterentwicklung von Ganztagsschulen kaum thematisiert. Dies liegt daran, dass in einer zukunftsorientierten Schule die Pausen von den Erwachsenen vordergründig als Unterbrechung des Unterrichts angesehen werden und damit in erster Linie in den Dienst des Unterrichts gestellt werden. Die gegenwartsorientierten Bedeutungen der Pausen für die Schüler werden selten in den Fokus gerückt. Gerade durch die Umgestaltung vieler Regelschulen zu Ganztagsschulen sollten die bisher ermittelten und selten beachteten Bedeutungszuweisungen der Pausen wieder in den Horizont der Ganztagsschuldiskussion gerückt und auf die Mittagsfreizeit übertragen werden.

Die Bedeutung der Pause ist stets abhängig von den historischen Bedingungen und damit von den jeweils aktuellen bildungspolitischen und erziehungswissenschaftlichen Zielsetzungen (vgl. Kraft, 1977, S. 12-14). Die früheste und in der Praxis vermutlich dominierende Bedeutung von Pausen – zumindest aus der Sicht von Lehrern – ist die als *Produktionsfaktor*. Die Bedeutung der Pause als Produktionsfaktor beinhaltet zusammenfassend zwei Funktionen: In erster Linie soll die Pause zur Regeneration von den schulischen Anforderungen dienen (vgl. Hintz, Pöppel & Rekus, 1993, S. 237; Haenisch, 2011, S. 15; Anrich, 2002, S. 34). Dabei geht es also um die *Erholung und Leistungssteigerung durch Bewegung und Ruhe*. Für diesen Aspekt spielt vor allem der menschliche Biorhythmus eine tragende Rolle, da der Organismus von Natur aus durch einen Wechsel von Aktivierung und Erholung bzw. Bewegung und Ruhe gekennzeichnet ist (vgl. Siepmann & Salzberg-Ludwig, 2006, S. 93). Somit kann Regeneration sowohl durch Nichtstun und Ruhe als auch durch Bewegung und Begegnung erfolgen. Daraus resultiert, dass der individuellen Entscheidung der Schüler zur Pausengestaltung auch entwicklungsadäquate Räume zur Verfügung gestellt werden müssen. Der Gesichtspunkt des Frische-Luft-Schnappens spielt hierbei eine übergeordnete Rolle, da er sowohl in Ruhe- als auch Bewegungsphasen von Bedeutung sein kann und ebenfalls eng mit der Gesundheitsförderung in der Pause verknüpft ist. Mehrere Studien kommen zu der Erkenntnis, dass in der Pause neben der Nahrungsaufnahme und des Frische-Luft-Holens gerade für jüngere Schulkinder die Bewegung als Grundlage für weitere geistige und körperliche Leistungen angesehen werden kann. Mit zunehmendem Alter verschiebt sich die Bedeutung der Bewegung jedoch hin zu individuellen Faktoren, die die Leistungssteigerung der Jugendlichen im Unterricht mehr beeinflussen. Zu dem Verhalten im Klassenraum nach der Pause gibt es vorrangig nur empirische Ergebnisse für Schüler der Grundschule (vgl. Pellegrini, Huberty & Jones, 1995; Jarret et al., 1998; Barros, Silver & Stein, 2009). Diese ergeben, dass unabhängig von den Orten, an denen die Pause verbracht wird, und der Pausenaktivität, der nachgegangen wird, die Schüler nach der Pause aufnahme- und konzentrationsfähiger sind und auch die Lehrer das Klassenraumverhalten besser bewerten. In einem geringeren Maße sollen die Schüler ebenfalls Gelegenheit zur *Vor- und Nachbereitung des Unterrichts* erhalten (vgl. Axster, 2001, S.19; Speichert, 1977, in Reinert & Zinnecker, 1978, S. 35; Enderlein, Schattat & Welsch, 2008, S.101). Nach einer Studie von Kottmann et al.

(vgl. 1985, S. 36-38) geben jedoch fast die Hälfte aller befragten Schüler an, dass sie es ablehnen, die Pause zu diesem Zweck zu nutzen. Nur ein kleiner Teil räumt ein, die Zeit der Pause auch für die Vor- und Nachbereitung des Unterrichts zu verwenden.

Die Bedeutungszuschreibung der *Pause als ein Element der Sicherheitsförderung* ist eng verknüpft mit dem Ziel der Gesundheitsförderung (vgl. Thiel, Teubert & Kleindienst-Cachay, 2002, S. 21-25). Der Hintergrund liegt darin begründet, dass die Schule den Schülern im Zuge eines Rückgangs von Bewegungs- und Spielräumen die Möglichkeit geben kann, zu einer Sicherheitserziehung und -förderung beizutragen. Diese ist im Sinne einer Verhaltens- und Verhältnisprävention durch die Vermittlung von sicherheitsfördernden Kenntnissen und Fähigkeiten, aber auch durch die Stärkung des Selbstkonzeptes und des Selbstwertgefühls der Schüler gekennzeichnet und bezieht sich vordergründig auf Kinder und jüngere Schüler an weiterführenden Schulen (vgl. Hesse & Hundeloh, 2001, S. 8; Brodtmann, 1998; Sonstroem & Morgan, 1989). Der Aspekt der *Pausenregeln* ist im Hinblick auf die Sicherheitsförderung zweiseitig zu betrachten. Einerseits besitzen sie eine präventive Wirkung, um Verletzungen und Unfällen vorzubeugen. Andererseits können sie das Bewegungsverhalten der Schüler durch zu viele Verbote und Einschränkungen minimieren, sodass die Pause dadurch die Wirkung der Sicherheitsförderung verfehlt (vgl. Hintz, Pöppel & Rekus, 1993, S.238). Daraus folgt, dass Pausenregeln nur dann sinnvoll sind, wenn sie zwar soziale Umgangsformen zwischen den Schülern festlegen, nicht aber Verbote von Bewegung, Spiel oder Sport (vgl. Enderlein, Schattat & Welsch, 2008, S. 37-38). Auch Unfallkassen sprechen inzwischen davon, dass sich die Förderung einer Risikokompetenz positiv auf die Sicherheitsförderung auswirkt (vgl. Hess & Hundeloh, 2001, S.10). Somit sollte jede Schule durch die Lockerung von Pausenregeln und durch ein bewegungsanregendes Pausengelände dazu beitragen, das Sicherheitsbewusstsein der Schüler zu entwickeln. Auch die *Pausenaufsicht* kann durch ihr Verhalten die Entwicklung von Risikokompetenzen unbewusst fördern oder behindern. Durch verbale Reglementierungen hemmt sie oftmals das Bewegungsbedürfnis der Schüler. Meist geschieht dies aus Fürsorge oder aus Angst vor der Verantwortung, bei Unfällen der Schüler haften zu müssen. Darüber, dass Schüler in der Schule und den Pausen jedoch durch Unfallversicherungen abgesichert sind (vgl. Bundesministerium für Soziales und Arbeit, 2012, S.6), sind viele Lehrer scheinbar nicht in einem ausreichenden Maße informiert.

Da die Förderung der Gesundheit zum erweiterten Erziehungs- und Bildungsauftrag der Schulen gehört (vgl. Dollinger, 2014, S.64; Stiller & Alfermann, 2005), sollte auch die *Pause als Element der Gesundheitsförderung* angesehen werden, was bislang kaum erfolgt. Eine Gesundheitsförderung in Ganztagsschulen sollte dem Salutogenesemodell von Antonovsky (1997) folgen und demzufolge nach einer Verhältnis- und einer Verhaltensprävention differenziert werden (vgl. Brodtmann,

1998). Dabei geht es, wie bei der Sicherheitsförderung, um die Gestaltung von äußeren Verhältnissen und der Vermittlung von gesundheitsrelevanten Kenntnissen sowie Kompetenzen. In der Mittagsfreizeit können diese Präventionen durch Bewegung, Ruhe und ein gesundes Mittagessen erlangt werden. Bei der *Gesundheitsförderung durch Bewegung* geht es darum, die Bewegungsbedürfnisse der Schüler zu erkennen und ihnen adäquate Angebote zu unterbreiten (vgl. Largo, 2009, S.124-136). Aus medizinisch-orthopädischer Perspektive wird vorrangig angestrebt, das Immunsystem und den Haltungs- und Bewegungsapparat, vor allem aufgrund der langen Phasen des Sitzens, zu stärken und Übergewicht entgegenzuwirken. Mit einer *Gesundheitsförderung durch Ruhe* ist beabsichtigt, dass die Schüler sich von stress- und belastungsbedingten Symptomen wie Müdigkeit, Kopfschmerzen, schlechter Laune oder Reizbarkeit befreien können. Dieser Aspekt der Gesundheitsförderung findet im Gegensatz zur Bewegung im theoretischen als auch praktischen Kontext noch kaum Beachtung. Eng mit der Ruhe ist auch der *Lärm* verbunden, gekennzeichnet u. a. durch laute Artikulationen, Klatschen oder Trampeln. Dies kann die emotionale Gesundheit der Schüler fördern, indem Stresshormone abgebaut und Glückshormone ausgeschüttet werden. Das *Mittagessen* spielt eine wichtige Rolle im Ablauf eines Schultages an Ganztagsschulen und dient der Förderung der Gesundheit aus zweierlei Gründen. Einerseits kann gemeinsames Essen im Hinblick auf den Erwerb von Tischkultur und -manieren, soziale Begegnungen und Kommunikation nachhaltigen Einfluss auf die Ernährungs- und Esssozialisation nehmen (vgl. Dollinger, 2014, S.65). Andererseits können ein ausgewogener Speiseplan und ein ernährungsphysiologisch vorbildliches Angebot dazu beitragen, Konzentrationsschwächen und Müdigkeit an einem langen Schultag vorzubeugen. Häufig bieten Schulmensen jedoch eher Fastfood an, sodass Schüler berichten, nach dem Mittagsessen müde und lustlos zu sein (vgl. Barlovic, 2010, S.9). Doch selbst bei einem gesunden und preiswerten Mensaangebot stehen Schulen häufig in Konkurrenz zu außerschulischen Essensanbietern wie Pizzerien, Imbissen oder Supermärkten, die von den Jugendlichen – zum Teil sogar unerlaubt – in der Pause aufgesucht werden.

Die Mittagsfreizeit stellt durch das Aufeinandertreffen eines Großteils der gesamten Schülerschaft einen zentralen *Sozialraum* im Aufwachsen von Heranwachsenden dar und erfüllt gerade an Ganztagsschulen die Funktion als *Kompensation der (verlorenen) Freizeit* und als *Treffpunkt und Kontaktbörse.* In diesem Zusammenhang spielen die *Bedeutung von Freundschaftsbeziehungen* und der Erwerb *informeller Kompetenzen* eine wichtige Rolle. Da die Schüler aufgrund des längeren Verbleibs in der Ganztagsschule weniger Zeit in nachbarschaftliche Kontakte, Aktivitäten im Verein und Verabredungen am Nachmittag investieren können, verschiebt sich ihr Mittelpunkt des Lebens und Spielens in die Schule (vgl. Althoff et al., 2009,

S. 31). In der Schule und insbesondere in der Mittagsfreizeit treffen die Schüler auf Gleichaltrige und treten mit ihnen in Kontakt, sodass die Pause, beabsichtigt oder unbeabsichtigt, die am Nachmittag *verloren gegangene Freizeit* kompensiert. Empirische Untersuchungen zeigen deutlich, dass die Pause, gerade bei sozial- und bildungsbenachteiligten Schülern, die fehlende Freizeit kompensieren kann und insbesondere die Mittagsfreizeit für sie im Kontrast zum Lernort Schule einen willkommenen Lebensraum darstellt (vgl. Lehrer-Vogt, 2013, S. 151).

Die Schule und insbesondere die Pausen sind die Räume und Orte für die Heranwachsenden, in denen der größte Teil ihrer Kontakte geknüpft und Freundschaften gebildet werden (vgl. Kromer, 1995, S. 45), sodass man von einer *Kontaktbörse* sprechen kann. Insbesondere die Mittagsfreizeit bietet den Schülern aufgrund ihrer längeren Dauer vielfältige Möglichkeiten, miteinander in Kontakt zu treten. Dies kann je nach Alter durch Bewegung, Spiel oder Sport, aber auch durch Gespräche und ein ruhiges Miteinander geschehen. Laut einer Studie der Universität Ulm gab ein Großteil der befragten Schüler an, dass die Pause für sie das „Schönste“ an der Schule sei (vgl. Enderlein, 2012, S. 175). Dadurch wird ersichtlich, dass einerseits die freie Zeit und andererseits der Kontakt zu den Mitschülern die zentralen Aspekte sind, die zum Wohlfühlen in der Schule beitragen. In der Konsequenz haben diese wiederum einen positiven Einfluss auf die Schulkultur (vgl. Enderlein, 2012, S. 17).

Freundschaftsbeziehungen spielen in der Schule eine wichtige Rolle für die emotionale und soziale Entwicklung der Heranwachsenden (vgl. Schmalfeld, 2012). Die meisten Freundschaftsbeziehungen sind *klasseninterner* Natur und oftmals schon seit der Grundschulzeit andauernd. Mit zunehmendem Alter selektieren die Schüler ihre Freundschaften und vor allem die Mädchen beschränken sich auf weniger, aber intensivere Freundschaften (vgl. Kanevski & Salisch, 2011a, S. 127). Sowohl bei den Mädchen als auch bei den Jungen zeichnet sich eine Tendenz zu *gleichgeschlechtlichen Freundschaften* ab. In oftmals gleichgeschlechtlichen Gruppenkonstellationen verbringen die Heranwachsenden einen erheblichen Teil ihrer Freizeit auf Pausenhöfen und gestalten diese durch ihre informellen Aktivitäten zu einem Sozialraum. Die Hauptaktivitäten der Schüler differieren, trotz einer relativ geringen Altersspanne, zwischen Kindern, Kids und Jugendlichen sehr deutlich, was auf den unterschiedlichen Stand ihrer Entwicklung zurückzuführen ist. Während Kinder (1.-4.Klasse) sich hauptsächlich über *Bewegung und Spiel* in Beziehung setzen, legen Jugendliche (8.-10.Klasse) mehr Wert auf *Ruhe und Kommunikation*. Kids (5.-7. Klasse) nehmen teilweise schon jugendliches Verhalten an, wollen phasenweise aber auch noch Kind sein, sodass ihre Hauptaktivitäten in der Pause sowohl durch Bewegung, Spiel und Sport als auch durch Ruhe und Kommunikation gekennzeichnet sind (vgl. Derecik, 2013, S. 44).

In den Schulfreiräumen, also insbesondere in der Mittagsfreizeit, findet aufgrund der sozialen Interaktionen und unmittelbaren Umwelterfahrungen stets ein nicht arrangiertes Lernen statt. Die Peers bilden somit einen sozialen Raum für informelles Lernen (vgl. Derecik, 2013; Schmalfeld, 2012; Schröder, 2006). Da Pausen meist wenig reglementiert sind und damit einen hohen Freiheitsgrad aufweisen, sind es vor allem diese Freiräume, die den Peers die Gelegenheit bieten, soziales Miteinander unter Gleichgestellten zu üben und somit sozial-emotionale Kompetenzen zu erwerben. Zu diesen Kompetenzen gehören beispielsweise die Fähigkeiten, Kontakte zu knüpfen, Konflikte zu lösen oder zu kommunizieren (vgl. Forster, 2000, S. 77-78). Ganztagsschulen haben die Möglichkeit, sofern sie entsprechende Freiräume zur Verfügung stellen, das informelle Lernen zu fördern.

Nachdem, der ersten Zielsetzung entsprechend, die theoretisch zugesprochenen Bedeutungen zur Pause bzw. Mittagsfreizeit dargelegt wurden, geht es im Folgenden, der zweiten Zielsetzung entsprechend, um die Frage welche Bedeutung der Mittagsfreizeit speziell von Jugendlichen an gebundenen Ganztagsschulen beigemessen wird. Diese verfolgte Fragestellung legt einen qualitativen Forschungszugang nahe, um die Bedeutungszuweisungen zur Mittagsfreizeit von Jugendlichen explorativ erfassen zu können

Untersuchungskonzeption 5

Die Untersuchung zur Bedeutung der Mittagsfreizeit für Jugendliche ist im Rahmen eines fachspezifischen Studienprojekts zum forschenden Lernen an der Universität Osnabrück im Arbeitsbereich Sport und Gesellschaft unter der Leitung von Jun.-Prof. Dr. Ahmet Derecik entstanden (vgl. Vorwort). Um die Bedeutung der Mittagsfreizeit für Jugendliche an gebundenen Ganztagsgymnasien zu ermitteln, wurde ein qualitatives Forschungsdesign mit einem weitgehend explorativen Zugang gewählt. Im Folgenden wird zunächst die *Stichprobe* vorgestellt (Kap. 5.1). Anschließend erfolgt die Darstellung der *Untersuchungsmethode* (Kap. 5.2) sowie der *Durchführung der Untersuchung* (Kap. 5.3).

5.1 Stichprobe

Im Vorfeld der Untersuchung wurden entsprechend der vier Teilthemen des Forschungsprojekts (vgl. Kap. 3.2-3.5) vier Projektgruppen gebildet, die jeweils anhand von Internetrecherchen ein gebundenes Ganztagsgymnasium in der Umgebung von Osnabrück suchten. Gebundene Ganztagsgymnasien wurden einerseits gewählt, da die Projektmitarbeiter als angehende Gymnasiallehrer einen persönlichen Bezug zu dieser Schulform aufweisen. Andererseits wurden ausschließlich gebundene Gymnasien in die Stichprobe aufgenommen, die nicht in einer G8-Form arbeiten, da davon ausgegangen wird, dass zur Umsetzung der zuvor dargestellten Bedeutungen der Pausen für die Jugendlichen (vgl. Kap. 3) eine Mittagsfreizeit notwendig bzw. sinnvoll ist.

Dementsprechend war das oberste Kriterium bei der Suche nach Ganztagsgymnasien, dass diese eine ausreichende Mittagsfreizeit von mindestens 45 Minuten vorweisen können. Diese Bedingung führte bereits zu einer starken Reduzierung der Möglichkeiten im näheren Umfeld. Die Wahl der gebundenen Ganztagsgymnasien fiel auf drei Schulen aus den nordrhein-westfälischen Städten bzw. Kreisen Bielefeld,

Steinfurt, Gütersloh sowie eine Schule in der niedersächsischen Stadt Osnabrück. Als „Gatekeeper“ fungierten Lehrkräfte oder Ganztagskoordinatoren, die persönlich oder per E-Mail kontaktiert wurden. Insgesamt wurde die handlungsleitende Fragestellung damit an *vier gebundenen Ganztagsgymnasien mit einer Mittagsfreizeit* in der Dauer von 40-60 Minuten in und im Umfeld von Osnabrück verfolgt.

Wie aus dem Forschungsstand ersichtlich wird (vgl. Kap. 1.1), existieren relativ wenige Auskünfte zur Bedeutung der Mittagsfreizeit an (Ganztags-)Schulen. Das Forscherteam entschied sich, den Fokus auf die Gruppe der Jugendlichen zu legen, da diese sich besser artikulieren können und zudem über ein höheres Reflexionsniveau verfügen als Kids der 5. bis 7. Klasse. Als potenzielle Interviewpartner sollten durch die Ansprechpartner deshalb jeweils männliche und weibliche Schüler der 9. Klasse angesprochen werden. An einer Schule musste jedoch aus organisatorischen Gründen auf vier Schüler aus einem 10. Jahrgang zurückgegriffen werden. Das Alter der ausgewählten Jugendlichen liegt zwischen 14 und 17 Jahren. Insgesamt wurden 18 Jugendliche befragt. Die Gesamtanzahl resultiert aus der Anzahl der Projektmitarbeiter in den jeweiligen Teilgruppen, da pro Mitarbeiter zwei Interviews geführt wurden (vgl. Tab. 6).

Tab. 6 Übersicht über die Interviews mit den Jugendlichen

Stichprobe an vier Ganztagsgymnasien mit 45-60 Minuten Mittagsfreizeit	**Jugendliche**							
	Projektgruppe I		**Projektgruppe II**		**Projektgruppe III**		**Projektgruppe IV**	
	m	w	m	w	m	w	m	w
Interviews	4	0	3	3	2	2	2	2
Summe	**4**		**6**		**4**		**4**	

5.2 Untersuchungsmethode

Um subjektive Bedeutungszuweisungen im Hinblick auf die Funktion von Pausen für Jugendliche an Ganztagsgymnasien erfassen zu können, eignet sich die Erhebungsmethode des problemzentrierten Interviews von Witzel (1982). Hierbei sollen über eine sukzessive Zuspitzung der Fragen während der Interviewdurchführung subjektive Erlebnisse, Wahrnehmungen und Bedeutungszuweisungen über bestimmte Problembereiche in ein theoretisches Konstrukt überführt werden (vgl. Reinders, 2012, S. 101). Der Forscher behält den Fokus stetig auf der Problemstellung und lenkt das Gespräch mithilfe eines Leitfadens immer wieder in die Richtung der übergeordneten Fragestellung.

Die Konzeption des Leitfadens ergibt sich aus den theoretischen Vorüberlegungen des Themenbereichs (vgl. Kap. 3). Der Leitfaden dient zur Orientierung, jedoch werden die Leitfragen nicht nacheinander abgearbeitet, sondern der Interviewer geht auf das Dargestellte des Gesprächspartners ein und stellt die Fragen nur bei Bedarf bzw. zum Schluss, um auf Bereiche einzugehen, die vom Interviewpartner noch nicht angerissen wurden (Lamnek, 2005, S. 367). Aus diesem Grund kommt es nicht zu einer Abhandlung der Leitfragen nach vorgegebener Reihenfolge. Stattdessen charakterisiert ein anpassungsfähiges Vorgehen das problemzentrierte Interview. Des Weiteren trägt der Leitfaden in gewisser Weise zur Vergleichbarkeit der erhobenen Daten bei (vgl. Mayer, 2008, S. 37). Die Interviewform ist damit eine teilstrukturierte bis offene Interviewmethode, die die Interviewten in einem teils gelenkten und teils offenen Gespräch zu einem fokussierten Problem zu Wort kommen lässt (vgl. Mayring, 2002, S. 67).

Als Vorteile des problemzentrierten Interviews können die zielgerichtete und kompakte Datenerhebung sowie die Vergleichbarkeit der Daten angeführt werden. Zudem bietet das Interview über eine weitgehend ‚natürliche' Gesprächssituation die Möglichkeit ohne weitreichende Expertise des Forschers einen erfolgreichen Zugang zum Forschungsfeld zu erhalten und über die Alltagssprache kann eine persönliche Nähe zu den Interviewpartnern hergestellt werden (vgl. Reinders, 2012, S. 84-86). Zur Umsetzung dieser Interviewform wurden die fünf Phasen des problemzentrierten Interviews (Problemanalyse als vorbereitende Forschungsphase; Leitfadenkonstruktion, Pilotphase, Interviewdurchführung und Auswertung) befolgt, die im Folgenden dargestellt werden (vgl. Reinders, 2012, S. 101-107; Abb. 3).

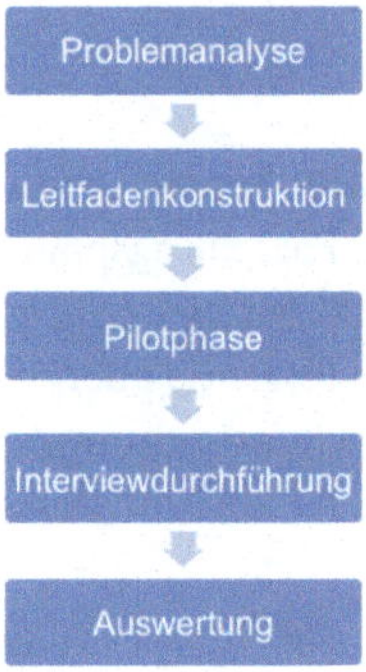

Abb. 3 Fünf Phasen des problemzentrierten Interviews (in Anlehnung an Reinders, 2012, S. 104)

5.3 Durchführung der Untersuchung

Zur Beschreibung der Durchführung der Untersuchung werden zunächst die *Leitfadenkonstruktion und die Pilotphase* für die Interviews thematisiert, in die die Phase der *Problemanalyse* skizzenhaft integriert wird (Kap. 5.3.1). Im Anschluss daran werden die *Interviewdurchführung* (Kap. 5.3.2) und die *Auswertungsphase* vorgestellt (Kap. 5.3.3).

5.3.1 Leitfadenkonstruktion und Pilotphase

Die *Leitfadenkonstruktion* und damit die einzelnen thematischen Kategorien des Leitfadens und Mindmaps wurden über das sogenannte „SPSS-Prinzip" nach Helfferich (2011, S. 182) erstellt (vgl. Abb. 4). Mit diesem kann das Grundprinzip der Offenheit bewahrt werden und dennoch wird dem Leitfaden die notwendige Struktur gegeben. Während dieses Prozesses wird zusätzlich das theoretische Vorwissen des Projektteams aktiviert und reflektiert.

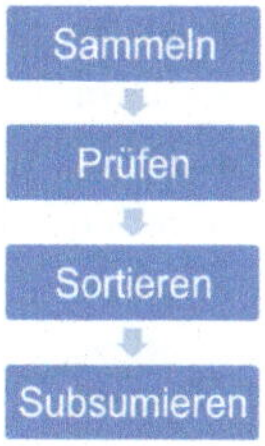

Abb. 4 SPSS-Prinzip zur Leitfadenerstellung (in Anlehnung an Helfferich, 2011, S. 182)

Nachdem zur *Problemanalyse* die theoretischen Grundlagen mit der gesamten Seminargruppe als vorbereitende Forschungsphase diskutiert worden sind, wurden vier Projektgruppen entsprechend der vier Leitthemen zur Bedeutung der Pausen gebildet. Als Teilthemen standen folgende übergreifende Bedeutungszuweisungen fest, die für die Entwicklung der Untersuchungsmethode handlungsleitend waren (vgl. Kap. 3.2-3.5):

1. Pause als Produktionsfaktor,
2. Pause als Element der Sicherheitsförderung,

3. Pause als Ort der Gesundheitsförderung und
4. Pause als Sozialraum.

Die Mitglieder einer Projektgruppe übernahmen somit die Verantwortung zu ihrem spezifischen Teilthema (z. B. Bedeutung der Pause als Sozialraum) und konstruierten dafür auf der Basis der Problemanalyse und ihres Vorwissens einen Leitfaden, der inhaltlich den ganzen Problembereich ihres Forschungsthemas abdeckt (vgl. Witzel, 1982, S. 90; Reinders, 2012, S. 103). Darüber hinaus wurden in diesen Leitfaden allgemeine Fragen zur Bedeutung der Mittagsfreizeit integriert, bei denen es darum ging die grundlegenden *Einschätzungen der Jugendlichen zur Dauer der Mittagsfreizeit*, zu den *Hauptaktivitäten in der Mittagsfreizeit* sowie zu den *zentralen Funktionen der Mittagsfreizeit* zu ermitteln. Dazu wurden im *ersten Schritt* alle forschungsrelevanten Aspekte der Teilthemen identifiziert und es wurden konkrete Frageformulierungen generiert. Die Entscheidung für eine ausformulierte Struktur des Leitfadens wurde getroffen, damit während des Interviewgesprächs eine gewisse Formulierungssicherheit und eine Vergleichbarkeit der Daten ermöglicht werden kann (vgl. Gläser & Laudel, 2010, S. 144). Die auf diese Weise umfassend gesammelten Fragen wurden dann in einem *zweiten Schritt* im Hinblick auf Ihre Eignung und Formulierung anhand der Anforderungen an Frageformulierungen und Fragestile in Interviewleifäden geprüft. Dabei wurde darauf geachtet, dass die Fragen vor allem offen, einfach und klar formuliert sind. In einem *dritten Schritt* wurden die Fragen zu Kategorien sortiert und hierarchisiert, um sie anschließend unproblematisch in eine Mindmap überführen zu können (vgl. Helfferich, 2011, S. 185). Sowohl äußerlich als auch inhaltlich wurden die Fragen und die Mind-Map nach dem Prinzip vom Allgemeinen zum Speziellen gestaltet. Auf diese Weise entstand zu jedem der vier Teilthemen und zu den allgemeinen Aspekten ein separater Leitfaden, der jeweils in der Gesamtgruppe diskutiert und optimiert wurde. Anschließend wurden im *vierten Schritt* die jeweiligen Leitfäden für die vier Teilthemen und allgemeinen Fragen zum Themengebiet zu einem Gesamtleitfaden zusammengefügt, der das zu erforschende Thema weitreichend abdeckt. Dieser wurde nochmals von der gesamten Forschergruppe durchgesehen und subsumiert, d. h. dass alle Fragen zusammengefasst wurden, die einen ähnlichen inhaltlichen Schwerpunkt haben und die zuvor geprüften und sortierten Fragen eventuell im Leitfaden neu ein- und untergeordnet wurden.

Somit beruht der Leitfaden auf den vier Perspektiven, die die potenziellen Funktionen einer Mittagsfreizeit beschreiben und untergliedert sich innerhalb dieser in verschiedene Unterkategorien. Zum Einstieg in das Interview wurde eine allgemeine Frage nach der Bedeutung der Pausen für die Jugendlichen gestellt („Welche Bedeutung misst du den Mittagspausen in der Ganztagsschule bei?" oder „Welchen Stellenwert hat die Mittagspause für dich in der Ganztagsschule?"). Diese wurde so offen formuliert, dass den Jugendlichen genug Spielraum zur Beantwortung der Frage gelassen und damit der Erzählprozess angeregt wird. Andererseits wurde der Fokus der Einstiegsfrage klar auf die Bedeutung der Pausen gelegt, um mögliche Anknüpfungspunkte für das weitere Interview zu liefern (vgl. Reinders, 2012, S. 105). Zusätzlich wurden nach demselben Prinzip Einstiegsfragen für jedes der vier Teilthemen entwickelt, um bei Bedarf einen möglichst offenen Übergang zum entsprechenden Teilthema herstellen zu können. Im Leitfaden ist ebenso eine Abschlussfrage formuliert, womit die im Interview genannten wichtigsten Sinnzuschreibungen zur Mittagsfreizeit seitens der Schüler zusammengefasst und eventuell geordnet werden sollen („Was ist dir am wichtigsten in der Pause?“ oder „Welche Bedeutungen der Pause, die du mir beschrieben hast, sind dir persönlich am wichtigsten?“).

Nach der Leitfadenkonstruktion folgte im Rahmen des Seminars eine *Pilotphase*, der einerseits als Interviewschulung gesehen werden kann und anderseits eine Möglichkeit darstellt, den Leitfaden auf die Umsetzbarkeit und Verständlichkeit zu prüfen (vgl. Mayring, 2002, S. 69). Bei der Interviewschulung wurde darauf geachtet, dass der in einer Mind-Map zusammengefasste Leitfaden flexibel und zielführend eingesetzt wird. Dieser Schritt ist wichtig, damit die Mitarbeiter dafür sensibilisiert werden eine gewisse „Leitfadenbürokratie“ möglichst zu vermeiden, welche sich in einem Abarbeiten der Frageliste äußert und den tatsächlichen Gesprächsverlauf ignoriert (vgl. Hopf, 1978). In einem weiteren Schritt wurden vor allem die entsprechenden Interviewtechniken und Überleitungsfragen geübt (vgl. Reinders, 2012, S. 192-246).

5.3.2 Interviewdurchführung

Während des persönlichen Erstkontaktes wurden die Ansprechpartner an den gebundenen Ganztagsgymnasien gebeten, konkrete Termine für die Datenerhebung vorzuschlagen. Die Termine für die Interviews sollten aus organisatorischen Gründen im Seminarverlauf möglichst alle in der 48. Kalenderwoche 2014 liegen, was von Seiten der Schulen auch ermöglicht wurde. Damit konnte die Datenerhebung unmittelbar an die Methodenentwicklung sowie -schulung anschließen und erfolgte an allen Ganztagsgymnasien nahezu zeitgleich. An den jeweiligen Schulen wurden die interviewten Schüler für eine Schulstunde vom Unterricht freigestellt. Dies geschah nach Absprache der jeweiligen Interviewer mit der zuständigen Lehrkraft, die in den meisten Fällen die Schüler für die Befragungen auswählte. Die Interviews besitzen im Durchschnitt eine Dauer von 40 Minuten. Alle wurden in einem separaten, ruhigen Raum durchgeführt und mithilfe eines Diktiergerätes nach Einverständnis der Schüler aufgenommen.

Die konkrete Durchführung der Interviews orientierte sich an der Vorgehensweise für die verschiedenen Phasen eines (problemorientierten) Interviews (vgl. Abb. 5).

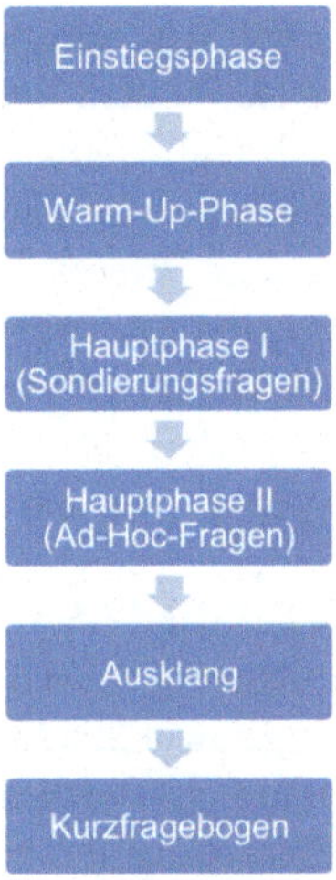

Abb. 5 Durchführungsphasen eines (problemzentrierten) Interviews (in Anlehnung an Reinders, 2012, S. 104, 169 und Flick, 1995, S. 107)

In der *Einstiegsphase* des Interviews wurden die Jugendlichen im zur Verfügung gestellten Raum freundlich empfangen, für die Bereitschaft zur Interviewdurchführung bedankt und ein kurzer Small-Talk geführt, um die anfängliche, unangenehme Distanz abzubauen und ein offenes sowie vertrautes Gesprächsklima zu schaffen. Anschließend informierten die Mitarbeiter die Interviewpartner über die Inhalte und das Ziel der Studie sowie die voraussichtliche Dauer des Interviews. Durch das Schaffen einer vertraulichen, freundschaftlich-kollegialen Atmosphäre sowie der Zusicherung der Anonymität der Schüler wurde ihnen Gelegenheit geboten, sich frei und möglichst konstruktiv zu den Teilaspekten des Forschungsprojektes zu äußern (vgl. Reinders, 2012, S. 182-183). Die Sitzanordnung wurde von den Forschern dabei so gewählt, dass Interviewer und interviewte Person in einem 90-Grad-Winkel zueinander saßen. So konnte zusätzlich eine gewisse Nähe zwischen beiden Personen aufgebaut werden.

Mit dem Einschalten des Aufnahmegeräts wurde das eigentliche Interview in der *Warm-Up-Phase* mit der Einstiegsfrage eröffnet (vgl. Kap. 5.3.1). Damit wurden die Jugendlichen nicht nur zum Reden animiert, ihnen wurde auch verdeutlicht, dass sie eigenständig und selbstbestimmt antworten können und sollen. Um dies zu erreichen wurde besonders darauf Wert gelegt zu Beginn kein Frage-Antwort-Gespräch zu führen, was einem standardisierten Fragebogen gleichgestellt ist (vgl. Reinders, 2012, S. 184-185). Im Bereich der Interviewsteuerung wurde das Prinzip der Offenheit und somit der Autonomie des Interviewpartners in dem Sinne gewahrt, dass der Interviewer dem Interviewten aufmerksam zuhörte und nicht im Redefluss unterbrach (vgl. Helfferich, 2011,S. 114-115). Um einen flexiblen und situativen Umgang mit dem Leitfaden zu gewährleisten, lag dieser während der Interviews nicht vor. Zur Orientierung und als „Gedächtnisstütze" diente lediglich die zuvor erstellte Mind-Map mit den zentralen Aspekten, die ein spontanes Anknüpfen an die jeweiligen Schüleraussagen ermöglichte und zu einem authentischen Gespräch beitrug (Reinders, 2012, S. 129).

In der weiterführenden *Hauptphase I* wurden über Sondierungsfragen, die an das Gesagte des Interviewten anknüpfen und Überleitungen zum nächsten Thema schaffen, die Themenschwerpunkte der Mind-Map ‚abgehandelt' (vgl. Reinders, 2012, S. 105). Die Sondierungsfragen wurden möglichst dem Interviewgespräch angepasst und dienten der Aufrechterhaltung sowie Strukturierung des Gesprächsflusses. Dabei wurden die zuvor erarbeiteten Interviewtechniken eingesetzt, vor allem die Strukturabfolge der Fragen, die Spiegelung, das Nachhaken und die Provokation durch kontroverse Aussagen (Reinders, 2012, S. 192). Damit wurde versucht das Gespräch so flüssig wie möglich zu gestalten und eine angemessene Breite sowie Tiefe innerhalb der vier Themenschwerpunkte des Forschungsprojektes zu erreichen. In der *Hauptphase II* wurden mit einer stärkeren Interviewzentrierung über Ad-Hoc-Fragen Themen des Mindmap-Leitfadens angesprochen, die bis dato noch nicht erwähnt wurden im Gespräch. Dadurch wurde eine gewisse Vergleichbarkeit der Interviews angestrebt und vor allem sollten noch fehlende Informationen zu nicht angesprochenen Bereichen ermittelt werden (vgl. Reinders, 2012, S. 193).

Der *Ausklang* wurde durch die Abschlussfrage (vgl. Kap. 5.3.1) eingeleitet. Damit wurden die Jugendlichen mit einer Bilanz zur Bedeutung der Pausen aus der Gesprächssituation herausgeführt. Zusätzlich wurde ihnen die Möglichkeit gegeben etwas hinzuzufügen, was bislang nicht angesprochen wurde. Mit dem Abschalten des Aufnahmegeräts wurden die Interviews beendet (vgl. Reinders, 2012, S. 194).

Abschließend wurde ein *Kurzfragebogen* eingesetzt, welcher Fragen zum Alter, Geschlecht, der Klasse sowie zur Dauer der Mittagsfreizeit enthält. Diese Informationen können bei der Auswertung und der Interpretation der Daten von Bedeutung sein. Entgegen dem Vorschlag von Reinders (2012, S.105), wurde der standardisierte Fragebogen nicht vor dem eigentlichen Interview angewendet, sondern zum Abschluss. Hierfür sprechen mehrere Gründe. Die Mitarbeiter empfanden es als störend diesen vor dem Interview durchzuführen, da dies die anfängliche

Konzentration auf den Kurzfragebogen und nicht auf das nachfolgende Gespräch richten könnte. In diesem Zusammenhang formuliert Flick (1995, S. 107), dass es aufgrund des Frage-Antwort-Charakters des Kurzfragebogens sinnvoll erscheint, ihn an das Ende des Interviews zu setzen, da er sich negativ auf das Interviewgespräch auswirken könnte. Auf das Ausfüllen eines Postskripts wurde gänzlich verzichtet, um die Auswertung nicht unnötig zu verkomplizieren.

5.3.3 Auswertung

Die Interviews wurden im Anschluss an die Datenerhebung nach einheitlichen Transkriptionsregeln als wörtliche Transkription vom jeweiligen Interviewer aufbereitet und anonymisiert. Um eine bessere Lesbarkeit zu gewährleisten, wurden die gesprochenen Worte als „Standardorthographie" in ein normales Schriftdeutsch übertrage (Kowal & O'Connell, 2012, S. 438). Dabei wurden umgangssprachliche Äußerungen und Dialekte nicht berücksichtigt, orthografische Unreinheiten beseitigt, Satzbaufehler behoben und der Stil überarbeitet (vgl. Mayring, 2002, S. 90-91). Damit wurden in den Transkripten alle Merkmale ‚bereinigt', die nicht für die Analyse der Daten relevant sind (vgl. Kowal & O'Connell, 2012, S. 444). Zur Standardisierung der Transkripte wurden konkrete Regeln erstellt.

Darüber hinaus wurde eine Systematik zur Erstellung der Dokumentnamen eingeführt, damit bei der Ergebnisdarstellung die jeweiligen Fundstellen nachvollziehbar sind. Zuerst wird die Schule (S), dann die Nummer des interviewten Schülers (I), anschließend das Geschlecht (w/m) und das Alter angegeben und mit den entsprechenden Buchstaben bzw. Zahlen abgekürzt. Abschließend wird die Fundstelle des Zitats belegt, welches den entsprechenden Absatz im computergestützten Auswertungsprogramm MaxQda darstellt. Die Fundstelle (S3_I2_w16, 18) bedeutet demnach, dass sie im 18. Absatz vom Auswertungsprogramm MaxQda (s. u.) vom Interview an der dritten Schule mit dem zweiten Interviewpartner an dieser zugeführt werden kann. Diese ist weiblich und 16 Jahre alt. Die Transkription der Interviews erfolgte zeitnah mit Hilfe des Programms F4. In Anlehnung an Reinders (vgl. 2012, S. 213) erfolgte das Transkribieren in zwei Schritten. Im ersten Schritt wurde das gesprochene Wort transkribiert und im zweiten die syntaktischen Korrekturen vorgenommen sowie auftretende Fehler korrigiert. Dabei entstanden ca. 200 Textseiten als Rohdaten für die Auswertung.

Das Auswertungsprogramm MaxQda bietet die Möglichkeit, die umfangreichen Daten nach inhaltlichen Kategorien zu systematisieren und zu bündeln (vgl. Kuckartz, 2005). Zur Einarbeitung der Mitarbeiter in dieses Programm wurde eine Sitzung im Rahmen des wöchentlichen Seminars genutzt und es wurde in dieser sowie in einer weiteren Sitzung gemeinsam kodiert, um die Übereinstimmung von Kodierungen durch verschiedene Mitarbeiter (Interkoder-Reliabilität) zu erhöhen.

Die Leitthemen des Forschungsprojekts verfolgend wurden die Daten aus den problemzentrierten Interviews anhand des thematischen Kodierens nach Flick (1995, S. 206) ausgewertet. Dieses ist in Anlehnung an das „theoretische Kodieren" nach Strauss (1991) in Rahmen der „Grounded Theory" entwickelt worden. Im Gegensatz hierzu geht das Auswertungsverfahren nach Flick (1995) jedoch von einem zuvor ermittelten theoretischen Konzept aus (vgl. Flick, 1995, S. 210-211). Die Analyse des Datenmaterials gliedert sich in drei grundlegende Schritte. Im ersten Schritt wird fallbezogen kodiert, wobei sich die Kodes zum einen deduktiv aus der Forschungsfrage und den theoriebasierten Leitfäden ableiten lassen. Zum anderen werden die Kodes offen um solche erweitert, die sich aufgrund der Arbeit am Datenmaterial ergeben (vgl. Flick, 1995, S. 197-198). Im zweiten Schritt werden *thematische Bereiche* für die einzelnen Fälle entwickelt, indem eine selektive Kodierung vorgenommen wird (vgl. Flick, 1995, S. 207). Die dadurch entstehenden Kategorien mit ihren Unterkategorien werden in einem dritten Schritt in eine übergeordnete thematische Struktur überführt, die für fallübergreifende Untersuchungen dient. Dabei können ähnliche Kodierungen zusammengefasst und spezifische Themen herausgearbeitet werden (vgl. Flick, 1995, S. 208-109). Mit diesen drei Schritten, die im Forschungsprozess oftmals gleichzeitig erfolgen, folgt die Auswertung der theoriegeleiteten Struktur des Interviewleitfadens und bleibt gleichzeitig offen für spezifische Inhalte der Interviews, die sich aus Arbeit am Datenmaterial ergeben.

Zur Umsetzung dieses Auswertungsverfahrens wurden die Interviews im ersten Schritt von den Mitarbeitern kodiert, die diese selbst geführt haben. Dabei wurde zunächst ausschließlich deduktiv nach den vier Leitthemen kodiert, sodass alle entsprechenden Interviewpassagen den Hauptkategorien (Produktionsfaktor, Sicherheitsförderung, Gesundheitsförderung und Sozialraum) sowie den allgemeinen Aspekten (Einschätzung Dauer der Pause, Hauptaktivitäten von Jugendlichen und zentrale Funktionen der Mittagsfreizeit) zugeordnet wurden. Anschließend wurde die Auswertungsdatei viermal dupliziert damit die zuvor gebildeten vier Projektgruppen die im ersten Schritt nach den Leitthemen strukturierten Daten, nun im Hinblick auf ihr spezifisches Teilthema weiter kodieren konnten. Jede Projektgruppe übernahm dabei die thematische Strukturierung ihres spezifischen Teilthemas, dem sie sich bereits bei der Entwicklung der Leitfäden gewidmet hat. Die Projektleitung übernahm die Auswertung der allgemeinen Aspekte. Die zuvor aus der Forschungsfrage und den theoriebasierten Leitfäden deduktiv kodierten Textpassagen wurden dann also in gemeinsamer Arbeit von den entsprechenden Projektgruppen und der -leitung induktiv um weitere Kodes erweitert, die sich aufgrund der Arbeit am Datenmaterial ergaben. Während des Kodierungsprozesses wurden auf diese Weise ein ausdifferenzierter Kodierleitfaden und eine thematische Struktur innerhalb des jeweiligen Leitthemas entwickelt. Die Ergebnisse dieses Kodierungsprozesses wurden schließlich wieder zu einer Auswertungsdatei zusammengeführt, die einen *Überblick über das gesamte Themenspektrum* an Bedeutungszuweisungen von Jugendlichen zur Mittagsfreizeit ermöglicht (vgl. Kluge, 1999, S. 269). Die innerhalb der Leitthemen des Forschungsprojekts entstandene thematische Struktur stellt eine Binnengliederung der jeweiligen Teilthemen dar und das Verfassen der Untersuchungsergebnisse erfolgte auf dieser Basis. Die Projektgruppen verschriftlichten die entsprechenden Untersuchungsergebnisse zu ihren Leitthemen zunächst getrennt und diese wurden wieder dann zusammengeführt. Die vier Leitthemen mit den ergänzenden allgemeinen Aspekten sowie die erarbeitete thematische Struktur innerhalb dieser spiegeln sich in dem Aufbau der Untersuchungsergebnisse wider.

Untersuchungsergebnisse 6

Bei der Darstellung der Untersuchungsergebnisse werden zunächst allgemeine Aspekte zur Bedeutung der Mittagsfreizeit thematisiert (Kap. 6.1). Diese betreffen nicht direkt die Bedeutungszuweisungen der Jugendlichen zur Mittagsfreizeit. Vielmehr liefern sie Hintergrundwissen, die im Zusammenhang mit der Funktion der Mittagsfreizeit für die Jugendlichen bedeutend sind. Den theoretischen Grundlagen entsprechend werden die jeweiligen Einschätzungen der Jugendlichen zur *Pause als Produktionsfaktor für den Unterricht* (Kap. 6.2), *Pause als Element der Sicherheitsförderung* (Kap. 6.3), *Pause als Element zur Gesundheitsförderung* (Kap. 6.4) und *Pause als Sozialraum* (Kap. 6.5) dargestellt, die sich vielfach gegenseitig beeinflussen.

6.1 Allgemeine Aspekte zur Bedeutung der Mittagsfreizeit

Zunächst werden die grundlegenden *Einschätzungen der Jugendlichen zur Dauer der Mittagsfreizeit* als allgemeine Aspekte zur Bedeutung der Mittagsfreizeit vorgestellt (Kap. 6.1.1). Um die folgenden, in Anlehnung an die Theorie ermittelten (Kap. 6.2-6.5), Bedeutungszuweisungen der Jugendlichen zur Mittagsfreizeit besser einordnen zu können, werden die *Hauptaktivitäten der Jugendlichen in der Mittagsfreizeit* als eine Art grundlegendes Vorverständnis beschrieben (Kap. 6.1.2). Die Ausführungen zur Einschätzung der Dauer der Mittagsfreizeit und den Hauptaktivitäten in dieser Zeit werden zum Schluss *zusammenfassend diskutiert* (Kap. 6.1.3).

6.1.1 Einschätzungen der Jugendlichen zur Dauer der Mittagsfreizeit

An den Untersuchungsschulen existiert eine kleine Gruppe von Jugendlichen, die sich gegen die Mittagsfreizeit, je nach Schule zwischen 45 bis 60 Minuten, ausspricht. Sie würden die Pausenzeit etwas kürzen wollen, um „dann eher nach Hause" gehen zu können (S2_I5_w15, 144; S2_I6_w14, 174)[3]. Die gewonnene Freizeit am Nachmittag würden sie lieber nutzen, um sich mit ihren *Freunden außerhalb der Schule verabreden* zu können, wodurch sie dann eine Stunde mehr Zeit hätten (vgl. S1_I1_m15, 188). Als weitere Gründe werden verschiedene Aspekte genannt. Zum einen würden sie die gewonnene Zeit nutzen, um sich zu Hause *nach einem anstrengenden Tag länger ausruhen* zu können: „Weil man sich nach der Schule schon gerne einmal ausruhen möchte, wenn man schlecht geschlafen hat zum Beispiel. Damit man gut in den nächsten Tag einsteigen kann" (S1_I4_m16, 50). Dies ist gerade für die Schüler von Bedeutung, die noch einen längeren Heimweg haben und ihren Hobbys nachgehen wollen: „Gerade wenn man, wie ich, mit dem Bus fährt. Dann bin ich erst sehr spät zu Hause. Und wenn man dann noch Hobbys hat ist das schon stressig" (S3_I1_w14, 99). Die Befürchtung, durch einen verlängerten Schultag mit einer ausgedehnten Mittagsfreizeit weniger Zeit für *außerschulische Hobbys* zu haben, erklingt somit in einigen Aussagen der Jugendlichen.

Besonders wenn die Schüler *nach oder vor der Mittagsfreizeit eine Freistunde* haben, finden sie es unnötig solange auf den nächsten Unterricht warten zu müssen:

> „Aber manchmal ist die Pause auch irgendwie zu lang, wenn wir in der 6. Stunde eine Freistunde haben. Dann ist die Mittagspause ja noch länger als eine Stunde. [...] Also wir gehen ja immer Essen, aber wenn wir dann zurückkommen, wissen wir nicht, was wir machen sollen" (S3_I1_w14, 65-67).

In diesen Situationen finden es die Jugendlichen „ärgerlich[,] in der Schule sein zu müssen" (S3_I1_w14, 95). Gleichzeitig räumen sie aber auch ein, dass diese Umstände immer entstehen können und die Lehrer keinen Einfluss darauf haben, ob sie krank werden.

---

3 Für die Ergebnisdarstellung wurden die entsprechenden Quellenangaben der jeweiligen Fundstellen systematisch abgekürzt (vgl. Kap. 5.3.3). Zuerst wird die Nummer der Schule (S), dann die des interviewten Schülers (I) an dieser, anschließend das Geschlecht (w/m) und das Alter angegeben. Abschließend wird die Fundstelle des Zitats belegt, welches den entsprechenden Absatz im computergestützten Auswertungsprogramm MaxQda darstellt.

Ebenfalls an Tagen, an denen Jugendliche nach der *Mittagsfreizeit nur noch eine Stunde Unterricht* haben, sehen sie keinen Bedarf für eine so große Unterbrechung zwischen den Unterrichtsstunden:

> „Wenn wir zum Beispiel sagen, wir haben acht Stunden. Dann haben wir zwischen der sechsten und der achten, also in der 7. Stunde die Mittagspause. Das ist eigentlich ziemlich unnötig, dass wir eine Stunde dazwischen frei haben, anstatt dass die achte Stunde dann gleich hinterher kommt" (S1_I1_m15, 10).

An derartigen Tagen wollen die Jugendlichen die letzte Stunde anstelle der Mittagsfreizeit lieber schnell „hinter sich bringen und früher zuhause sein, als dass man dann noch eine so lange Pause hat" (S1_I4_m16, 8). Diese Gruppe der Jugendlichen fände eine halbe bzw. dreiviertel Stunde für die Mittagsfreizeit gut (S2_I5_w15, 3; S1_I2_m16, 8-12).

Gleichzeitig wird betont, dass sie die Pausen früher sogar als zu kurz empfunden haben: „Also in der 5., 6., 7. Klasse fand ich 45 Minuten noch viel zu kurz. Aber jetzt in der 8. und 9. Klasse hat man wirklich nur noch das Gefühl ‚schnell nach Hause' und dann sitzt man 45 Minuten und weiß gar nicht, was man machen soll" (S2_I5_w15, 142). Diese Aussagen deuten darauf hin, dass den Jugendlichen die Möglichkeiten fehlen, um ihre Freizeitbedürfnisse innerhalb der Schule ausleben zu können. Sie räumen ein, dass Ihnen die Möglichkeiten für eine jugendgerechte Freizeitgestaltung in ihrer Schule fehlen. Wenn ihnen die entsprechenden Räume und Möglichkeiten geboten würden, sie nicht unbedingt etwas gegen eine ausgedehnte Mittagsfreizeit hätten: „Wenn man was aus der Mittagspause macht und was zu tun hat, dann kann sie auch zu kurz sein" (S1_I1_m15, 10). Ohne entsprechende Bewegungs- und vor allem Rückzugsmöglichkeiten wird ihnen schnell langweilig, was wiederum negative Auswirkungen auf den Unterricht haben kann. Die Jugendlichen erklären, dass sie dann „langsam müde und schlapp" werden und ihre Motivation hinsichtlich des Unterrichts sinkt (S1_I4_m16, 130). In diesen Fällen sehen sie auch keinen Grund, sich nach der Mittagsfreizeit besser auf den Unterricht konzentrieren zu können (vgl. S2_I6_w14, 174). Als positiv heben sie allerdings hervor, dass sie die Mittagsfreizeit zumindest nutzen können, um diese mit ihren Freunden zu verbringen, was ihnen sogar unter suboptimalen Bedingungen Freude verbreitet: „Doch, ich finde Spaß macht es schon. Man hat zumindest eine Stunde, die man mit den Freunden verbringt" (S1_I1_m15, 188).

Die Masse der befragten Jugendlichen betont, trotz fehlender jugendgerechter Freizeitmöglichkeiten, dass sie nicht auf die Mittagsfreizeit verzichten wollen. Ein Großteil der Jugendlichen erachten die Dauer ihrer Mittagsfreizeit insgesamt als „sehr sinnvoll" (S2_I4_w14, 171; S2_I1_m15, 39) und auch nicht zu lang. Sie finden

„die Zeit eigentlich ganz in Ordnung" (S4_I2_m14, 32), „passend" (S2_I1_m15, 41) und sind „vollkommen zufrieden" mit der Länge der Mittagsfreizeit (S2_I3_m15, 212). Sie wollen nicht früher nach Hause: „Das finde ich nicht so. Mit Pause ist es entspannter" (S4_I1_w14, 48). Trotzt einer Mittagsfreizeit von 50 Minuten will ein Schüler den Umfang dieser nicht verkürzen: „Ne, das finde ich nicht besser, ich möchte lieber eine längere Mittagspause haben" (S4_I2_m14, 42). Die Jugendlichen wollen die Mittagsfreizeit allein schon, um ausreichend Zeit für das Mittagessen zu haben: „Ich finde es schon gut 50 Minuten Mittagspause zu haben, weil dann kann man in Ruhe essen gehen oder auch Pizza holen gehen und dann muss man sich nicht immer so beeilen beim Essen" (S4_I4_m14, 82). Selbst bei einer Dauer von 50 Minuten empfinden einige Jugendliche die Dauer der Mittagsfreizeit aufgrund der benötigten Zeit für das Mittagessen dementsprechend zu kurz, weswegen bei Ihnen sogar Zeitdruck ausgelöst werden kann:

> „Ich würde die Mittagspause vielleicht noch ein paar Minuten länger machen [...], weil man kann in Ruhe in der Mensa essen und man hat auch genug Zeit, um in die Pizzeria zu gehen und da was zu essen und hat keinen Zeitdruck und kann immer pünktlich im Unterricht sein" (S4_I4_m14, 184).

Eine weibliche Jugendliche rechnet die benötigte Zeit für das Mittagessen vor und plädiert im selben Atemzug für eine Verlängerung der Mittagsfreizeit von 50 auf 60 bis 70 Minuten:

> „So eine Stunde, Stunde und 10 Minuten wären gut. Ich sage immer 30 Minuten fürs Mittagessen mindestens mit Anstehzeit inbegriffen. Also manchmal auch 40 Minuten. Manchmal gibt es auch Tage, da dauert es dann nur 15 Minuten, wenn wir früher aus dem Unterricht rausgelassen werden. Dann sind wir früher da. Ist immer davon abhängig" (S4_I1_w14, 80).

Dieselbe Schülerin äußert ihren Ärger über die notwendige Zeit, die sie und ihre Freunde für die Mensa benötigen. Gleichzeitig erwähnt sie, dass dadurch zu wenig Zeit bleibe, ihren Freizeitbedürfnissen zu folgen:

> „Also wenn man in die Mensa geht, verschwendet man schon so mal eine Viertelstunde fürs Anstehen. Und das geht schon auf die Nerven, weil wir haben halt nur 50 Minuten Pause. Und wenn dann schon 15 Minuten drauf gehen, hat man nur noch so eine knappe halbe Stunde, um das Essen zu schaffen und mit Freunden rauszugehen. Also das könnte man verbessern

> oder eben die Pause auf 60 Minuten verlängern, dass man mehr Zeit hat" (S4_I1_w14, 50).

Diesen Aussagen folgend, sollte die Mittagsfreizeit schon 60 Minuten betragen, um nach dem Mittagessen dann „noch kurz entspannen und sich mit den Freunden unterhalten" zu können (S4_I4_m14, 84). Darüber hinaus wird von Jugendlichen argumentiert, dass die Mensa ohne eine Mittagsfreizeit „überflüssig" wäre und auch aus organisatorischen Gründen nicht funktioniere: „Wenn die Mittagspause wegfallen würde und es nur eine 20 Minuten Pause geben würde, wäre dort so ein Ansturm, das würde nicht funktionieren" (S4_I2_m14, 33, 36).

Auch die wenigen bewegungsfreudigen Jugendlichen empfinden die Mittagsfreizeit als etwas zu kurz:

> „Also, ich glaube – das ist mir selber auch aufgefallen – dass, wenn man Fußball spielt, man danach total verschwitzt und außer Atem ist. Und dann kommt man in den Unterricht rein und denkt sich nur: ‚Oh Gott, kann ich nicht für zehn Minuten noch kurz relaxen?'. Deswegen wären bisschen längere Pausen schon angebracht, weil irgendwann würde man in der Pause auch selber merken: ‚Ich möchte nicht mehr Fußball spielen oder ich kann nicht mehr und jetzt setze ich mich noch mal für zehn Minuten hin bevor der Unterricht wieder anfängt'" (S2_I2_m15, 69).

Gerade eine 45 minütige Pause kann nach dem Mittagessen zu kurz sein, um „sowohl Bewegung als auch Erholung unter einen Hut zu bekommen" (S2_I2_m15, 70). Dramatisch werden die Aussagen, wenn diese Jugendlichen mit der Frage konfrontiert werden, wie es für sie ohne eine Mittagsfreizeit wäre:

> „Wahrscheinlich würden dann mehr Schüler schwänzen, weil das echt krass wäre. Und ich persönlich würde wahrscheinlich ab und zu auch mit dem Gedanken spielen, einfach zu gehen. Weil wenn man immer nur diese 15 bis 20 minütigen Pausen hat, dann ist das schon ziemlich krass, weil man dann viel lernt und dazwischen nur geringe Pausen hat" (S1_I3_m16, 128).

Zusammenfassend betrachten die meisten Jugendlichen die Mittagsfreizeit in einer Ganztagsschule als notwendig und der Umfang von 60 Minuten gefällt ihnen „wirklich sehr gut" (S2_I3_m15, 4) und ist „vollkommen ausreichend" (S2_I4_w14, 23). Die Jugendlichen, denen eine kürzere Mittagsfreizeit zur Verfügung steht, hätten gerne 60 Minuten Mittagsfreizeit: „Ich glaube eine Stunde würde reichen. Mehr würde ich gar nicht sagen" (S4_I3_w14, 113; S1_I1_m15, 206). Eine Dauer von über 60 Minuten für die Mittagsfreizeit halten die meisten Jugendlichen für nicht sinnvoll: „Länger sollte sie nicht sein, aber so wie sie jetzt ist, eine Stunde, das ist in Ordnung" (S1_I3_m16, 129-132). Ansonsten würde die Pause zu lang werden, „weil der Schultag zu weit in den Nachmittag reingehen würde" (S4_I3_w14, 15).

6.1.2 Hauptaktivitäten der Jugendlichen in der Mittagsfreizeit

Ein großer zeitlicher Faktor während der Mittagsfreizeit stellt die *Nahrungsaufnahme* der Schüler dar, welche unterschiedlich gestaltet wird. Der Besuch in der Cafeteria bzw. der Mensa ist meist mit langem Anstehen verbunden (vgl. S4_I1_w14, 30). Aufgrund des Zeitfaktors und nicht zuletzt wegen der scheinbar häufig geringen Qualität des Essens in der Schule (vgl. 6.4.3), verlassen viele Heranwachsende, z. T. unerlaubt, das Schulgelände und nutzen nahegelegene Möglichkeiten für ihr Mittagessen (vgl. S4_I2_m14, 8). Diesen Ausflug aus der Schule nutzen die Heranwachsenden auch zur Ablenkung vom Schulalltag und als Bewegungsausgleich: „Man sitzt ja die ganze Zeit und dann will man dann einfach mal aufstehen und kurz etwas machen. Wir gehen dann immer in die Stadt, um etwas zu essen, und dann wieder zurück zur Schule" (S3_I1_w14, 33). Einige Heranwachsende frequentieren auch nahegelegene Parks, um ihr Mittagessen zu sich zu nehmen, vom Trubel der jüngeren Heranwachsenden auf dem Schulhof zu entfliehen und zu kommunizieren (vgl. S1_I2_m15, 22). Viele besuchen die anliegenden Einkaufsmärkte zur Beschaffung von Nahrungsmitteln für ihre Mittagsfreizeit (vgl. S2_I1_m15, 151). Andere wiederum greifen auf umliegende Imbiss-Buden oder Pizzerien zurück (vgl. S3_I4_m14, 137). Ein kleiner Teil der Jugendlichen verbringt die Mittagsfreizeit zu Hause (vgl. S3_I2_m16, 43-45). Einige dieser Schüler beklagen allerdings, dass nach dem Abzug der Weg- und Essenszeiten kaum Freizeit bleibt (vgl. S3_I3_w14, 82). Die meist nur geringe, verbleibende Zeit nach dem Essen nutzen die Schüler in erster Linie für *Ruhe und Kommunikation* (Kap. 6.1.2.1). Einige wenige Jugendlichen bevorzugen hin und wieder *Bewegung in der Mittagsfreizeit* (Kap. 6.1.2.2). Auf diese beiden Tätigkeitsformen und den damit verbundenen Raumwünschen wird im Folgenden näher eingegangen.

6.1.2.1 Ruhe und Kommunikation

Als ein zentrales Bedürfnis der Jugendlichen erweist sich Ruhe und Kommunikation mit den Freunden, die sich in ihren Pausentätigkeiten wiederspiegeln. Die Jugendlichen wollen von ihren Freunden auf den neuesten Stand gebracht werden bzw. ihnen selbst aktuelle Ereignisse berichten: „Ja, mir ist eigentlich die Unterhaltung sehr wichtig, was es so neues gibt“ (S2_I4_w14, 53). Viele Schüler geben an, entweder im Sitzen, im Stehen oder beim Herumlaufen „die ganze Zeit“ zu kommunizieren (S2_I6_w14, 32). Die Pausen laufen nach diesem Schema nahezu immer identisch ab (vgl. S4_I4_m14, 93-94). Eine zentrale Hauptaktivität von Jugendlichen ist somit die Suche nach Geselligkeit und die Unterhaltung mit Freunden:

> „In der Pause will man jetzt natürlich nicht alleine irgendwo rumsitzen. Man möchte Gespräche führen, man möchte Kommunikation haben unter einzelnen Gruppen. Man möchte vielleicht auch in der Klasse zusammen irgendwas unternehmen“ (S2_I3_m15, 6).

Dieses Bedürfnis nach dem Beisammensein mit Freunden hat bei der Masse der Jugendlichen Priorität und dominiert oftmals über eventuelle Bewegungswünsche einiger weniger Jugendlicher:

> „Wenn man Sport macht, dann möchte man ja, dass die Freunde mitmachen. Aber wenn die Freunde nicht mitmachen wollen, dann macht man das auch nicht, weil man möchte, dass man mit allen zusammen was macht. Dann mache ich lieber das, was meine Freunde auch machen“ (S1_I1_m15, 110).

Für die Jugendlichen, die in den Pausen ausschließlich Ruhe haben und sich unterhalten wollen, scheinen auch keine Einflussfaktoren zu existieren, die ihre immer wiederkehrenden Tätigkeiten in der Mittagsfreizeit irritieren können (vgl. S1_I1_m15, 219). Das Erlebte am Vormittag hat selten einen direkten Einfluss auf die Aktivität bzw. Passivität der Jugendlichen in der Mittagsfreizeit, jedoch spiegelt es sich oftmals in den Themen der Gespräche wieder. Dies ist oftmals der Fall nach einem unbeliebten Fach oder unbeliebten Lehrer:

> „Ja, zum Beispiel wenn man ein Fach hat, das man gar nicht mag. Oder wenn man mit einem Lehrer [Unterricht] hat, den man gar nicht mag. Weil man sich dann über die [Lehrer] oder das Fach aufregt“ (S1_I1_m15, 215).

Der Tausch von Objekten, beispielsweise von Fußballbildern oder Stickern, nimmt bei den Jugendlichen – im Gegensatz zur Grundschule – keinen Raum mehr ein (vgl. S2_I6_w14, 63-64). Die Kommunikation über soziale Medien scheint während der Schulzeit nach Angaben einiger Schüler nur eine untergeordnete Rolle zu spielen. Die Benutzung von Handys ist, mindestens im Schulgebäude, weitestgehend untersagt (vgl. S2_I3_m15, 104). Ungeachtet dieser Tatsache finden es viele Heranwachsende während ihrer Pausenzeiten wichtiger, „dass man direkt miteinander redet“ (S2_I3_m15, 110). Handys werden während der Pausen zwar genutzt, um sich gegenseitig Bilder zu zeigen (vgl. S2_I3_m15, 106) oder „Spiele zu spielen, aber nicht um Whatsapp zu nutzen oder so“ (S3_I2_m16, 173). Die Pausengestaltung in Form von Rauchen vor dem Schulhof ist nach Angaben der befragten Heranwachsenden weniger von Bedeutung (vgl. u.a. S2_I3_m15, 116). Falls aber doch Raucher unter den Freunden sind, kommt das Bedürfnis nach Kommunikation und Geselligkeit erneut zum Tragen und es versammeln sich auch Nicht-Raucher in den Raucherecken (vgl. S1_I3_m16, 74).

Insgesamt sind Entspannung, Geselligkeit und Kommunikation, den Angaben der Befragten zufolge, die größten Bedürfnisse der Jugendlichen. Daraus ergeben sich dementsprechende räumliche Bedingungen. Viele Heranwachsende beklagen an dieser Stelle vor allem das mangelnde Angebot von Sitzmöglichkeiten:

> „Man hat oft zu wenig Platz, um sich hinzusetzen. Es gibt, glaube ich, zwei oder drei Bänke, die immer besetzt sind. Und [es gibt auf dem Schulhof] noch zwei Tischtennisplatten, [auf denen] auch immer welche sitzen. Und die ganze Zeit irgendwie rumzustehen, ist auch doof“ (S1_I1_m15, 175).

Daher fordern die Jugendlichen die Bereitstellung ausreichender Sitzmöglichkeiten für alle Schüler (vgl. S2_I5_w15, 45). Ein Schüler schlägt in diesem Zusammenhang vor,

> „dass man da irgendwie Bänke baut, an der Wand oder so, dass man da vernünftig sitzen kann. Auch morgens, wenn einige Leute zu früh kommen zur Schule. Ja, wenn man da halt auf dem Boden sitzen muss und im Winter ist es dann halt ziemlich kalt auf dem Boden und vielleicht auch sogar dreckig, dann ist das halt nicht so schön“ (S2_I2_m15, 25).

Die Schüler wünschen sich also gemütliche Sitzgelegenheiten, die teilweise abseits der großen Verkehrswege liegen sollten, so dass sie sich ungestört unterhalten können (vgl. S2_I5_w15). In diesem Zusammenhang äußert ein Großteil der Jugendlichen das Bedürfnis nach Rückzugsmöglichkeiten. Bislang dürfen die Heranwachsenden ihre Klassenräume nur in einigen Schulen nutzen, um während ihrer Mittagsfreizeit in Ruhe zu kommunizieren (vgl. S1_I2_m16, 195) oder zu entspannen (vgl. S1_I2_m16, 18). Eine weitere Rückzugsmöglichkeit der Schüler stellen umliegende Parkanlagen dar, die insbesondere im Sommer, aber teilweise auch im Winter für Schneeballschlachten oder ähnliches, genutzt werden (vgl. S1_I1_m15, 86). Problematisch an dieser Stelle ist allerdings, dass es den meisten

Schülern während ihrer Schulzeit verboten ist, das Schulgelände zu verlassen. Ein Schüler äußert daher den Wunsch:

> Die Lehrer sollten den Schülern „mehr Freiraum geben, damit man das Schulgelände auch verlassen darf. Dass sie vielleicht sagen ‚nicht so weit weg', aber dass man es verlassen darf. Denn wir haben einen Park und ich finde, den sollte man auch nutzen" (S1_I4_m16, 182).

Auch umliegende Sportplätze werden von den Jugendlichen genutzt, um sich vom Trubel auf dem Schulhof zurückzuziehen (vgl. S1_I2_m16, 34).

Andere vorhandene und ausgewiesene Rückzugsräume auf dem Schulgelände sind entweder eher für die Nutzung jüngerer Schüler oder für die Entspannung von Oberstufenschülern konzipiert (vgl. u.a. S2_I1_w14, 44). Daher äußern viele der Befragten den Wunsch nach einem separaten Raum für die Jugendlichen, sodass eine Alternative zum „Stammtisch" in der Cafeteria als „Ausweg" geboten würde (S3_I1_w14, 117). Weiterführende Räume, wie beispielsweise Mediotheken oder Hausaufgabenräume, werden von den Schülern ebenfalls genutzt, um sich zurückzuziehen. Allerdings wird an dieser Stelle der Zwang nach absoluter Ruhe bemängelt und die Heranwachsenden werden aus diesem Grund meist von aufsichtführenden Lehrkräften des Platzes verwiesen (vgl. S3_I2_m16, 57). Ein etwaiger Ruheraum für jugendliche Schüler sollte demnach zwar Kommunikation zulassen (vgl. S4_I3_w14, 74), aber gleichzeitig als Ruhe- und Rückzugsraum vor den jüngeren Schülern dienen (vgl. S1_I2_m16, 54). Ein Schüler schlägt in diesem Zusammenhang sogar vor, „dass da immer nur [Schüler] mit Anmeldungen hindürfen. Wenn da sonst zu viel los ist, ist das auch wieder doof" (S1_I1_m15, 182). Bezüglich der Ausstattung wünscht sich eine Schülerin einen Raum, „in dem man sich hinsetzen kann auf ein Sofa oder mehreren Sitzmöglichkeiten, also nicht nur einen [üblichen] Klassenraum" (S4_I3_w14, 74). Der Raum sollte sich von der Ausstattung eines üblichen Klassenzimmers unterscheiden und sie wünscht sich weiterführend „etwas, wo man seine Sachen mal richtig an die Seite legen kann, wie ein richtig geschlossener Raum" (S4_I3_w14, 78). Die Geschlossenheit des Raumes wird als bequemer eingestuft und nach Angaben eines weiteren Schülers sollte die Größe eines Klassenraumes nicht überschritten werden (vgl. S2_I1_w14, 42). Ein weiterer Schüler wünscht sich neben einer gemütlichen „Chill-Ecke" (S3_I2_m16, 77) einen Billardtisch und einen Tischkicker in einem etwaigen Rückzugsraum für jugendliche Schüler. Bezüglich der offenen Situation auf dem Schulhof äußert eine Schülerin den Wunsch, dass sie einen Rückzugsraum im Schulgebäude besser finden würde, „weil draußen immer Leute langgehen und jeder zuhören kann. Und drinnen ist die Atmosphäre einfach besser" (S3_I1_w14, 119).

6.1.2.2 Bewegung

Insgesamt verlieren die Bewegung und das Sporttreiben für die Jugendlichen, zumindest in der Mittagsfreizeit, zugunsten von Entspannung und Kommunikation an Bedeutung. Die Jugendlichen nutzen ihre Mittagsfreizeit „lieber zum Entspannen, als aktiv Sport zu machen“ (S4_I1_w14, 98). Die überwiegende Masse der Jugendlichen gibt an, sich während ihrer Mittagspausen kaum oder gar nicht mehr zu bewegen, weil sie „einfach keine Lust“ mehr auf Sport während der Pausen haben (S2_I6_w14, 78; vgl. S3_I4_m16, 39). Ihr Bedürfnis nach Bewegung aufgrund der langen Sitzdauer stillen viele Heranwachsende, insbesondere die weiblichen Jugendlichen, mit einer „Runde um die Schule“ gehen (vgl. S2_I3_m15, 30). Ihren Angaben nach sei das „Bewegung genug“ (S3_I3_w14, 52; vgl. S2_I6_w14, 70). Viele der männlichen Jugendlichen haben sich von ihrer vermehrten Bewegungsaktivität während der 5. bis 7. Klasse deutlichen distanziert:

> „Wenn ich so 5., 6., 7. Klasse wäre, dann würde ich noch etwas spielen. [...] Ich würde das jetzt nicht mehr machen, aber wenn ich so alt wie die wäre, hätte ich das schon noch gemacht“ (S3_I3_w14, 54).

Abgesehen von der *entwicklungsbedingten Verschiebung der Hauptaktivitäten von der Bewegung zur Ruhe* werden jedoch weitere Gründe genannt, warum sich zumindest auch die bewegungsfreudigeren Jugendlichen in der Mittagsfreizeit kaum bewegen. Zum einen trägt das *Schwitzen* in die Alltagskleidung während des Sporttreibens zu diesem Umstand bei und die Jugendlichen wollen nicht verschwitzt in der Klasse sitzen (vgl. S4_I4_m14, 142). Zum anderen geben Jugendliche an, dass sie sich nicht in der Nähe von jüngeren Schülern der Klassen fünf bis sieben aufhalten wollen bzw. die *Bewegungsräume bereits von den Jüngeren besetzt* sind und die Jugendlichen „keinen Bock mehr auf die“ haben (S2_I6_w14, 78). An Schulen, an denen ein Fußballplatz vorhanden ist, wird ein Unmut über die hohe Frequentierung der Fußballplätze durch die jüngeren Schüler geäußert. Der Mangel an ausreichenden Fußballplätzen führe schließlich dazu, dass sich auch viele der fußballbegeisterten jugendlichen Jungen nicht mehr in der Pause bewegen: „Deshalb spielen die Jungs auch kein Fußball mehr, weil es zu wenig Fußballplätze gibt“ (S2_I4_w14, 143).

Die Jugendlichen wollen sich *vom Bewegungsdrang und somit vom zentralen Verhalten der jüngeren Schüler abgrenzen* bzw. distanzieren. Das intensive Sporttreiben auf dem Schulgelände wird im Jugendalter eher als ‚uncool‘ bezeichnet. Zudem seien die *Bewegungsangebote in den Schulen eher auf die Kids*[4] *zugeschnitten*, wie

4 Als Kids werden die Schüler der Klassen fünf bis sieben bezeichnet. Als Jugendliche werden Schüler ab der Klasse acht eingestuft.

die Ausleihe von Spiel- und Bewegungsmaterialien gegen Pfand. Dementsprechend wird diese Möglichkeit meist nur von den jüngeren Schülern genutzt:

> „Also, die Jüngeren machen das auf jeden Fall, die Fünft- und Sechstklässler. Ich sehe in jeder Pause wie die etwas ausleihen und damit auf dem Schulhof Sport machen. Der Bewegungsraum ist eher für die Jüngeren nützlicher" (S2_I6_w14, 88).

Die Jugendlichen hingegen nutzen das Angebot einer Ausleihe gar nicht mehr oder kaum noch (vgl. S2_I1_m15, 116). Dies begründen sie damit, dass sich dort keine jugendgemäßen Bewegungs- und Sportgeräte befänden und sie selbst zu träge seien ihre bevorzugten Materialien, z. B. eine Slackline, selber mitzubringen (vgl. S3_I1_w14, 107-109). Darüber hinaus wird die Ausstattung der vorhandenen Bewegungs- und Sporträume kritisiert, z. B. die Fußballtore:

> „Wir müssen immer auf so kleine Stahltore spielen, das ist jetzt nicht so besonders. Das ist zwar auch eine Herausforderung und das macht auch Spaß, aber längerfristig wäre es vielleicht toll wenn man da so ein bisschen was Neueres hat" (S2_I2_m15, 9).

An Schulen, an denen für die Jugendlichen keine Möglichkeiten für Sport existieren, wird u. a. der Wunsch nach einem Fußballplatz geäußert. Diese Jugendlichen geben aber auch an, dass sie sich nicht sicher sind, ob diese Wünsche zu ihrem Status als Jugendlicher passen:

> „Vielleicht einen Fußballplatz, wie auf dem alten Schulhof, aber ich weiß nicht, ob wir dazu schon zu groß sind. Aber es wäre gut, dann könnte man sich in der Pause bewegen" (S3_I4_m14, 109).

Abgesehen von diesen Gründen hängt die Motivation zur Bewegung für viele Schüler auch vom *Stundenplan und dem Wetter* ab. In Bezug auf das Wetter existiert tendenziell folgende Meinung:

> „Es kommt auf die Jahreszeit an. Wenn Sommer ist, dann machen wir zum Beispiel eine Wasserschlacht. Wir holen uns Flaschen und machen eine Wasserschlacht. Im Frühling, Herbst oder Winter setzen wir uns einfach irgendwohin und reden miteinander" (S1_I1_m15, 46).

In Bezug auf den Unterricht ist erkennbar, dass die Jugendlichen nach einem stark kognitiv forderndem Unterricht eher das Bedürfnis nach Ruhe und Entspannung zeigen (vgl. S1_I2_m16, 232; Kap. 6.2.1.1). Ein Schüler führt an, dass es in Bezug auf die Pausenaktivität einen Unterschied macht, welcher Unterricht zuvor stattgefunden hat. Nach und vor dem Sportunterricht verspüren die Jugendlichen in der Regel keinen Drang mehr, sich in der Mittagsfreizeit zu bewegen (vgl. S2_I2_m15, 77-79).

Fehlende jugendgemäße (Trend-)Sportmöglichkeiten beschränken ebenfalls die Bewegungsaktivitäten der bewegungsfreudigen Jugendlichen (vgl. S1_I2_m16, 77). Insbesondere die Sportarten Fußball und teilweise Basketball scheinen hier von Bedeutung zu sein, vor allem in den Sommermonaten (vgl. S4_I2_m14, 21; S1_I2_m16, 28). Im Sommer treffen sich zumindest einige Jungen aus mehreren Klassen draußen zum Fußballspielen, „damit der lange Tag besser überbrückt werden kann" (S2_I2_m15, 3). Während der Wintermonate werden das Fußballspielen und weitere Sportaktivitäten allerdings eingestellt und die Schüler setzen sich „an irgendwelche Plätze und reden" (S2_I2_m15, 3)

Insgesamt wünschen sich nur wenige Jugendliche eine Verbesserung oder Erweiterung der Bewegungsmöglichkeiten an ihrer Schule (vgl. S1_I2_m16, 96). Diese beanstanden teilweise das mangelnde oder begrenzte Angebot für Jugendliche auf dem Schulhof: „Wenn es Aktivitäten gäbe", würden laut ihren Angaben mehr Schüler die Pause zum Sporttreiben nutzen (S3_I2_m16, 123). Sie wünschen sich „eine größere Auswahl, mehrere Sachen auf dem Schulhof" (S3_I1_w14, 125), sodass ein besserer Ausgleich geschaffen und mehr Abwechslung geboten wird (vgl. S3_I2_m16, 183). Einige Mädchen merken an, dass sie sich eventuell (geleitete) Tanzangebote während ihrer Mittagsfreizeit wünschen. Gleichwohl bekunden sie ihre Angst, dass jemand hereinplatzen könnte oder einen beobachten könnte: „Dafür bin ich einfach nicht so selbstbewusst. Ich habe Angst, dass ich was falsch mache oder ausgelacht werde. Das ist anders als in unserer Gruppe im Verein" (S2_I6_w14, 86). Das Schamgefühl im schulischen Rahmen spielt bei allen befragten Mädchen scheinbar eine große Rolle. Eine Jugendliche schlägt als Lösungsansatz eine Anmietung eines Raumes außerhalb der Schule vor (vgl. S2_I6_w14, 86).

Neben Tanzangeboten wünschen sich einige Schüler ungebundene Sportangebote während der Mittagspausen (vgl. S3_I1_w14, 87). Ein solches Angebot wird u. a. für eine offene Turnhalle vorgeschlagen. Als Wunschangebote werden beispielhaft Fußball (vgl. S4_I1_w14, 98), Trampolin springen (vgl. S2_I5_w15, 42) und insbesondere Fitnessangebote genannt. Für eine bewegte Pausengestaltung erachten einige Jugendliche allerdings eher einen separaten Trainingsraum zum Boxen oder einen Fitnessraum als sinnvoll, auch unter dem Aspekt der Gesundheitsförderung (vgl. S1_I4_m16, 76; vgl. Kap. 6.4.1).

Es wird deutlich, dass sich selbst die bewegungsfreudigeren Jugendlichen am ehesten bewegen, wenn sie ‚ideale' Bedingungen mit einer entsprechenden Ausstattung vorfinden. Da diese Voraussetzungen oftmals nicht gegeben sind und sich die Haltung zu Bewegung, zumindest im Rahmen der Mittagsfreizeit, maßgeblich im Jugendalter ändert, geben sich die meisten Jugendlichen einfach mit den wenigen, vorhandenen Bewegungsangeboten zufrieden.

6.1.3 Zusammenfassende Diskussion

In der Untersuchungsgruppe sprechen sich nur wenige Jugendliche gegen eine Mittagsfreizeit oder für eine kürzere Pause von ca. einer halben bzw. dreiviertel Stunde aus. Diejenigen, die für eine Kürzung der Mittagsfreizeit plädieren, nennen verschiedene Gründe. Dazu zählen der Wunsch nach *mehr Zeit mit Freunden außerhalb der Schule*, die *Möglichkeit, sich nach einem anstrengenden Tag länger auszuruhen* und *mehr Zeit für außerschulische Hobbys* zu haben. Darüber hinaus wollen sie eine *Mittagsfreizeit meiden, wenn sie davor oder danach eine Freistunde* haben, um nicht unnötig lange auf den nächsten Unterricht warten zu müssen. Vor allem aber finden die Jugendlichen es *ärgerlich, wenn sie nach der Mittagsfreizeit nur noch eine reguläre Unterrichtstunde* haben. An derartigen Tagen wollen sie die letzte Stunde lieber vorziehen und auf die Mittagsfreizeit verzichten. Im Gegensatz zur Orientierungsstufe findet diese kleine Gruppe von Jugendlichen die Mittagsfreizeit inzwischen zu lang. In der Konsequenz wird den Jugendlichen in der Schule langweilig, was auch mit einer geringeren Motivation für den folgenden Unterricht einhergehen kann. Wären entsprechende Bewegungs- und vor allem Rückzugs- und Kommunikationsmöglichkeiten vorhanden, hätte die Mehrheit dieser Jugendlichen allerdings weniger etwas gegen eine ausgedehntere Mittagsfreizeit. Damit fehlen den Jugendlichen und zwar nicht nur denen, die einer Mittagsfreizeit eher skeptisch gegenüber stehen, auf der strukturellen Ebene Freiräume und Angebote, die ihren altersgemäßen Freizeitaktivitäten entsprechen. Weitere Studien zu Freizeitangeboten in Ganztagsschulen bestätigen diese Ergebnisse (vgl. Derecik, 2013, Haenisch, 2011, S. 29).

Darüber hinaus kann eine negative Einstellung von Jugendlichen zur Mittagsfreizeit darauf zurückgeführt werden, dass sie die Ganztagsschule als zu starke Belastung empfinden und die Freizeitangebote in dieser nicht als Teil ihrer Freizeitpraxis betrachteten. In der Konsequenz wird der Verlust an Zeit für nicht-formelle und informelle Freizeitaktivitäten mit Freunden durch die hohen Lernanforderungen auf der individuellen Ebene als „doppelter Schulstress" erfahren und die Freizeit in der Schule wird von den außerschulischen Freizeitaktivitäten ausgeklammert (vgl. Soremski, 2013, S. 24). Damit sind es nicht nur die Rahmenbedingungen der Ganztagsschule, sondern ebenso die individuellen Einstellungen und Zeitmanagementkompetenzen der Jugendlichen, die zu einem Unterscheidungskriterium für die Schüler zwischen der Mittagsfreizeit und der außerschulischen Freizeit führen (vgl. Kolbe, Rabenstein & Reh, 2006, S. 27),

Die meisten Jugendlichen an den vier untersuchten gebundenen Ganztagsgymnasien betrachten die Mittagsfreizeit jedoch, trotz nicht vorhandener jugendgerechter Freizeitmöglichkeiten, eher als Teil ihrer Freizeitpraxis, zumal ihnen innerhalb der Woche kaum Zeit bleibt, sich mit ihren Freunden außerhalb der Schule zu treffen. Dies kann auf die hohen Belastungen durch das Lernpensum an Ganztagsgymnasien sowie den zusätzlichen Bedarf an Zeit für außerschulische (Sport-) Vereinsaktivitäten und Familie zurückgeführt werden, wie dies auch Soremski (vgl. 2013, S. 18-25) anhand von Wochenzeitplänen von Jugendlichen aufzeigt. Demnach kann interpretiert werden, dass gerade diejenigen Jugendlichen die Mittagsfreizeit als eine Chance sehen ihren Freizeitspaß zu verdoppeln, die außerhalb der Schule noch einem straffen Zeitmanagement unterliegen und die Ganztagsschule als Teil ihrer Freizeitpraxis betrachten. Da hohe schulische und außerschulische Belastungen vor allem für Schüler an Gymnasien attestiert werden können, nimmt die Mittagsfreizeit allgemein in der Ganztagsschule und speziell an gebundenen Ganztagsgymnasien eine bedeutende Funktion als zentraler und selbstbestimmter Sozialraum im Aufwachsen der Heranwachsenden ein (vgl. Kap. 6.5).

Aufgrund der Möglichkeit mit Gleichaltrigen in Kontakt zu treten, wollen die meisten Jugendlichen an den untersuchten Ganztagsgymnasien nicht auf die Mittagsfreizeit verzichten und empfinden die Dauer einer Mittagsfreizeit von 60 Minuten als sehr sinnvoll. Umgekehrt wollen sie aber auch keine längere Mittagsfreizeit, was darauf zurückgeführt werden kann, dass sie nach der Schule nicht in einen Konflikt mit ihrer außerschulischen Freizeit, den Hausaufgaben und der gemeinsamen Zeit mit ihrer Familie geraten wollen. Sie benötigen die Zeit von ungefähr 60 Minuten, um ohne Zeitdruck ihr Mittagessen einzunehmen und danach noch ausreichend Zeit für Entspannung und Kommunikation mit Freunden zu haben (vgl. Kap. 6.2 und 6.5).

Einen großen zeitlichen Faktor während der Mittagsfreizeit stellt allein die *Nahrungsaufnahme* der Schüler dar, da diese z. T. mit einem langen Anstehen in der Mensa oder einem (unerlaubten) Verlassen des Schulgeländes zum Aufsuchen nahegelegener Einkaufsmärkte, Imbissbuden oder Pizzerien verbunden ist. Die befragten Jugendlichen benötigen für die Nahrungsaufnahme, je nachdem wie lange sie in der Mensa oder an der Kasse anstehen müssen, zwischen 15 und 40 Minuten (vgl. Kap. 6.4.3). Diese beanspruchte Zeit übersteigt die durchschnittlich berechnete Dauer von ca. 20 Minuten für das Mittagessen (vgl. Kamski, 2014, S. 75) und in der Konsequenz steht den Jugendlichen an den untersuchten gebundenen Ganztagsgymnasien z. T. weniger Zeit für freie und selbstbestimmte Tätigkeiten in der Mittagsfreizeit zur Verfügung.

Die Bedeutung der Bewegung wird im Rahmen einer Freizeitgestaltung in Ganztagsschulen oft betont, spielt in der Mittagsfreizeit für die meisten Jugendlichen jedoch kaum eine Rolle. Insgesamt verlieren die Bewegung und das Sporttreiben für die Jugendlichen, mindestens in der Mittagsfreizeit, zugunsten von Entspannung und Kommunikation an Bedeutung. Bewegung erfolgt in erster Linie durch Spazieren gehen auf dem Schulhof oder durch den Weg zum Mittagessen außerhalb der Schule, was den meisten Jugendlichen ausreicht. Als Gründe werden die *Distanzierung vom Bewegungsdrang und damit dem zentralen Verhalten der jüngeren Schüler*, das *Meiden von Vollschwitzen der Alltagskleidung*, die *Besetzung der Bewegungsräume von den Jüngeren*, die *fehlende Ausrichtung der Bewegungsangebote an die Bedürfnisse der Jugendlichen*, die *Beanspruchung im Unterricht* und die *Ausrichtung am schönen Wetter* genannt. Wenn Jugendliche sich in der Mittagsfreizeit sportlich bewegen wollen, dann am ehesten unter ‚idealen' Bedingungen, welche sie nicht vorfinden und der Schule scheinbar auch nicht zutrauen, diese für sie zu arrangieren (vgl. Derecik, 2015a). Damit kann eine doch deutliche Diskrepanz zwischen dem sportlichen Engagement von Jugendlichen in der Mittagsfreizeit und außerhalb der Schule identifiziert werden. Studien zum Freizeitverhalten der Jugendlichen demonstrieren, trotz geringer geschlechtsspezifischer Unterschiede, dass der überwiegende Teil der Jugendlichen gerne und oft sportlichen Aktivitäten außerhalb der Schule nachgeht (vgl. Züchner, 2013).

Dies kann, abgesehen von den oben angeführten Ursachen für eine mangelnde Motivation an sportlichen Tätigkeiten während der Mittagsfreizeit, darauf zurückgeführt werden, dass die Jugendlichen die Mittagsfreizeit in erster Linie als Treffpunkt und Kontaktbörse betrachten (vgl. Kap. 6.5.2), in der sie vorwiegend ihrem Bedürfnis nach *Rückzug und Kommunikation* folgen. Entspannung, Geselligkeit und Kommunikation sind demnach die zentralsten Bedürfnisse der Jugendlichen für die Mittagsfreizeit, wofür sie jedoch kaum entsprechende und separate Räumlichkeiten vorfinden. Die vorhandenen Rückzugs- und Kommunikationsmöglichkeiten seien eher für die jüngeren Schüler oder die Oberstufe konzipiert und zeichnen sich durch eine zu große „Peeröffentlichkeit" aus (vgl. Schmalfeld, 2012, S. 164). Demzufolge beklagen sich die Jugendlichen über fehlende Rückzugs- und Kommunikationsmöglichkeiten in abgeschotteten Arealen auf dem Schulgelände (z. B. ausreichende Sitzmöglichkeiten mit einem Wohlfühlambiente) und im Schulgebäude (z. B. Offene Klassenräume mit einer gemütlichen Ausstattung oder Begegnungsräume mit Billard und Kicker). Da ihnen dies selten ermöglicht wird oder sie sich z. B. in der Mediothek oder in Hausaufgabenräumen zwar zurückziehen, aber nicht unterhalten dürfen, suchen sie sich an den Rändern vom Schulhof oder suchen umliegende Parkanlagen auf, gerade im Sommer. Für die Jugendlichen an zwei Untersuchungsschulen ist dies allerdings verboten. Dennoch missachten die Jugendlichen die Pausenregeln und demonstrieren damit, dass sie in der Mittagsfreizeit mehr Freiräume haben wollen.

Bilanzierend wird offensichtlich, dass Ruhe und Kommunikation, was oftmals auch als Nichtstun und Faulenzen bezeichnet wird, innerhalb der vielfältigen Freundschaftsbeziehungen eine enorme Rolle für die Jugendlichen in der Mittagsfreizeit spielt. Dies verwundert nicht, da Ruhe und Kommunikation innerhalb der Gleichaltrigengruppe einen zentralen Stellenwert in der Entwicklung von Jugendlichen einnimmt. Aus einer gegenwartsortierten Entwicklungsperspektive benötigen Jugendliche „Gleichaltrigenräume, um ihre Selbstständigkeit ausleben, darstellen und widerspiegeln zu können" (vgl. Böhnisch & Münchmeier, 1993, S. 54). Während der Mittagsfreizeit schaffen sie sich vor allem gegenkulturelle Rückzugs- und Kommunikationsnischen, die sie für ihre Lebensbewältigung benötigen (vgl. Derecik, 2013; Böhnisch, 2012, S. 167; Krisch, 2009, S. 193). In diesen Räumen fungieren die Gleichaltrigen als Entwicklungshelfer und können gleichzeitig einen wesentlichen Beitrag zur Bewältigung ihrer zukunftsorientierten Entwicklungsaufgaben leisten, wie u. a. neue und reife Beziehungen mit Gleichaltrigen auszubilden, ihre Geschlechtsidentität zu entwickeln und ihren Körper zu akzeptieren (vgl. Havighurst, 1948; Dreher & Dreher, 1985, Hurrelmann & Quenzel, 2012, S. 41; Hurrelmann, 2012, S. 26-40; Salisch et al. 2013, S. 7).

6.2 Mittagsfreizeit als Produktionsfaktor für den Unterricht

Das folgende Kapitel stellt die Bedeutung der Mittagsfreizeit als Produktionsfaktor für den Unterricht dar. Zunächst werden die Einschätzungen der Jugendlichen bezüglich der *Erholung in der Mittagsfreizeit zur Steigerung der Leistungsfähigkeit* präsentiert (Kap. 6.2.1). Anschließend wird auf den speziellen Aspekt der *Vor- und Nachbereitung des Unterrichts* während der Mittagsfreizeit eingegangen (Kap. 6.2.2), auf die eine *zusammenfassende Diskussion* folgt (Kap. 6.2.3).

6.2.1 Erholung in der Mittagsfreizeit zur Steigerung der Leistungsfähigkeit

Der Einfluss der Erholung in der Mittagsfreizeit auf die Leistungssteigerung für die nachfolgenden Unterrichtsstunden wird zunächst allgemein anhand der *Bedeutung der Bewegung und Ruhe für die Erholung vom Unterricht* betrachtet (Kap. 6.2.1.1). Die Regeneration durch Bewegung und im Jugendalter vor allem durch Ruhe trägt in hohem Maße zur Wiederherstellung des kognitiven Denkvermögens bei. Die Leistungssteigerung wird allerdings auch speziell unter dem Aspekt des *Luftschnappens,* sowohl drinnen als auch draußen, beleuchtet (Kap. 6.2.1.2). Inwiefern sich eine Leistungssteigerung im *Klassenraumverhalten* der Schüler widerspiegelt, wird abschließend thematisiert (Kap. 6.2.1.3).

6.2.1.1 Bedeutung der Bewegung und Ruhe

Die Erholung in der Mittagsfreizeit ist für die Jugendlichen von höchster Bedeutung, um einen Ausgleich zum kopflastigen Unterricht zu finden. Lediglich ein paar wenige Jugendliche geben an, in der Regel keine Erholung in der Mittagsfreizeit zu benötigen, um ausgeglichener in den Unterricht zu gehen: „Ich brauche eigentlich keine Entspannung und Ruhe. Außer es ist etwas Gravierendes passiert" (S4_I2_m14, 64; vgl. S3_I2_m16, 161). Für einige Jugendliche scheint die Steigerung der Leistungsfähigkeit durch die Mittagsfreizeit allerdings nicht bewusst zu sein. Die Schüler, die sich über diesen Aspekt bisher keine Gedanken gemacht haben, geben jedoch auf Nachfrage an, dass sie sich nach der Mittagsfreizeit besser konzentrieren können (vgl. S2_I1_m15, 42-43; S4_I3_w14, 48; S1_I2_m16, 43-44):

> „Ich habe vor diesem Interview nicht so über dieses Energiesammeln nachgedacht, aber wenn ich jetzt so darüber nachdenke, ist es eigentlich schon so, dass ich in der Mittagspause wieder Kraft fassen kann für die nächsten zwei Stunden" (S4_I2_m14, 117).

Vielen ist der Aspekt der Erholung in der Mittagsfreizeit jedoch durchaus bewusst. Der überwiegende Teil der befragten Ganztagsgymnasiasten empfindet die Mittagsfreizeit als besondere Zeit, in der sie sich vom Unterricht regenerieren können: „Die Mittagspause ist für mich ein Zeitraum, in dem ich mich wieder von den Stunden erholen kann, die ich bis jetzt hatte" (S2_I3_m15, 4). Für einige ist dies sogar der wichtigste Aspekt: „Den größten Teil der Mittagspause will ich einfach nur entspannen" (S1_I3_m16, 126). Die Mittagsfreizeit hat eine beruhigende Wirkung auf die Schüler und dient insbesondere zum Abschalten: „Die Mittagspause ist wie ein Ausgleich zum Unterricht. Man beruhigt sich“ (S3_I3_w14, 92; vgl. S3_I4_m14, 5; S3_I1_w14, 51).

Auf die Konfrontation mit einer Reihe von Forschungsergebnissen, die u. a. besagen, dass das Gehirn zur Verarbeitung von Wissen ausreichend Pause benötigt (vgl. Kap. 3.2.1), reagieren mehrere Schüler zustimmend. Zunächst sei es wichtig, „dass man erst einmal wieder ruhig werden muss“, um sich wieder „wirklich konzentrieren zu können“ (S1_I4_m16, 125-126). Ebenso sagen einige Schüler aus, dass sie nach sechs Schulstunden intensiver Konzentration eine längere Pause benötigen:

> „Wenn man davor sechs Stunden Unterricht mit ein paar Pausen hatte und dann eine etwas größere Mittagspause hat, finde ich das gut, weil man dann in der 7. und 8. Stunde konzentrierter arbeitet“ (S4_I2_m14, 6).

Ein weiterer Schüler argumentiert sogar auf psychologischer Ebene, indem er die Erholung in der Mittagsfreizeit als Kompensation zur Überforderung durch zu viel theoretischen Input während des Unterrichts definiert:

> „Würde ich durchgehend den gesamten Schultag nur lernen, würde ich erstens zu viele Dinge nur im Kurzzeitgedächtnis speichern und zweitens [mich] überanstrengen nach einer Zeit und nicht mehr damit klarkommen“ (S1_I2_m16, 226).

Ohne die Mittagsfreizeit, so glaubt eine andere Schülerin, „könnte man sich nicht wirklich gut konzentrieren“ im nachfolgenden Unterricht (S2_I5_w15, 3). Ein weiterer Schüler ist der Auffassung, dass man in der Mittagsfreizeit „erst mal abschalten und sich für die 7., 8. Stunde fassen kann, damit man da dann wieder halbwegs konzentriert ist“ (S4_I2_m14, 4). Es herrscht Konsens in der Annahme, dass es die Mittagsfreizeit ermöglicht, sich zu regenerieren und dadurch im nachfolgenden Unterricht wieder entspannter zu sein (vgl. S4_I3_w14, 50):

> „Die 7., 8. Stunde geht immer relativ schnell vorbei. Irgendwie schneller als die davor. Ich weiß auch nicht warum. Es ist entspannter. Ich habe manchmal auch neun Stunden und dann geht es auch viel schneller. Ich weiß auch nicht warum. Nach der Mittagspause ist alles viel entspannter als davor“ (S4_I1_w14, 26).

Gleichermaßen geben zwei der interviewten Schüler an, ihre Mittagsfreizeit vorsätzlich zu nutzen, um „mit mehr Elan und mehr Power“ in den Unterricht nach der Mittagsfreizeit starten zu können (S3_I4_m14, 5). Die Erholung in der Mittagsfreizeit empfinden die Schüler gerade dann als sehr wichtig, „wenn man danach direkt noch zwei Stunden in den Hauptfächern hat" (S4_I3_w14, 4). Die Nebenfächer am Nachmittag scheinen insgesamt als entspannter empfunden zu werden:

> „Wenn man jetzt zum Beispiel Mittagspause und danach zwei Stunden Kunst hätte, ich glaube das wäre viel entspannter. Denn da darf man ja Musik hören und muss sich jetzt nicht wirklich konzentrieren und so lernen, so wie in den Hauptfächern. Und in der neunten zum Beispiel Mathe, das wäre echt anstrengend" (S2_I5_w15, 106).

Eine andere Schülerin ist derselben Meinung. Man habe nach sieben Stunden „keinen Bock, noch Mathe zu machen […], auf eine Doppelstunde Kunst oder Musik hat man mehr Bock" (S2_I16_w14, 176). Kunst, Musik, Sport und weitere Fächer, in denen „man nicht viel aufschreiben muss" werden von vielen Jugendlichen als entspannender und angenehmer empfunden als der Nachmittagsunterricht in einem Hauptfach (S2_I2_m15, 73). Insgesamt stellen die Jugendlichen die Erholung in der Mittagsfreizeit somit in den Dienst des folgenden Unterrichts. Nach diesen allgemeinen Ausführungen wird nun auf die konkreten Einschätzungen der Jugendlichen zur Bedeutung der Bewegung und Ruhe für die Leistungssteigerung eingegangen.

Die Art und Weise, wie die Jugendlichen sich vom Unterricht erholen, fällt unterschiedlich aus. Ein geringer Teil der Jugendlichen sucht die *Bewegung zur Erholung vom Unterricht.* Durch die Bewegung in der Pause gehen einige wenige Jugendliche „positiver in den Unterricht" (S1_I2_m16, 41) und können diesem besser folgen, denn „wenn man sich vorher bewegt hat, dann kann man auch besser zuhören" (S3_I2_m16, 143, 133). Der Bewegung in der Mittagsfreizeit wird somit von einigen wenigen Jugendlichen durchaus ein positiver Einfluss auf die Leistungsfähigkeit im folgenden Unterricht zugesprochen: „Die Aufnahmefähigkeit für den Unterrichtsinhalt ist besser, wenn ich mich bewegt habe, weil ich dann ausgeglichener bin, als wenn ich mich vorher nicht bewege" (S3_I2_m16, 159). Diese Jugendlichen können sich nach der Bewegung besser auf den Unterricht konzentrieren, was auch „deutlich an den Noten" erkennbar sei (S1_I1_m15, 197). Bewegung in der Mittagsfreizeit bedeutet für Jugendliche aber nicht unbedingt sich auszupowern, z. B. durch Fußball spielen (vgl. S2_I2_m15, 77), sondern oftmals eher „über den Schulhof eine Runde" zu gehen (S3_I3_w14, 17).

Für mehrere Jugendliche wirke sich eine intensive Bewegung in der Mittagsfreizeit eher negativ auf die Leistungsfähigkeit im Unterricht aus. Sie fühlen sich nach der Bewegung „schlapp" (S3_I1_w14, 25), „außer Atem" (S2_I2_m15, 69), „fertig und verschwitzt" (S3_I2_m16, 155) und haben im Anschluss „keine Lust, im Klassenraum zu sitzen und Unterricht zu machen“ (S3_I2_m16, 155). Ein männlicher Jugendlicher erklärt den negativen Einfluss der Bewegung wie folgt:

> „Bewegung ist für mich persönlich nicht so gut. Ich kann auch für meine Freunde sprechen, wenn ich sage, dass es eher eine schlechte Idee ist, sich zu bewegen. Wenn man es möchte, kann man es machen. Wenn man in den ersten beiden Stunden Sport hatte, dann ist man den ganzen Tag k.o. und dann ist es sehr schwer, sich zu konzentrieren. Bewegung verschlechtert eher die Konzentration. Man bewegt sich, ist völlig erschöpft, möchte sich eigentlich nur noch entspannen und dann muss man trotzdem aufpassen, damit man im Unterricht gut dabei ist“ (S1_I3_m16, 100).

Ein weiterer männlicher Jugendlicher sieht in der Bewegung vor allem die Möglichkeit, sich abzureagieren. Dies führt aber nicht zu einer besseren Leistungsfähigkeit, da die Kraft fehle, sich zu konzentrieren:

> „Man merkt das schon bei denen, die Fußball spielen. Man ist eher ausgelastet nach der Bewegung, sodass man kaum noch Kraft hat. Bewegung wirkt sich eher negativ auf die Leistungsfähigkeit aus. Sie ist nur gut, um sich manchmal abzureagieren“ (S1_I4_m16, 122).

Einige Jugendliche sind schon ohne körperliche Aktivitäten erschöpft und sind zudem nicht der Auffassung, „dass körperlich fittere Schüler sich besser konzentrieren können“ (S1_I4_m16, 122; vgl. S3_I1_w14, 7). Eine Schülerin ist ebenfalls der Meinung, dass sich intensive Bewegung nicht positiv auf die Konzentration auswirkt, da sie sich schnell ablenken lässt:

> „Ich mache sehr viel Sport. Auch verschiedene Sportarten. Aber ich denke nicht, dass ich mich dadurch besser konzentrieren kann. Ich bin immer sehr schnell abgelenkt. Wenn zum Beispiel jemand neben mir redet, höre ich dem eher zu als dem Lehrer“ (S4_I1_w14, 112).

Der Großteil der Jugendlichen gibt an, eine *Erholung vom Unterricht durch Ruhe* zu finden. Sie fühlen sich nach der Mittagsfreizeit „befreit“ und setzen wieder Energien für den Nachmittag frei (S4_I1_w14, 76), wenn sie „einfach mal abschalten, nicht zuhören, entspannen und gar nichts machen“ (S4_I4_m14, 92). Ein Jugendlicher gibt an, dass er in der Mittagsfreizeit häufig auch nur für sich alleine sein möchte und betont, dass eine fehlende Ruhe in der Mittagsfreizeit einen Einfluss auf seine weitere Tagesform am Nachmittag besitzt:

> „Die Ruhe ist mir persönlich sehr wichtig. Hätte ich diese Pause nicht, ich glaube ich würde in den Nachmittagsstunden und im restlichen Tag vielleicht anders gelaunt sein oder anders reagieren" (S1_I2_m16, 235; vgl. S1_I2_m16, 55-56).

Weiterhin berichtet dieser Schüler, dass sich die meisten seiner Freunde während der Mittagsfreizeit auf dem Schulgelände aufhalten und dort „mit Freunden abhängen", um sich zu erholen, er selbst aber „dann einfach mal eine Runde" schläft, damit er sich vom Unterricht am Nachmittag regenerieren kann (S1_I2_m16, 16). Für einen weiteren männlichen Jugendlichen ist es wichtig, schlechte Noten in der Mittagsfreizeit zu verarbeiten:

> „Man kann sich schon entspannen. Wenn man zum Beispiel eine schlechte Note [bekommen] hat, dann kann man sich entspannen und sich wieder beruhigen. Bei guten Noten ist man natürlich glücklich, bei schlechten ist es gut, dass man sich entspannen kann" (S1_I3_m16, 167).

Eine weibliche Jugendliche sieht den Vorteil der Mittagsfreizeit darin, dass sie im Gegensatz zum Unterricht wieder frei mit ihren Freunden reden kann und nicht leise sein muss. Die Mittagsfreizeit wird als Entspannung empfunden, „wenn man nicht die ganze Zeit darauf achten muss, nicht reden zu können, leise zu sein und aufzupassen. In der Pause ist es angenehm, einfach mal reden zu können" (S4_I3_w14, 94). In diesem Sinn verstehen die meisten Jugendlichen unter Ruhe nicht nur, sich mental auszuruhen und Zeit für sich zu haben, sondern sich mit ihren Freunden zu unterhalten. Viele Schüler verbringen die Zeit in der Mittagsfreizeit in Form von Kommunikation mit ihren Freunden und können sich dadurch regenerieren: „Man kann in Ruhe mit anderen reden. Man beruhigt sich innerlich und kann danach in Ruhe in den Unterricht gehen" (S1_I4_m16, 128).

Eine weibliche Jugendliche fasst die positive Wirkung der gemeinsamen Erholung mit Freunden folgendermaßen zusammen: „Die Mittagspause ist das Schönste an der Schule, weil man dann entspannen und frei reden kann mit seinen Freunden. Das geht im Unterricht nicht" (S3_I4_m14, 151). Einige Jugendliche geben an, dass sie durchaus bewusst während der Mittagsfreizeit ‚schulfreie' Gesprächsthemen wählen, um den Kopf frei zu bekommen und dadurch nach der Pause konzentrierter zu sein (vgl. S3_I4_m14, 115; S2_I5_w15, 5; S1_I1_m15, 43-44). Ein Schüler bestätigt, dass die Schule nicht immer der zentrale Gesprächsinhalt sein sollte: „In der Ruhe liegt die Kraft heißt es so schön. Es ist gut, abzuschalten, sich zu entspannen, auch mal über etwas anderes als Schule zu reden" (S1_I3_m16, 133). So wird die Mittagsfreizeit genutzt, um „ganz kurz den Unterricht zu vergessen"

(S3_I3_w14, 5, 13), was letztlich wieder dazu führt, dass die Schüler mehr Energie für die kommenden Stunden sammeln können: „Und dann kann ich eigentlich schon wieder neu anfangen" (S2_I3_m15, 146). Sich mit den Freunden zu treffen und in Ruhe zu reden, ist für Jugendliche elementarer Bestandteil der Erholung in der Mittagsfreizeit (vgl. S1_I4_m16, 118), welcher zur Leistungssteigerung, aber auch zur Gesundheitsförderung (vgl. Kap. 3.4.2) dient. Dem Luftschnappen wird von den Jugendlichen aber ebenfalls eine positive Wirkung auf die Leistungssteigerung zugesprochen.

6.2.1.2 Bedeutung des Luftschnappens

Nahezu alle Schüler berichten, dass ihnen *Luftschnappen* im Allgemeinen zu einer besseren Regeneration verhilft. Die frische Luft hat für Schüler primär einen positiven Einfluss auf die Konzentration und bewirkt, dass sie sich ausgeruhter fühlen als zuvor: „Man ist die ganze Zeit nur am Arbeiten. Da hilft frische Luft, um den Kopf wieder frei zu bekommen und sich dann auf die nächste Stunde zu konzentrieren" (S1_I1_m15, 42; vgl. S2_I3_m15, 136; S1_I2_m16, 39). Für diejenigen Schüler, die keinen expliziten Wert darauf legen, ihre Mittagsfreizeit an der frischen Luft zu verbringen, ist es wichtig, dass die Klassenräume gut gelüftet sind, sodass dem Aspekt „Luftschnappen" auch *drinnen* ein positiver Einfluss zugesprochen wird (vgl. S1_I3_m16, 84). Eine Schülerin berichtet, dass es ausreichend sei, die Fenster im Klassenraum zu öffnen, um frische Luft zu schnappen:

> „Also man muss ja nicht unbedingt nach draußen gehen, es reicht ja auch, wenn man im Klassenraum sitzen bleibt und das Fenster offen ist. Aber auf jeden Fall einmal ganz kurz neu auftanken für die nächste Stunde" (S3_I3_w14, 7).

Ein Schüler derselben Schule ist ähnlicher Meinung und hebt die Bedeutung des Luftschnappens während der Unterrichtszeit hervor. Wenn die Klassenräume ausreichend belüftet würden, wäre ein Bedarf für frische Luft in der Mittagsfreizeit nicht mehr zwangsläufig gegeben:

> „Wenn es im Unterricht warm drinnen ist, dann machen wir die Fenster auf. Dann bekommen wir auch frische Luft. Deswegen bin ich eigentlich immer an der frischen Luft. Wir haben immer die Fenster im Unterricht auf" (S3_I4_m14, 111).

Schüler, die sich gerne in der Mittagsfreizeit an der frischen Luft bewegen, sagen aus, dass sie danach „einen klaren Kopf" haben und „noch besser im Unterricht aufpassen" können (S1_I2_m16, 37). Die Kopfschmerzen werden gemindert und sie können sich dann im Unterricht „viel besser konzentrieren" (S3_I3_w14, 17) und seien „auch nicht mehr so abwesend" (S3_I2_m16, 153). Nach Meinung vieler Jugendlicher hat das Luftschnappen draußen demnach einen positiven Effekt auf die Leistungsfähigkeit, aber auch zur Gesundheitsförderung durch eine Minimierung von Kopfschmerzen (vgl. Kap. 6.4.2). Draußen können sie frische Luft einatmen, was ihnen gut tut nach den Unterrichtsstunden in den „meistens sehr stickigen" Klassenräumen (S2_I5_w15, 112).

Das frische Luftschnappen drinnen oder draußen hängt für die Jugendlichen zudem in hohem Maße von der Jahreszeit ab: Es gibt „immer so ein halbes Jahr, wo wir draußen sind und dann ein halbes Jahr, wo wir drinnen sind" (S2_I2_m15, 5). Einige suchen die frische Luft im Winter in ihrem Forum, wo die Türen oft aufgemacht werden und sie „da gut durchatmen" können. In den Sommermonaten gehört aber zu jeder Pause zumindest ein kurzes Luftschnappen draußen: „Wir gehen mindestens einmal raus" (S2_I1_m15, 87).

Insgesamt existiert bei den meisten Jugendlichen die Einstellung, dass es keinen Unterschied zwischen einer Pausenaktivität drinnen bzw. draußen in Bezug auf ihre Regeneration und Leistungsfähigkeit durch Luftschnappen gibt. Auf die Frage, inwieweit er im nachfolgenden Unterricht fitter ist, wenn er die Mittagsfreizeit drinnen bzw. draußen verbringt, antwortet ein Jugendlicher: „Eigentlich macht es keinen Unterschied" (S3_I4_m14, 113). Ebenso antwortet eine andere Schülerin auf die Frage nach einem potenziellen Unterschied zwischen dem Luftschnappen drinnen und draußen: „Ich glaube nicht [das es einen Unterschied macht], es ist halt nur drinnen wärmer" (S4_I3_w14, 60).

6.2.1.3 Klassenraumverhalten

Das Klassenraumverhalten der Schüler nach der Mittagsfreizeit scheint von verschieden Faktoren abzuhängen, die allerdings nicht nur auf Bewegung und Ruhe zurückzuführen sind (vgl. S2_I3_m15, 148). Für einige Jugendliche dient die Mittagsfreizeit explizit dazu, „ruhiger zu werden", um dadurch ihr Klassenraumverhalten am Nachmittag optimieren zu können (S1_I2_m16, 46; vgl. Kap. 6.2.2.1). Einigen Jugendlichen scheint die *Bewegung* in der Mittagsfreizeit ein wesentlicher Faktor zu sein, der zur Ruhe im Unterricht beiträgt (Kap. 6.2.2.1):

> „Weil man die Bewegung, die man braucht, im Prinzip schon vor der Stunde hatte und das heißt, man kann sich besser konzentrieren. Man bewegt sich dann im Unterricht nicht [so sehr] oder zappelt nicht rum" (S1_I5_m15, 199).

Eine weibliche Jugendliche ist ebenfalls der Meinung, dass sie „im Unterricht besser still sitzen kann, wenn [sie] in der Mittagspause einmal über den Schulhof eine Runde geht“ (S3_I3_w14, 17).

Andere Jugendliche geben aber eher an, dass sie nach der Mittagsfreizeit aufgrund *ihrer Ruhe und Kommunikation* in der Klasse aufgedrehter sind in der Klasse. Auf die Frage, ob sie sich nach der Mittagsfreizeit besser konzentrieren können und in der Klasse ruhiger sind, antwortet eine Schülerin: „Nein, eher andersherum. Ich bin viel unkonzentrierter, weil in den 45 Minuten meistens viel passiert und dann muss man darüber lachen oder denkt darüber nach“ (S2_I6_w14, 126). Über diese Auswirkungen von Bewegung und Ruhe hinaus existieren laut Aussage einer Schülerin geschlechtsbedingte Unterschiede im Klassenraumverhalten am Nachmittag. Die Jungen seien tendenziell unruhiger. Dennoch ist sie der Auffassung, dass die gesamte Klasse generell aufgedrehter agiert als vor der Pause:

> „Also bei uns ist es so, die Mädchen sind eher ruhiger als die Jungs. Aber ich glaube, es ist schon eher ein bisschen lauter nach der Mittagspause, weil man ein bisschen aufgedreht ist, wenn man die ganze Pause was gemacht hat“ (S2_I5_w15, 99).

Darüber hinaus ist das Ruheverhalten auf die *individuelle Tagesverfassung* zurückzuführen:

> „Das kommt auf die Stimmung an. Meistens bin ich danach nicht so gut drauf, weil man denkt: ‚Scheiße, noch zwei Stunden‘. Oft denkt man aber auch, das schafft man, und dann ist man wieder gut drauf, weil man weiß, in zwei Stunden ist man wieder zu Hause. Ist ganz unterschiedlich. Je nachdem, wie man drauf ist“ (S2_I6_w14, 128).

Die Bereitschaft, im Nachmittagsunterricht aktiv mitzuarbeiten, ist auch bei einem weiteren Schüler von seinem täglichen Befinden abhängig: „Ich bin ab und zu mal ruhig, aber an manchen Tagen, da melde ich mich einfach gerne“ (S3_I3_m15, 138). In Bezug auf die individuelle Tagesverfassung wird der Mittagsfreizeit keine entscheidende Bedeutung für ein ruhigeres Klassenraumverhalten am Nachmittag beigemessen (vgl. S3_I4_m14, 118-119). Auch die *individuellen Interessen an den Fächern* spielen eine Rolle für das Klassenraumverhalten und werden unabhängig von der Mittagsfreizeit betrachtet:

> „Es kommt immer ganz auf das Fach an. Wenn wir in der 7., 8. Stunde Geschichte haben, da bin ich 100 % mit dabei. In Geschichte stehe ich auch auf

eins, weil mich das sehr interessiert. Aber wenn wir Physik oder so hätten, dann wäre ich wahrscheinlich nur so halb mit dabei und dann ist die Pause für mich nur so zum relaxen. Weil Physik mich persönlich nicht wahnsinnig interessiert“ (S4_I2_m14, 62).

Der *frühe Unterrichtsbeginn und das späte Schulende* scheinen sich bei einigen Schülern ebenfalls auf ihre Motivation und das Klassenraumverhalten auszuwirken. So gibt eine Schülerin an, dass sie nach der Mittagsfreizeit „nur noch das Ziel [hat], 2 Stunden noch und dann nach Hause“ (S2_I5_w15, 97). Wiederum eine andere Schülerin begründet ihre Demotivation mit der späten Uhrzeit:

„Alle sind sehr lustlos vom Unterricht davor. Und nach der Mittagspause sind es ja die letzten beiden Stunden. Das ist sehr spät und man kommt dann auch sehr spät erst nach Hause“ (S3_I1_w14, 9).

Eine Schülerin beschreibt die für sie typische Motivation während eines Schultags wie folgt:

„Also in den ersten beiden Stunden hat man eigentlich gar keine Lust oder Motivation, weil es ja morgens ist. Wirklich Lust bekommt man erst in der 3., 4. Stunde und der 5., 6. Stunde. Und dann kommt die Mittagspause, da macht man irgendwas und dann kommt die 8. und 9. Stunde, in denen es schon wieder anstrengender ist. Also am Anfang und Ende ist es schwankend, aber mittendrin ist die Lust schon größer, weil man dann schon so dabei ist“ (S3_I1_w14, 49).

Laut ihrer Aussage ist die Motivation etwa ab der 3. Stunde bis nach der Mittagsfreizeit hoch, fällt aber in der 8., 9. Stunde wieder ab.

Darüber hinaus hat anscheinend auch das *Lehrerverhalten* einen Einfluss auf die Konzentration und Leistungsfähigkeit im Unterricht. Ein Jugendlicher beschreibt den Einfluss der Sympathie zum Lehrer auf sein Klassenraumverhalten:

„Natürlich kommt es auch auf den Lehrer an. Wenn man mit einem Lehrer Unterricht hat, von dem man weiß, dass er nett ist und mit dem ich gerne Unterricht habe, dann kann man natürlich viel entspannter in den Unterricht gehen. Und wenn man weiß, das ist wieder dieser Lehrer, den ich nicht mag, und ich muss aufpassen, dann sind das natürlich zwei verschiedene Situationen“ (S1_I3_m16, 106).

Für die Schüler ist es wesentlich, dass auch die Lehrer die Mittagsfreizeit zur Regeneration und Entspannung nutzen: „Es ist wichtig, dass der Lehrer nicht so angespannt ist, sondern selbst guckt, dass er wieder ruhig und entspannt ist" (S1_I4_m16, 96). Somit sollte die Mittagsfreizeit nach der Meinung der Schüler auch seitens der Lehrer genutzt werden, um sich mental auf den folgenden Unterricht vorzubereiten. Die Jugendlichen meinen, dann entspanntere Lehrer im Unterricht zu erleben und selbst entspannter zu werden: „Die Mittagspause macht alles lockerer und die Lehrer sind dann auch nicht mehr so angespannt, hab ich das Gefühl" (S4_I1_w14, 28).

Das gesamte Klassenverhalten scheint in diesem Zusammenhang von Bedeutung zu sein. Ein Jugendlicher berichtet, dass einige Lehrer zwar Ruhe nach der Mittagsfreizeit herstellen könnten, die Klasse aber „generell unkonzentrierter" ist, wenn die Lehrer selbst angespannt sind (S2_I2_m15, 75). Diese Anspannung der Lehrkräfte wirkt sich für vereinzelte Schüler auf die Konzentration und das Klassenraumverhalten nach der Mittagsfreizeit aus, da beispielsweise dann „der Lärmpegel in der Klasse relativ hoch" ist (S2_I1_m15, 135). Somit beeinflusst auch die Lehrer-Schüler-Interaktion in den Stunden nach der Mittagsfreizeit, inwieweit sich die Schüler leistungsfähiger und konzentrierter fühlen.

6.2.2 Vor- und Nachbereitung des Unterrichts

Die außerunterrichtliche Zeit in der Mittagsfreizeit steht den Schülern zur individuellen Verfügung und verlangt prinzipiell keine Verbindlichkeiten zur speziellen Vor- und Nachbereitung des Unterrichts. Daher stellt dieser Zeitraum für viele Jugendliche eine Gelegenheit dar, „nach dem ganzen Trubel im Unterricht" (S3_I1_w14, 31) herunterzukommen, auch wenn ihnen von einigen Lehrern eine *Vorbereitung des Unterrichts* in der Mittagsfreizeit nahe gelegt wird:

> „Ich muss nach der sechsten Stunde eigentlich eher entspannen und abschalten. Also die Lehrer meinen ja immer, man soll sich alles vorher noch einmal angucken und das von der letzten Woche wiederholen. Aber das macht eigentlich niemand. Wir nutzen die Pause eigentlich eher, um mal weg von all dem zu kommen" (S3_I1_w14, 51).

Dennoch bereiten sich einige Schüler in der Mittagsfreizeit mental auf den folgenden Unterricht vor (vgl. S2_I1_m15, 140-141; S4_I2_m14, 118-119; S1_I3_m16, 9-10). Dies scheint bei jedem abhängig von der *Motivation zum Fach und zum Thema* zu sein. Ein Schüler bereitet sich z. B. vor, indem er sich die zentralen Formeln in

Chemie noch einmal anschaut: „Das hängt davon ab, welches Thema wir haben. Bei Mathe nicht unbedingt, bei Chemie schon, um ganz schnell noch einmal die Formel zu haben“ (S1_I4_m16, 64). Einige Jugendliche nutzen die Mittagsfreizeit, um kurzfristig *für Klassenarbeiten zu lernen* (vgl. S3_I1_w14, 41). Eine weibliche Jugendliche beschreibt diese Art von Vorbereitung wie folgt:

> „Man kann in der Pause alles wiederholen oder vor Arbeiten noch lernen. Sonst müsste man alles zu Hause machen. Man setzt sich dann selbst unter Druck. Zu Hause hat man mehr Angst vor der Arbeit als in der Pause davor. In der Pause guckt man sich alles an und weiß, dass man es kann. Zu Hause setzt man sich unter Druck, dass man morgen alles wiederholen muss. Die Pausen sind gut, um sich alles angucken zu können“ (S3_I3_w14, 90).

Vor den Klassenarbeiten werden leistungsschwächere Schüler von Freunden unterstützt (vgl. S2_I3_m15, 52; S2_I2_m15, 83). Manche werden auch aufgemuntert sich im Unterricht häufiger zu melden, um bessere Noten zu erlangen (S2_I3_m15, 50; vgl. S3_I2_m16, 7). Der Umfang der spezifischen Vorbereitung nimmt jedoch „maximal zehn bis fünfzehn Minuten“ ein (S1_I3_m16, 126). Häufig geschieht die Vorbereitung auf den Unterricht in Form von gemeinsamer Absprache in der Clique. Dabei wird darüber geredet, welche Inhalte in der nächsten Stunde vermutlich thematisiert werden und was die Jugendlichen dafür benötigen (vgl. S1_I2_m16, 224). Eine Schülerin ist sogar der Meinung, dass die Absprache und „nochmal drüber reden oder noch lernen“ während der Pause dringend notwendig ist, weil sonst nicht genügend Zeit bleibt, sich auf den Unterricht vorzubereiten: „Ohne die Pause wüssten wir gar nicht, wie wir das alles schaffen sollen“ (S2_I4_w14, 61). Für die meisten Schüler ist die gemeinsame Absprache und die damit verbundene Vorbereitung auf den Unterricht aber „eher nebensächlich“ (S1_I2_m15, 205).

Die *Nachbereitung des Unterrichts* gestaltet sich meist so, dass die Jugendlichen in der Mittagsfreizeit gemeinsam agieren. Wesentlicher Bestandteil der Unterrichtsnachbereitung ist, dass man sich „unterhält über das, was man gemacht hat“ und nachfragt, sofern man etwas nicht verstanden hat. Das *gegenseitige Helfen beim Lernen* scheint für einige Schüler sehr wichtig zu sein, „weil ja nicht immer alle Schüler alles verstehen, was die Lehrer gesagt haben“ (S1_I1_m15, 135). Die Mittagsfreizeit bietet damit einen Rahmen zur Klärung von Verständnisfragen aus dem Unterricht (vgl. S2_I4_w14, 169). Die Schüler klären offene Fragen und helfen einander beim Lernen. Geschriebene *Klassenarbeiten* am Vormittag oder erhaltene Noten werden in der Regel von den meisten Jugendlichen ebenfalls nachgearbeitet. Die Mittagsfreizeit trägt gerade bei schlechten Noten maßgeblich zur Entspannung und Beruhigung bei (vgl. S1_I3_m16, 167). Nachdem eine Klassenarbeit geschrieben wurde, ist dies oftmals Gesprächsgegenstand in der Mittagsfreizeit:

> „Dann redet man natürlich über den Test. Dann überlegt man, ob der andere etwas falsch gemacht hat und man versucht, die Aufgaben, die im Test drankamen, noch einmal durchzugehen und überlegt, was man falsch gemacht hat" (S1_I1_m15, 213).

Ein Jugendlicher erwähnt allerdings, dass er nach einer geschriebenen Klassenarbeit versucht bewusst abzuschalten, indem er nicht an die Arbeit denkt (vgl. S1_I2_m16, 146). Die Nachbereitung des Unterrichts kann also auch in der Weise erfolgen, dass Schüler das im Unterricht Erlebte kurz Revue passieren lassen. Darauf folgt dann *eine Verdrängungsphase*, um entlastet in den folgenden Unterricht starten können:

> „Wenn ich nach der 6. Stunde die Pause habe, dann freue ich mich, dann setze ich mich ein bisschen hin und denke ein bisschen darüber nach was heute so passiert ist und dann hake ich das ab" (S2_I3_m15, 146).

Um den vorherigen Unterricht in der Mittagsfreizeit hinter sich zu lassen und abschalten zu können, kann es vorkommen, dass sich einige Jugendliche eingestehen, den behandelten Stoff nicht verstanden zu haben oder ihn nicht zu beherrschen. Sie denken sich dann schlichtweg: „Ich kann es nicht" (S1_I4_m16, 138).

Die *Hausaufgaben* scheinen am ehesten ein Thema zu sein, welches spezifisch sowohl zur *Vor- und Nachbereitung des Unterrichts* dient. Ein Großteil der befragten Jugendlichen nutzt die Mittagsfreizeit, um Hausaufgaben zu machen, wenn sie diese nicht geschafft oder vergessen haben. Einige Jugendliche besprechen in der Mittagsfreizeit die bereits zu Hause erledigten Aufgaben für das im Anschluss stattfindende Fach mit ihren Freunden, um „noch einmal zu gucken, was man zu Hause an Hausaufgaben gemacht hat" (S4_I3_w14, 4). Ein männlicher Jugendlicher beschreibt diesen Vorteil des gegenseitigen Abgleichens der Hausaufgaben wie folgt: „Dann kann man, wenn man Fragen hat, noch einmal die Kollegen fragen, also die anderen Schüler" (S1_I3_m16, 8). Ein paar Jugendliche wiederum machen in der Mittagsfreizeit bereits die Hausaufgaben zur nächsten Stunde, da es ihnen leichter fällt und es schneller geht, die Hausaufgaben gemeinsam zu erledigen:

> „Wenn ich die Mathehausaufgaben mit einer Freundin zusammen mache, geht es schneller. Wenn ich die Matheaufgaben zu Hause mache, brauche ich dafür vielleicht eine halbe Stunde und mit jemandem zusammen nur eine

Viertelstunde. Deswegen finde ich es besser, wenn man die Hausaufgaben zusammen macht" (S4_I1_w14, 60).

Außerdem machen einige Schüler in der Mittagsfreizeit bereits die Hausaufgaben zur nächsten Stunde, um später nicht in Stresssituationen zu geraten:

> „Wir setzen uns dann alle zusammen oder teilen uns ein bisschen auf. Einige nutzen die Pause, um die Aufgaben zu Ende zu machen, die sie im Unterricht nicht fertig stellen konnten. Dann kann man das alles ruhiger angehen lassen. Manchmal mache ich das auch. Zum Beispiel in Deutsch, wenn wir dort einen Text schreiben sollen. Dann schreibe ich diesen in der Pause noch zu Ende. Dann habe ich nur ein oder zwei Minuten Pause. Dafür habe ich nicht so einen Stress" (S3_I3, w14, 25).

Eine weibliche Jugendliche betont, dass es stark von den Fächern abhängt, die nach der Mittagsfreizeit folgen, inwieweit Hausaufgaben in der Mittagsfreizeit erledigt werden:

> „Jetzt im Moment haben wir in der 7. und 8. Stunde nur Physik, Musik oder Kunst. Das sind Fächer, wo man eigentlich nie wirklich etwas aufbekommt. Aber letztes Jahr haben wir in der Mittagspause eigentlich durchgängig zusammen Hausaufgaben gemacht. Nicht immer natürlich. Aber wenn es nicht zu viele Aufgaben waren, haben wir diese zusammen gemacht" (S4_I1_w14, 62).

Auch ein männlicher Jugendlicher erklärt, dass die Fächer in diesem Zusammenhang eine Rolle spielen:

> „Dieses Halbjahr bekommen wir nicht so viele Hausaufgaben auf, weil wir Latein haben und dann Musik und Verfügung in den Stunden nach der Mittagspause. Da gibt es meistens nicht so viele Hausaufgaben, die man dafür machen muss. Aber letztes Jahr zum Beispiel, da kann ich mich erinnern, da haben wir schon relativ viel Hausaufgaben zusammen in der Mittagspause gemacht. Da haben wir einmal zwei Hauptfächer gehabt und da bekommt man am meisten Hausaufgaben auf" (S2_I2_m15, 61).

Die Hausaufgaben in der Mittagsfreizeit werden aber nicht immer selbst erledigt. Oft werden sie „für die nächste Stunde oder die nächsten zwei Stunden" (S2_I6_w14, 178; vgl. S2_I3_m15, 216) von den Mitschülern abgeschrieben: „Klar nutze ich die Mittagspause, um für die Fächer abzuschreiben, die direkt im Anschluss folgen. Aber es kommt nicht oft vor, dass ich wirklich selbst Hausaufgaben mache" (S2_I5_w15, 26). Eine weitere Schülerin bestätigt dies:

> „Ich bin eigentlich diejenige, die abschreibt. Es kommt aber auf das Fach an. Wir haben immer eine Person in der Klasse, die ein bestimmtes Fach gut kann. Dann macht diese Person die Aufgaben und wir können von ihr abschreiben. Das ist eigentlich immer so. Ich bin zum Beispiel in Englisch gut und alle schreiben dann bei mir ab. Wir schließen aber keinen aus, weil er abschreibt" (S4_I1_w14, 64).

Für einige der befragten Jugendlichen „spielt das Hausaufgaben machen in der Mittagspause keine Rolle" (S1_I2_m16, 218). Diese geben an ihre Hausaufgaben zu Hause zu machen: „Ich mache meine Hausaufgaben immer zu Hause" (S4_I3_w14, 72).

6.2.3 Zusammenfassende Diskussion

Eine zentrale Bedeutung der Mittagsfreizeit für die Jugendlichen liegt in der Erholung, welche bisher vorwiegend aus Erwachsenenperspektive als *Produktionsfaktor für den Unterricht* betrachtet wird. Doch auch für die Mehrheit der befragten Jugendlichen ist es von enormer Bedeutung, durch Erholung während der Mittagsfreizeit einen Ausgleich zum kopflastigen Unterricht zu finden. Dies haben bereits die ersten Erfahrungsberichte von Schülern an gebundenen Ganztagsrealschulen und -gymnasien von Haenisch (vgl. 2011, S. 15-16) gezeigt. Demnach benötigen die Heranwachsenden in Ganztagsschulen eine ausreichende Pausendauer, um sich im folgenden Unterricht wieder konzentrieren zu können (vgl. Kap. 6.1.3). Wie Rohnstock (vgl. 1985, S. 61) schon dargelegt hat, bestätigen die befragten Jugendlichen, dass Hauptfächer als deutlich anstrengender empfunden werden als Nebenfächer wie Sportunterricht, Kunst und Musik. Dementsprechend sehen die Jugendlichen die Notwendigkeit einer Erholung in der Mittagsfreizeit vor allem vor Hauptfächern.

Die Erholung wird von den Jugendlichen in geringem Maße durch *eine moderate Bewegung und in hohem Maße durch Ruhe und Kommunikation* angestrebt. Nur wenige Jugendliche berichten von einer erhöhten Ausgeglichenheit und Aufnahmefähigkeit, die aus der Bewegung während der Mittagsfreizeit resultieren. Die meisten Jugendlichen sehen jedoch keinen Einfluss der Bewegung in der Mittagsfreizeit auf ihrer Leistungsfähigkeit im Unterricht (vgl. Axster, 2001, S. 1; Besele, 1999, S. 62). Diese Annahmen beruhen eher auf Studien mit Grundschulkindern, welche einen höheren natürlichen Bewegungsdrang aufweisen als Jugendliche (vgl. u. a. Memmert & Weickgenannt, 2006; Sibley & Etnier, 2003). Bewegung in der Mittagsfreizeit wird in der subjektiven Wahrnehmung von den Schülern somit nicht als Voraussetzung für ihre geistige Leistungsfähigkeit erachtet. Diese Annahme wiederum bestätigen die Ergebnisse von Rohnstock (1985, S. 202-205), wonach sich bei Jugendlichen keine signifikanten Unterschiede in Bezug auf eine Leistungssteigerung durch Bewegung zeigen. Jugendliche weisen demnach entwicklungsbedingt kein starkes Bewegungsbedürfnis mehr auf und physiologisch betrachtet sind sie auch ohne Bewegung ausgeglichener.

Einige der befragten Jugendlichen sprechen einer intensiven sportlichen Bewegung in der Mittagsfreizeit sogar einen negativen Effekt zu. Da sie im Anschluss schlapp, außer Atem und lustlos in den Unterricht gingen, wirke sich für diese Schüler Bewegung in der Pause negativ auf die Leistungsfähigkeit im Unterricht aus. Für den Großteil der Jugendlichen scheint stattdessen Ruhe einen maßgeblichen Einfluss auf ihre Erholung zu haben. Dabei verstehen sie unter Ruhe aber nicht nur, sich mental auszuruhen und Zeit für sich zu haben, sondern sich mit ihren Freunden zu unterhalten. In dieser Kombination können sie sich am besten regenerieren, indem sie abschalten, sich entspannen und den Unterricht und weitere Themen in ihren Gesprächen verarbeiten (vgl. Kap. 6.5.4).

Für die meisten Schüler erfolgt durch Ruhe und Kommunikation (unbewusst) auch eine Leistungssteigerung in Form von verbesserter Konzentration in den Nachmittagsstunden. Die Mittagsfreizeit hilft damit nicht nur dabei, sich vom erlebten Unterricht zu erholen. Vielmehr kann sie laut Auffassung der meisten befragten Jugendlichen auch dazu beitragen, dass sich die Leistungs- und Aufnahmefähigkeit für die folgenden Stunden sogar im Vergleich zum Vormittagsunterricht noch verbessert. Dies entspricht den Vorstellungen von Hirnforschern und Psychologen, die ausdrücklich darauf hinweisen, dass das Gehirn nachweislich eine angemessene Pausenlänge benötigt, um mit vollständiger Leistungsfähigkeit arbeiten zu können (vgl. Kap. 6.1.3). Erst dann kann garantiert werden, dass neue Informationen mit bereits Bekanntem verbunden werden können und eine Verarbeitung des Erlernten stattfindet (vgl. Pöppel & Wagner, 2013). Diese Erkenntnisse und die damit verbundene Notwendigkeit von Ruhe werden bisher im Zusammenhang mit der Mittagsfreizeit noch viel zu selten berücksichtigt.

Im Hinblick auf das *Luftschnappen*, welches sowohl als Produktionsfaktor für den Unterricht als auch für die Gesundheitsförderung (vgl. Kap. 6.4.2) betrachtet werden muss, überwiegen die Schüleraussagen, die dem Luftschnappen einen positiven Einfluss zusprechen, insbesondere bezüglich der Leistungsfähigkeit. Durch die frische Luft bekommen sie ihren Kopf frei und können sich in den Nachmittagsstunden erneut konzentrieren. Häufig kann die frische Luft draußen zu einer Minimierung von Kopfschmerzen führen, die mitunter durch stickige Luft in Klassenräumen ausgelöst werden (vgl. Kap. 6.4.2). An dieser Stelle verweisen die vorliegenden empirischen

Ergebnisse darauf, dass der „Aspekt des Frische-Luft-Holens" auch für die Jugendlichen selbst einen hohen Stellenwert einnimmt (vgl. Kegler, 2009, S. 75; Derecik, 2011, S. 191-192) vor allem weil die Klassenzimmer häufig überfüllt und die Lernzeit während des Unterrichts sehr dicht ist (vgl. Forster, 2010, S. 62). Die Sitzeinheiten im Unterricht sind an den untersuchten Ganztagsgymnasien recht lang, wodurch die Sauerstoffversorgung des Großhirns verschlechtert wird, was letztendlich einen Leistungsabfall zur Folge haben kann (vgl. Rohnstock, 1985, S. 18-19).

Wie in den Untersuchungen von Pellegrini, Huberty und Jones (1995) mit Grundschulkindern im Kontext von Bewegung und Klassenraumverhalten, wonach die Lokation während der Pause keinen Einfluss auf das Klassenraumverhalten hat, kann für Jugendliche herausgestellt werden, dass prinzipiell kein großer Unterschied zwischen dem Luftschnappen drinnen und draußen existiert. Für einige Jugendliche hängt dies maßgeblich von der Jahreszeit ab. Im Winter neigen sie dazu, drinnen zu bleiben und dort beispielsweise bei geöffneten Türen im Forum frische Luft zu schnappen. Im Sommer hingegen gehört für viele zumindest ein kurzes Luftschnappen draußen auf dem Schulhof zur Mittagsfreizeit. Viele der befragten Schüler legen keinen expliziten Wert darauf, ihre Mittagsfreizeit draußen zu verbringen, wohingegen ihnen jedoch wichtig ist, dass die Klassenräume gut gelüftet sind. Daher wird dem Aspekt Luftschnappen auch drinnen ein positiver Einfluss von nahezu allen Jugendlichen zugesprochen. Vor diesem Hintergrund könnte das an manchen Schulen obligatorische Rausgehen während der Mittagsfreizeit hinterfragt werden, da für viele Schüler das Lüften des Klassenraums vollkommen ausreicht, um leistungsfähiger im folgenden Unterricht zu sein.

Laut den Schüleraussagen haben die Tätigkeiten in der Mittagsfreizeit einen eher geringen Einfluss auf das *Klassenraumverhalten*. Dies ist offenbar abhängig von verschiedenen Faktoren, die nicht nur auf Bewegung und Ruhe zurückzuführen sind. Nur einige wenige scheinen sich aufgrund ihrer Erholung durch Bewegung im folgenden Unterricht bewusst ruhiger zu verhalten. Durch die Bewegung in der Pause, wozu ebenfalls ein Rundgang auf dem Schulhof zählt, ist ihr Bedürfnis zunächst gestillt und sie können ruhiger im Unterricht sitzen. Es zeigt sich auch, dass sich die Geschehnisse in der Pause eher nachteilig auf das Klassenraumverhalten auswirken können, z. B. wenn es Streit zwischen den Schülern gab oder die Kommunikation der Schüler noch im Unterricht nachwirkt. Diesbezüglich werden geschlechterspezifische Unterschiede erwähnt, die Jungen nach der Mittagsfreizeit als vergleichsweise unruhig beschreiben. Dennoch erhärtet sich der Eindruck, dass die gesamte Klasse im folgenden Unterricht unkonzentrierter agiert, was nicht zuletzt mit der Lehrerpersönlichkeit zusammenhängt. Denn auch das Lehrerverhalten hat einen Einfluss auf die Konzentration und Leistungsfähigkeit der Schüler. Dies betrifft sowohl die Kompetenz des Lehrers in Bezug auf das Klassenraummanagement als auch die persönliche Entspannung der Lehrkraft. In erster Linie wird die individuelle Motivation zu einem angemessenen Klassenraumverhalten seitens der Schüler aber vor allem auf die Tagesform, das Interesse für das Fach und Sympathien der Lehrkraft gegenüber, den frühen Schulbeginn und den langen Schultag zurückgeführt.

Neben dem Aspekt der Erholung zur Leistungssteigerung durch Bewegung und Ruhe scheint die Mittagsfreizeit für einen geringen Teil der interviewten Jugendlichen zur speziellen *Vor- und Nachbereitung des Unterrichts* genutzt zu werden. Die Mehrheit der Schüler lehnt die Pause als Vor- und Nachbereitung des Unterrichts eher ab, wie dies bereits in der Untersuchung von Kottmann et al. (1985, S. 36-38) aufgezeigt werden konnte. Eine Differenzierung der bisherigen Ergebnisse zu diesem Aspekt kann allerdings vorgenommen werden, indem die Inhalte der Vor- und Nachbereitung des Unterrichts von den befragten Schülern aufgezeigt werden können. Dazu gehören die kurze Rekapitulation der Unterrichtsinhalte und das Klären offener Fragen aus dem vorherigen Unterricht, die abhängig von der Motivation für Fach und Thema sind. Einige Schüler lassen sich Unklares lieber von ihren Mitschülern erklären, anstatt die Lehrer im Unterricht erneut zu fragen. Auch vor Klassenarbeiten spielen Gruppenlernprozesse in der Mittagsfreizeit eine Rolle, da gerade mit schwächeren Schülern eine Wiederholung des prüfungsrelevanten Stoffs vorgenommen wird. Die Ergebnisse aus Klassenarbeiten und Noten im Allgemeinen werden von vielen Schülern in der Mittagsfreizeit nachgearbeitet. Insbesondere die Erledigung von Hausaufgaben, was sowohl als Vor- als auch als Nachbereitung des Unterrichts bezeichnet werden kann, nimmt eine nicht unerhebliche Rolle für viele Schüler in der Mittagsfreizeit ein. So werden die Hausaufgaben für den unmittelbar folgenden Unterricht noch schnell erledigt oder es wird die Zeit genutzt, um den Arbeitsumfang am Nachmittag zu entlasten. Die Tatsache, dass die Jugendlichen einen großen Vorteil darin sehen, die Hausaufgaben schnell gemeinsam in der Mittagsfreizeit zu erledigen oder von anderen abzuschreiben, weil eine alleinige Bewältigung der Aufgaben aufgrund des zu hohen Schwierigkeitsgrades oder des empfundenen Zeitmangels nicht möglich ist, findet in den bisher zugeschriebenen Funktionen zur Mittagsfreizeit kaum Beachtung.

6.3 Mittagsfreizeit als Element der Sicherheitsförderung

Um die Funktion der Mittagsfreizeit als Element der Sicherheitsförderung aus der Sicht der Jugendlichen darzulegen, wird zunächst auf die möglichen *Unfall- und Risikosituationen* eingegangen (Kap. 6.3.1). Des Weiteren werden die in den untersuchten Ganztagsgymnasien vorgefundenen institutionellen und organisatorischen *Vorsichtsmaßnahmen der Schulen durch Pausenregeln* (Kap. 6.3.2) als auch die Umsetzung dieser auf der individuellen Ebene durch die *Aufsicht* beschrieben (Kap. 6.3.3). Abschließend werden die *Ergebnisse zusammenfassend diskutiert* (Kap. 6.3.4).

6.3.1 Unfall- und Risikosituationen

Wenn in der Schule *Unfälle durch Bewegung* vorkommen, dann am ehesten bei den wenigen fußballbegeisterten Jungen auf dem Schulgelände (vgl. S2_I3_m15, 158). Die Verletzungen werden auf ungünstige Gegebenheiten des Fußballplatzes zurückgeführt, z. B. weil der Untergrund aus Asphalt besteht:

> „Beim Fußballspielen kann es halt vielleicht passieren – weil es ein Steinplatz ist – dass man mal hinfällt und dass dann die Hose kaputt ist. Zum Beispiel ist das mir passiert. Einen Tag alte, ganz, ganz neue Hose, direkt kaputt gegangen. Ist schade, kann passieren, daraus lernt man halt. Aber ich glaube Risikosituationen gibt's da jetzt nicht" (S2_I2_m15, 36).

Die Tatsache, dass die Schüler häufig auf einem Steinboden Fußball spielen und keinen Rasen zur Verfügen haben, führe dazu, dass es schneller zu Verletzungen kommen kann (S2_I1_m15, 67). In einem Fall beschreibt ein männlicher Jugendlicher, dass er sich aufgrund einer direkten Anbindung an ein Volleyballfeld verletzt hat:

> „Auf dem hinteren Teil des Schulhofs haben wir Fußball gespielt und nebenan ist ein Volleyballfeld und ich hab den Ball gegen das Bein bekommen und bin dann gegen diesen Pfeiler gefallen und hatte eine Platzwunde an der Stirn. Sonst war eigentlich nichts" (S2_I1_m15, 63).

Beim Fußballspielen können sich auch einige wenige Mädchen verletzen, die mit Jungen mitspielen. Eine Jugendliche legt allerdings Wert darauf nicht in ‚Watte gepackt' zu werden und betont das Verletzungen zum Fußball spielen einfach dazu gehören: „Der Fußballplatz ist aus Steinboden. Also man kann sich auch schnell verletzen, aber für mich ist das jetzt eher egal, ich bin nicht so das totale Mädchen" (S2_I4_w14, 145). Demgegenüber steht der Erfahrungsbericht eines Mädchens, die Angst hatte, sich auf dem Fußballplatz zu bewegen, es aber dennoch getan hat:

> „Früher, als ich jünger war, so in der 5., 6., 7. Klasse, da waren wir Mädchen auch immer auf dem Fußballfeld. Und da meinten die Jungs, wenn wir

dort nichts machen, sollen wir auch wieder gehen. Und dann dachten wir, wir spielen einfach mit. Und da musste ich auch ins Tor, obwohl ich Angst hatte den Ball ins Gesicht zu bekommen. Weil die Jungen ja auch viel härter schießen können als Mädchen. Aber ich habe es trotzdem gemacht. Besser als weg zu gehen, habe ich mir damals gedacht“ (S2_I6_w14, 144).

Derartige Schilderungen von Mädchen scheinen allerdings eher eine Ausnahme zu sein, da die meisten von ihnen im Jugendalter nicht mehr mit den Jungen auf dem Schulgelände gemeinsam Fußball spielen. Wenn sie doch mitspielen, scheint ihnen bewusst zu sein, dass sie zumindest ein Risiko eingehen, sich dabei verletzen zu können. Insgesamt würde es beim Fußball spielen in der Regel höchstens zu kleinen Schrammen kommen (vgl. S3_I4_m14, 51; S3_I1_w14, 165). Sollte sich beim Fußball spielen in der Mittagsfreizeit mal jemand ernsthafter verletzen, wissen sich die Schüler auf jeden Fall zu helfen:

> „Ja, ein Junge hat sich einmal, ich glaube, den Fuß sehr stark verstaucht. Der musste dann zwei Wochen lang mit Krücken herumlaufen. Der ist halt hingefallen beim Fußballspielen und dann sind halt zwei Leute direkt angekommen und haben ihn halt gestützt und haben ihn ins Sekretariat gebracht“ (S2_I2_m15, 33).

Abgesehen von den wenigen kleineren Verletzungen beim Fußball spielen, scheint es in der Mittagsfreizeit zu keinen Unfällen durch Bewegungssituationen zu kommen. Mehrheitlich sagen die Schüler aus, dass Unfälle in der Mittagsfreizeit selten bis gar nicht passieren (vgl. S2_I6_w14, 134; S3_I1_w14, 161; S1_I1_m15, 100; S2_I4_w14, 116). Das rührt daher, dass für die meisten Jugendlichen während der Mittagsfreizeit keine Risikosituationen existieren bzw. die Jugendlichen keine motorischen Herausforderungen eingehen: „Nein, in der Mittagspause gibt es gar keine Risikosituationen“ (S1_I4_m16, 150; vgl. S2_I3_m15, 177; S3_I4_m14, 54).

Wenn sich die Jugendlichen an vorgekommene Unfälle in ihrer Schulzeit zurück erinnern sollen, würde ein Schüler die Unfallwahrscheinlichkeit eher in der Grundschule sehen und nicht mehr in der weiterführende Schule: „Also, ich wüsste jetzt nicht, dass da irgendwas war. Also hier auf der Schule nicht. Nur in der Grundschule“ (S3_I2_m16, 99). Die Wahrscheinlichkeit, dass etwas in der Pause passieren kann, scheint für Jugendliche sehr gering zu sein: „Ich denke, das ist eher unwahrscheinlich, dass man sich in der Mittagspause verletzen kann“ (S1_I1_m15, 104; S4_I4_m14, 128). Verletzungen werden an weiterführenden Schulen eher auf die jüngeren Jahrgänge zurückgeführt, da sich diese durch einen höheren Bewegungsdrang auszeichnen: „Schürfwunden hatte ich schon einmal. Früher war ich viel aktiver in der Pause und dann war da Schlamm und dann bin ich ausgerutscht und dann habe ich mich am Stein gekratzt“ (S2_I3_m15, 156). Aber auch bei diesen Verletzungen handelte es sich meist lediglich um kleinere Schürfwunden und blaue Flecke. „Eigentlich nicht, nur ab und zu mal hingefallen und dann hatte jemand einen blauen Fleck, sonst nichts“ (S2_I1_m15, 77).

Besonders im Winter scheinen die Kids im Gegensatz zu den Jugendlichen gerne ein Risiko einzugehen, indem sie gefährliche Situationen ausprobieren und die Herausforderung durch Bewegung auf vereisten Flächen suchen:

> „Ich würde sagen, auf jeden Fall im Winter, da ist die größte Gefahr, weil es rutschig ist. Dann sollte man auf jeden Fall nicht fangen spielen. Aber wenn die kleineren Kinder, Siebtklässler, Mensch auf Erden spielen, dass man nur auf den Bänken oder Stufen rumlaufen darf und nicht den Boden berühren darf. Die springen manchmal so rum, man denkt, gleich fällt jemand hin. Ich habe es bisher noch nicht miterlebt, einige sind vielleicht ganz leicht gefallen, aber haben darüber gelacht. Es kommt einem drauf selber an, ob man das Risiko eingeht und vielleicht irgendwas macht, was gefährlich werden könnte oder ob man sich selber im Griff hat und sich einfach nur hinsetzt und sich unterhält“ (S3_I3_w14, 64).

Eine weitere Schülerin berichtet, dass es im Winter zu unvorsichtigem Verhalten seitens der jüngeren Schüler kommt:

> „Aber man sieht schon, dass wenn die über die Bänke springen, vor allem machen das dann einige im Winter, obwohl das nicht sehr schlau ist. Dann ist es ja klar, dass sie ausrutschen. Sie lachen drüber, aber ich weiß ja nicht. Man kann das nicht einschätzen, ob die sich jetzt wirklich verletzen. Ich denke mal, die werden ja gewarnt und wenn sie dann ausrutschen, kann man sich ja denken, was passiert“ (S3_I3_w14, 56).

Die Jugendlichen beurteilen den Bewegungsdrang und die damit einhergehende Gefahr eher abschätzig. Eine Schülerin äußert, dass sich die Jugendlichen auf die Bänke setzen würden, während die jüngeren Kids diese im Winter eher zum Spielen nutzen (vgl. S3_I1_w14, 167). Die Jugendlichen reflektieren bewusst ihr eigenes Bewegungsverhalten, schätzen die Risikosituation ab und distanzieren sich davon. Die folgende Schülerin zeigt auf, dass die Kombination aus Nachdenken und Handeln den Unterschied im Jugendalter zu Grundschülern und Kids an weiterführenden Schulen ausmacht:

> „Wenn ich eine Vorahnung habe, dass es schief gehen könnte, wenn man z. B. Fangen spielt auf dem Schulhof. Der Boden besteht ja aus Asphalt, wenn man dann hinfällt ist es ganz schön schmerzhaft. Ich weiß, dass ich beim Laufen nach vorne gucken sollte. Man sollte vorher überlegen und nicht einfach stumpf handeln ohne vorher darüber nachzudenken. Kleinere Kinder handeln bevor sie nachdenken. Den sollte man das auf jeden Fall sagen. Wenn wir in der Pause sehen, dass kleine Kinder mit Steinchen rumschmeißen und uns das nervt, dann sagen wir das denen, dass die damit aufhören sollen. Erst sind die dann etwas beleidigt, aber hören dann auch auf" (S3_I3_w14, 66).

Die Jugendlichen scheinen auch bzw. gerade im Winter keine Risikosituationen durch motorische Herausforderungen einzugehen. Lediglich ein Schüler berichtet, dass er im Winter mal einen „Schneeball ins Auge bekommen" hat (S1_I1_m15, 102). Wenn Risiken eingegangen werden, geschieht dies eher im Rahmen des Sportunterrichts: „Beim Sportunterricht habe ich Dinge ausprobiert, vor denen ich Angst hatte, aber in der Mittagspause noch nie" (S3_I2_m16, 115). Ein eventuelles risikoreiches Verhalten wird neben dem Sportunterricht eher im Freizeitverhalten außerhalb der Schule gesehen. Als Gründe hierfür zählt vor allem der Beobachtungsaspekt von anderen Mitschülern und Lehrern, weshalb sie riskante Situationen aus Angst vor einer peinlichen Bloßstellung erst gar nicht eingehen:

> „In der Schule wird man mehr beobachtet und die Pausenaufsicht geht rum. Dann traut man sich nicht einige Sachen zu machen. [...] Die Pause ist mehr dazu da, sich auszutauschen" (S3_I3_w14, 68).

Darüber hinaus scheinen die Jugendlichen nicht die Möglichkeit zu haben, ihr Freizeitverhalten annähernd in der Mittagsfreizeit zu übertragen. Die Rahmenbedingungen sind in der Schule viel eingeschränkter als in der Freizeit (vgl. S4_I4_m14, 134; Kap. 6.5.1). Zudem sind die Schüler während der Mittagsfreizeit in ihrem Handeln nicht so frei wie in der Freizeit, da Schul- und Pausenregeln das Leben in der Schule reglementieren (Kap. 6.3.2 und 6.3.3)

Im Jugendalter scheinen Risikosituationen in der Mittagsfreizeit eher durch ein *soziales Fehlverhalten* zu entstehen als über Bewegungssituationen. Zwei Schüler erwähnen in diesem Zusammenhang, dass die Treppe eine Gefahrenquelle darstellen kann:

> „Gesehen habe ich nicht wirklich Unfälle. Aber einmal ist etwas passiert. Da ist jemand von dem ersten Stock heruntergefallen, über das Geländer im

Treppenhaus, und der hat sich dann Arme und Beine gebrochen“ (S2_I3_m15, 154; S4_I3_w14, 62).

Wie dieser Unfall zu Stande gekommen ist, geht nicht aus den Daten hervor. Ein derartiger Unfall könnte auf einem klaren Fehlverhalten des gestürzten Schülers basieren, der am Treppengeländer gegen jegliche Vernunft unangemessen gehandelt hat. Ein weiterer Schüler an dieser Schule fügt hinzu, dass derartige Unfälle auch durch Rangeleien erfolgen können: „Es könnte passieren, dass man die Treppe herunterfällt, weil andere schubsen. Es ist jemand die Treppe heruntergefallen und dann hat die Nase geblutet“ (S2_I4_w14, 151). Eine weitere Situation mit einem unangemessen Verhalten berichtet eine Schülerin:

> „Also in der achten Klasse haben wir einen neuen Klassenraum bekommen und da gibt es ein großes Fenster im Flur. Und man konnte aus diesem Fenster springen, sodass man auf einem anderen Dach landete und nicht auf dem Schulhof. Und da sind Manche drauf gegangen. Die wollten da jetzt nicht herunterspringen oder so, aber die fanden das total cool, wenn man auf dem Dach von der Schule steht. Das hätte man vielleicht absichern können. Das waren überwiegend Jungs. Sowas machen sowieso eher Jungs. Und die Lehrer haben auch nie etwas davon erfahren. Ich würde das auf keinen Fall machen, weil das einfach zu gefährlich ist“ (S3_I1_w14, 181).

Ein Jugendlicher führt beiläufig an, dass es sich bei Risikosituationen um „nur so etwas wie Prügeleien“ handelt (S1_I1_m15, 98). An einer Untersuchungsschule wird der Aspekt der *Schlägerei* von mehreren Jugendlichen erwähnt. So berichten mehrheitlich die befragten Schüler an dieser Schule, dass es hin und wieder zu Rangeleien auf dem Schulhof oder im Klassenraum kommt. Eine weibliche Jugendliche berichtet über körperliche Auseinandersetzungen in der Klasse:

> „Da gab es glaube ich mehrere Vorfälle. In Französisch gab es auch mal einen Streit oder wir hatten einen in der Klasse, der war so aggressiv, dass er einen Stuhl genommen hat und gegen einen Lehrer geschmissen hat. Also wir sind allgemein eine Klasse, in der die Jungs sehr aggressiv sind. Aber der Krankenwagen musste noch nicht kommen“ (S2_I4_w14, 139).

Eine weitere Schülerin berichtet über Vorfälle in derselben Klasse. Hierbei spielt vor allem das aggressive Verhalten der Mitschüler eine große Rolle, weshalb es zu Auseinandersetzungen kommen kann:

> „Ich habe eine sehr lebhafte Klasse. Und wir haben zwei, also einer ist Autist und einer, A. heißt der, der prügelt sich auch richtig gerne. Der geht wirklich auf jeden zu und legt sich mit jedem an. Das kommt schon öfters vor mit ihm. Aber ich selber war noch in keine Prügelei oder so was verwickelt" (S2_I5_w15, 55).

Die Schülerin führt weiter aus, dass dieser besagte aggressive Mitschüler einem anderen Mitschüler ein blaues Auge geschlagen hat (vgl. S2_I5_w15, 61). Eine weitere Schülerin, die ebenfalls zur beschriebenen Klasse gehört, erläutert, worum es bei dem Zwischenfall genau ging:

> „Das war letzte Woche. Da hat ein Junge aus meiner Klasse einen anderen Jungen geschlagen. Der hatte dann ein paar Tage lang ein richtig blaues Auge. Der Junge, der geschlagen hat, hatte dem Anderen Nachhilfe gegeben und wollte dafür 20 Euro. Der andere hat ihm aber nur sieben Euro gegeben und wollte den Rest nicht mehr zahlen" (S2_I6_w14, 138).

Insbesondere aufgrund der Tatsache, dass der Vorfall erst kurz vor ihrer Aussage passiert ist, können die Schülerinnen noch ausführlich von dem Zwischenfall berichten. Weitere Vorfälle scheint es aber nicht gegeben zu haben. Ein Jugendlicher berichtet im Zusammenhang mit körperlichen Auseinandersetzungen:

> „Ich persönlich habe das noch nicht miterlebt. Oh doch. Ich war an dem Tag krank, aber das wurde mir erzählt. Das war in meiner Klasse und da hat der eine dem anderen ein blaues Auge geschlagen. Das war am Ende von der Mittagspause und es war grad kein Lehrer da" (S3_I1_w14, 157).

Der Aspekt der körperlichen Auseinandersetzung kommt an jeder der befragten Schulen vor. Auch wenn es sich hierbei um wenige Situationen handelt, bildet es trotzdem ein Risiko für die Mittagsfreizeit. Dennoch ist es unter den Schülern so üblich, dass sie ihre Streitereien nicht immer melden, sondern diese in der Regel unter sich klären: „Wenn sich zum Beispiel wer verletzt hat, dann regeln wir das aber auch manchmal untereinander" (S2_I2_m15, 31).

Darüber hinaus gehen die Jugendlichen in der Mittagsfreizeit ein Risikoverhalten auf einer sozialen Ebene ein, indem sie sich einem Handyverbot in der Schule widersetzen:

> „Klar, man sollte aufpassen. Es gibt zwei Lehrer, die das mit dem Handy locker sehen, aber es gibt noch diese „Oldschool"-Lehrer, die total streng

> mit der Sache umgehen. Dann ist das Handy natürlich für eine Woche weg" (S1_I3_m16, 76).

Eine weitere riskante Situation stellt für die Jugendlichen der Aufenthalt in der Stadt dar, welcher ebenfalls verboten ist:

> „Also, was die Schule vielleicht als Risiko sieht, ist, wenn wir zu diesen Märkten dahingehen, dass wir uns dann verletzen, weil wir dann nicht versichert sind. Aber ich mache das jetzt, glaube ich seit drei oder vier Jahren, und mir ist noch nie etwas passiert. Die Schule droht auch immer wieder an, dass die da Leute, also Lehrer hinschickt, die das kontrollieren. Aber da ist bis heute noch nichts passiert, also muss die Schule das auch nicht so als Risiko ansehen" (S2_I2_m15, 35).

Diese Aussagen der Jugendlichen verdeutlichen einen Wechsel in der Wahrnehmung und Ausübung von Risikosituationen in der Mittagsfreizeit. Das Risiko verlagert sich im Jugendalter von der motorischen Ebene auf das soziale Verhalten. Im Folgenden wird beschrieben, welche Vorsichtsmaßnahmen die untersuchten Ganztagsgymnasien durch Pausenregeln und die Aufsicht vornehmen sowie die Jugendlichen diese einschätzen.

6.3.2 Vorsichtsmaßnahmen der Schulen durch Pausenregeln

In den Interviews wurde deutlich, dass den Jugendlichen bewusst ist, dass Pausenregeln an ihrer Schule existieren. Außerdem kann ein Großteil der Jugendlichen für bestehende Pausenregeln in der Mittagsfreizeit vielfältige Beispiele geben (vgl. S2_I5_w15, 69; S3_I2_m16, 65). Abgesehen von den Pausenregeln bezüglich der Sauberkeit und des Mülls (vgl. S2_I2_m15, 64-67; S3_I4_m14, 61) sowie des Umgangs in einigen speziellen Räumen der Schule, wie z. B. der Mediothek (vgl. S3_I2_m16, 65), führen die Jugendlichen in Bezug auf eine Sicherheitsförderung einige wenige Punkte an, die sich auf die motorische Ebene beziehen. Dazu gehören das Fußballspiel auf dem Schulgelände und das Rennen im Schulgebäude. Die weiteren Aspekte wie Verlassen des Schulgeländes, Nutzung von Smartphones, allgemeine Verhaltensregeln für das soziale Miteinander, spezielle Verhaltensregeln in Bezug auf physische und psychische Gewalt sowie Demolierung von Schuleigentum beziehen sich eher auf soziale Aspekte einer Sicherheitsförderung.

Das Thema *Fußball auf dem Schulgelände* ist im Jugendalter in der Regel nur noch bei einigen wenigen Jungen ein wichtiges und unverzichtbares Element der Pause.

An einem gebundenen Ganztagsgymnasium, die ein weitgefächertes Sportangebot mit dem Schwerpunkt Talent- und Eliteförderung im Fußball anbietet, existiert ein Fußballverbot auf dem Schulgelände. An dieser Schule beschweren sich die fußballbegeisterten Jugendlichen über das Fußballverbot auf dem Schulhof. Dabei äußert sich ein Jugendlicher sehr reflektiert zum eigenen Verhalten beim Fußball spielen in der Mittagsfreizeit:

> „Ich glaube, wenn man auf einem Rasenplatz ist, dann spielt man offensiver, man macht auch vielleicht Späße. Aber ich glaube, wenn man auf einem Steinplatz ist, versucht man einfach Fußball zu spielen. Man versucht rücksichtsvoll zu handeln. Also, dass man nicht ein Risiko eingeht, besonders für sich selber und auch nicht für die anderen" (S2_I2_m15, 38).

Im Jugendalter gehen die Schüler inzwischen vorsichtiger miteinander um: „Aber jetzt momentan steigen wir auch nicht mehr so hart ein wie davor. Weil die Verletzungsgefahr einfach da ist" (S4_I2_m14, 78). Diese Äußerungen verdeutlichen, dass die Jugendlichen ihr eigenes Risikoverhalten bewusst einschätzen und auch dementsprechend handeln können. Die noch fußballbegeisterten Jugendlichen berichten, dass Verletzungen durch Fouls schon vorkamen, aber dass dies eher in jüngeren Jahren passiert ist und sie nun verstärkt auf den Umgang mit dem Ball achten. Ein Jugendlicher erklärt hierzu, dass er damals schon öfter aggressiv Fußball gespielt habe, doch dass er im Laufe der Jahre vorsichtiger geworden wäre:

> „Wir spielen jetzt meistens nicht in Teams gegeneinander, sondern schöne Tore oder so. Da muss man einem den Ball auch nicht so wegnehmen. In der 5. und 6. Klasse kam man fast schweißgebadet in den Unterricht, weil man die ganze Zeit gesprintet ist. Und jetzt kann man sich das besser einteilen, dass die Frisur hinterher noch sitzt. Das mit den weniger Verletzten hat sich einfach so entwickelt. Ich spiele eigentlich in der Abwehr und früher habe ich dann schon mal eine Grätsche ausgepackt oder den Gegner getacklet. Wenn wir jetzt so spielen oder mal im Sportunterricht spielen, dann tackle ich schon mal, aber eine Grätsche nur wenn es sein muss. Also nicht mehr so wie früher" (S4_I2_m14, 85).

Dieses Beispiel veranschaulicht zum einen, dass die fußballspielenden Jugendlichen nun verstärkt auf ihre eigene Gesundheit achten, da sie aus den Verletzungen gelernt haben. Des Weiteren zeigt es, dass die Schüler sich nun mehr Gedanken um ihr äußeres Erscheinungsbild machen und auch kein zu großes Risiko eingehen wollen. Eine Jugendliche betont dementsprechend, dass der Spaß vor dem Schutz einer möglichen Verletzung stehen sollte (vgl. S2_I6_w14, 142). Ein Jugendlicher versteht sich ebenfalls als Anwalt für die fußballbegeisterten Jugendlichen und fordert eine Aufhebung dieser Regelung:

> „Ich finde das unsinnig [Fußballspielen aufgrund von hoher Verletzungsgefahr zu verbieten]. An dieser Schule gibt es viele Fußballfans und die spielen auch gut Fußball. Die müssen ja trainieren und besser werden. Die nutzen die Pause zum Trainieren und es macht denen Spaß. Vielleicht können sie eine Karriere als Fußballer anfangen" (S2_I3_m15, 164).

Das *Rennen im Schulgebäude* wird ebenfalls als Pausenregel angeführt, welches zur Sicherheit der Jugendlichen beitragen soll (vgl. S3_I4_m14, 61). Manchmal verhindere die streng getaktete Schulstruktur jedoch, dass man diese Sicherheitsregel einhalten kann. Ein Schüler schildert die Schwierigkeit, das Renn-Verbot einzuhalten, weil „man schnell wieder zum Unterricht muss" und nicht zu spät kommen darf (S3_I1_w14, 143). Ein Schüler sieht das Rennverbot auf dem Schulhof als „wichtig" an und möchte es beibehalten, weil man sich sonst „schnell verletzt" könnte (S3_I4_m14, 69).

Die folgenden Gesichtspunkte beziehen sich teilweise auch auf die körperliche Sicherheit der Jugendlichen. Diese sind aber eher auf einer sozialen Ebene anzusiedeln, da sie weniger durch motorisches als vielmehr durch soziales (Fehl-)Verhalten ausgelöst werden können. In diesem Sinne stellt das *Verlassen des Schulgeländes* von Jugendlichen eine Gefahr dar, dem einige Schulen durch ein Verbot begegnen, damit den Jugendlichen während der Mittagsfreizeit außerhalb der Schule nichts zustoßen kann. Während an zwei Untersuchungsschulen das Verlassen des Schulgeländes nach der neunten Klasse erlaubt ist, um nach Hause zu fahren und dort mittags zu essen (vgl. S2; S3_I2_m16, 59), dürfen an den anderen zwei Ganztagsgymnasien die Schüler während der Mittagsfreizeit das Schulgelände nicht verlassen (vgl. S1_I2_m16, 120; S4_I3_w14, 66). Ein Jugendlicher bewertet diese Regelung:

> „Wir müssen versuchen, auf den Schulhöfen zu bleiben. Aber dadurch, dass wir eine so große Schule sind, ist es einfach blöd, immer hier [auf dem Schulgelände] zu bleiben" (S1_I4_m16, 66-66).

Die meisten Schüler stört es, das Schulgelände nicht verlassen zu dürfen, weil viele Freunde von anderen Schulen vorbeifahren und sie sich gerne mit ihnen unterhalten würden. Eine Schülerin erzählt, wie sie mit den für sie ‚unsinnigen' Regeln umgeht:

„Ich befolge die Regeln schon. Man darf ja eigentlich während der Pausen das Schulgelände nicht verlassen. Aber wenn ich dann so sehe, dann haben wir unsere Freunde von der Gesamt- oder Realschule eher Schluss und fahren bei uns vorbei. Dann stehen wir unten am Rand und unterhalten uns mit denen. Das finde ich dann unsinnig, dass wir nicht kurz vom Schulgelände gehen dürfen, weil die Eltern eigentlich schon für einen haften. [...] Zwischendurch würde ich gerne noch zu den anderen Schulen gehen, weil ich dort auch Freunde habe, aber das dürfen wir dann nicht" (S3_I3_w14, 70).

Diese Schülerin möchte gerne selbst die Verantwortung für sich und ihr Handeln übernehmen. Auch wenn sie bereits einige Male unerlaubt vom Schulhof gegangen ist (vgl. S3_I3_w14, 76), sieht diese Jugendliche selber ein, dass dies nicht geht:

„Das Problem ist, dass die Schule das machen muss und nicht ich. Das ist das Problem, aber das einzige was mich stört, dass man das Schulgelände nicht verlassen darf. Zwischendurch würde ich gern noch zu den anderen Schulen gehen, weil ich dort auch Freunde habe, aber das dürfen wir dann nicht" (S3_I3_w14, 70).

Viele Jugendliche ignorieren die Regel, nicht das Schulgelände verlassen zu dürfen, weil sie dies nicht einsehen: „Ja, ich mach das trotzdem. Da hat mich auch noch nie jemand drauf angesprochen, dass wir da nicht hingehen dürfen" (S4_I3_w14, 68; vgl. S3_I3_w14, 76). Ein nächster Jugendlicher erklärt, dass „man [...] sich eben nicht erwischen lassen" darf (S4_I2_m14, 38). Darüber hinaus wird der Regelverstoß damit begründet, dass es den Jugendlichen in der Schule aufgrund der fehlenden Freizeitmöglichkeiten schnell langweilig wird: „Es gibt ziemlich wenig zu tun. Die ganze Zeit in der Klasse zu sitzen, ist ja auch dumm" (S1_I1_m15, 38; S3_I1_w14, 195).

Die meisten Jugendlichen fordern, das Schulgelände verlassen zu dürfen, um mehr privaten Freiraum zu haben, ihre Mittagsfreizeit abwechslungsreicher gestalten zu können und sich geschützt vor den Lehrern oder vor dem Auflauf der jüngeren beziehungsweise anderen Schüler zurückziehen zu können (vgl. S1_I2_m16, 208). Außerdem wollen sich die „Neunt- und Zehntklässler [...] natürlich auch ein bisschen weiter weg von der Schule aufhalten" (S1_I2_m16, 208). Sie bezweifeln, dass es wirklich „zu tragischen Unfällen kommen" würde, wenn sie durch ein striktes Verbot nicht in ‚Watte gepackt' werden und den Schulhof verlassen dürften (S1_I2_m16, 208).

Die meisten Schüler nennen, neben dem Verlassen des Schulgeländes, vor allem das *Handyverbot* und den Umgang mit sozialen Medien in der Mittagsfreizeit als störende Pausenregel (vgl. S1_I2_m16, 203; S1_I3_m16, 66; S3_I2_m16, 65). Die Regelung des Handyverbotes wird an allen Schulen gleichermaßen gehandhabt. Ein Schüler setzt sich sehr differenziert mit dem Thema auseinander, indem er versucht, sich den Sinn der Regeln des Handyverbots selbst herzuleiten und einen Kompromiss aufzustellen:

> „Die Regeln finde ich nicht so gut. Man sollte eher gucken, wie stark das genutzt wird und welchem Zweck es dienen könnte. Das mit dem [im Internet] Nachgucken wäre schon sehr praktisch, weil viele auch in der Pause in Ruhe schreiben können. Im Unterricht können die Lehrer sagen, dass es verboten ist [das Handy zu nutzen], aber in den Pausen [könnten sie sagen]: ‚Das könnt ihr machen'" (S1_I4_m16, 68).

Dieser Schüler erkennt die nicht genutzten Ressourcen, die ein Handy in gemäßigten Umgang haben könnte und versteht aus diesem Grund das strikte Verbot nicht. Eine weitere Schülerin erklärt ebenfalls sehr bedacht, dass die Handys die Kommunikation mit ihren Freundinnen stören und dass man mit ihnen auch außerhalb der Schule schreiben kann:

> „Zum Beispiel auch das mit den Handys. Ich finde es nervt einfach, wenn alle da stehen mit ihren Handys und man nicht genau, mit wem spricht der jetzt? Mit der Handy oder mit mir? Deswegen finde es auch ganz gut, dass man das Handy erst ab der Oberstufe benutzen darf. Wir dürfen ab nächstes Jahr auch, aber wir brauchen es nicht unbedingt" (S3_I3_w14, 61-62).

Diese Aussagen veranschaulichen zum einen, dass die Schüler diese Regelung nicht pauschal ablehnen, sondern reflektiert darüber diskutieren wollen. Zum anderen fordern sie, dass sich auch die Lehrer an die moderne Entwicklung anpassen und mit der Zeit mitgehen, indem sie sich mit dem Thema soziale Medien intensiver auseinandersetzen.

Der Umgang mit sozialen Medien in der Mittagsfreizeit kann zu Missbrauch durch Cybermobbing und dadurch zu einer psychischen Gewaltausübung führen (vgl. Kap. 6.5.7). Ein Schüler schildert seinen Wunsch, die Handynutzung in jedem Fall nicht zu verbieten, aber er fordert, da er in der Vergangenheit selbst Erfahrungen mit Mobbing durch soziale Medien gemacht hat, ausdrücklich, „dass keine Fotos und Videos von Anderen gemacht werden" sollen (S3_I2_m16, 95).

Um die physische Unversehrtheit der Jugendlichen in der Pause zu gewährleisten, existieren Pausenregeln bezüglich *Gewalt.* Viele Jugendliche erzählen, dass Prügeleien verboten sind: „Also, ich glaube einfach, wir dürfen uns nicht schlagen"

(S2_I2_m15, 59). Eine Schülerin berichtet, dass ihnen das Werfen von Schneebällen im Winter untersagt ist: „Wir dürfen im Winter auch nicht mit Schneebällen werfen" (S3_I1_w14, 169).

Zum Schutze der körperlichen Sicherheit besteht auch bezüglich *Rauchen und Alkohol* ein Verbot. Den Schülern wird erklärt, dass diese strikt auf dem Schulgelände verboten ist: „Wir dürfen nicht rauchen und uns nicht in der Schule betrinken" (S1_I4_m16, 66). Die rauchenden Jugendlichen kennen aber eigentlich immer einen Ort, an dem sie ungestört rauchen dürfen (vgl. S2_I4_w14, 133-134).

Allgemein in Bezug auf das *soziale Verhalten zwischen den Schülern* findet ein Großteil der befragten Schüler die „Verhaltensregeln ganz okay" (S3_I3_w14, 61-62), „gut" (S3_I1_w14, 143) oder „sinnvoll" (S3_I1_w14, 143). Als Verhaltensregeln für den sozialen Umgang werden Aspekte genannt, wie z. B. „nicht negativ auffallen" (S2_I4_w14, 134) oder „dass man sich gut miteinander verhält" (S1_I2_m16, 120). Diese scheinen als selbstverständlich zu gelten und werden deswegen nur an vereinzelten Schulen explizit genannt:

> „Die Hauptregeln sind eigentlich wie für drinnen: Dass man sich nicht irgendwie beleidigt, dass man einen netten Umgang miteinander hat. Dass man einfach miteinander auskommt" (S2_I3_m15, 173).

Eine Schülerin erkennt in den Schulregeln eine Schutzfunktion für die Schüler, die ihren Freiraum benötigen, und findet, dass es „nervt", wenn sich einige Schüler nicht an die Regeln halten können und dabei andere Schüler stören:

> „Kleine Kinder laufen dann auf den Bänken rum und springen darauf, dann nervt es einfach. Es ist schon gut, dass es bestimmte Verhaltensregeln gibt, was man auf dem Schulhof machen kann oder was nicht" (S3_I3_w14, 62).

Im Jugendalter kann zur Sicherheitsförderung in der Schule auch der *Umgang mit Schuleigentum und Demolierung* gehören. Zum Schutze des Schuleigentums existieren ebenfalls Pausenregeln, wie ein Schüler berichtet: „Man darf das Schulgelänge in der Pause [nicht] demolieren, also dass man Graffiti oder so etwas irgendwo hin sprüht. So Sachen halt" (S1_I2_m16, 120).

Die Bewertung der *Sinnhaftigkeit von Pausenregeln* fällt seitens der Jugendlichen insgesamt sehr unterschiedlich aus. Einige Schüler können den Sinn hinter vielen Regeln nicht verstehen. Sie wollen nicht unbedingt mehr Sicherheitsregeln und erwähnen, dass ein stupides Aufstellen von Vorschriften oftmals nicht von den Jugendlichen verstanden oder akzeptiert werden. Sie wollen die Fehler und damit einhergehenden Erfahrungen selber machen und daraus lernen (vgl. S1_I1_m15,

114). Dies lässt darauf schließen, dass die Schulen die Jugendlichen nicht über den Sinn der Regeln aufklären und sie zu wenig Wert darauf legen, dass sie sich mit den Inhalten der Regeln gedanklich auseinander setzen. Andere Jugendliche betrachten die Pausenregeln mit gemischter Meinung. Sie können die Regeln der Schule teilweise verstehen, begreifen jedoch auch, dass die Jugendlichen sich nicht an alle halten. Eine Schülerin erklärt, dass die Jugendlichen Regeln eher von „Freunden aus der Klasse, die einem nahe stehen", annehmen (S3_I1_w14, 187).

Die Schüler haben für die Pause eigenständig keine Vorschriften aufgestellt oder sich selbst überlegt. In den Interviews wurden die Jugendlichen gebeten, sich vorzustellen, sie wären Schulleiter und dürften selbst Regeln für die Mittagsfreizeit aufstellen. Zu der Frage, ob die Schüler das Bedürfnis hätten selber Regeln zu verfassen, waren die Antworten unterschiedlich. Für einige jugendliche Befragte besteht kein sonderliches Interesse neue Regeln aufzustellen (vgl. S2_I6_w14, 145-146). Gerade auf der motorischen Ebene sehen sie keinen Grund in ‚Watte' gepackt zu werden (vgl. S2_I3_m15, 167-169). Im Hinblick auf allgemeine und spezielle Verhaltensregeln zum sozialen Umgang mit Mitschülern oder dem Schuleigentum erachten einige Schüler es jedoch für sinnvoll, diese zu erstellen und auch einzuhalten.

6.3.3 Vorsichtsmaßnahmen der Schulen durch Aufsicht

Das *Verhalten und die Präsenz der Lehrkräfte* während der Mittagsfreizeit werden durch die Jugendlichen sehr unterschiedlich bewertet. Für einige scheint eine Aufsicht in der Mittagsfreizeit durch die Lehrer im Vergleich zur großen Pause wesentlich weniger präsent zu sein: „In der Mittagspause sind fast keine Pausenaufsichten da. Die sind glaube ich eher in den ersten beiden großen Pausen da" (S4_I4_m14, 120). Ein weiterer Schüler bestätigt im Hinblick auf die Anwesenheit der Aufsicht diese deutliche Unterscheidung zwischen der großen Pause und der Mittagsfreizeit: „In den normalen Pausen sind die Lehrer ja auch häufig auf dem Schulhof und in der Mittagspause nicht" (S4_I2_m14, 38). Scheinbar werden die Aufsichtspersonen in der Mittagsfreizeit aus bestimmten, undefinierten Gründen nicht überall eingesetzt: „Nein, unsere Pausenaufsicht ist nicht immer in der Nähe" (S2_I1_m15, 69). Eine Schülerin beschreibt ihr Gefühl der Wichtigkeit der Aufsicht: „Es spielt zwar nicht so eine große Rolle, aber es gibt eine Aufsicht in der Mittagspause" (S4_I4_m14, 118).

Viele Lehrer gehen zwar über den Schulhof, um die Schüler zu beaufsichtigen oder mal zu kontrollieren, aber hauptsächlich machen sie einfach nur ihre Runde über den Schulhof. Viele Jugendliche bemerken die Pausenaufsicht deshalb nicht, „wenn [sie] durch die Gegend läuft und [sich die Jugendlichen] gerade unterhalten" (S3_I4_m14, 75). Diese Schülergruppe fühlt sich in ihrer Privatsphäre keinesfalls beeinträchtigt oder gestört. Für sie gibt es demnach „keine Einschränkung durch die Lehrperson" (S4_I4_m14, 122) und die Jugendlichen nehmen die Aufsicht „nicht wirklich als Kontrollinstanz wahr" (S2_I2_m15, 29; vgl. S3_I2_m16, 69; S1_I4_m16, 160; S4_I3_w14, 66; S1_I3_m16, 70).

Einige Mädchen suchen sogar die Nähe von einigen Aufsichtspersonen und unterhalten sich angeregt mit den entsprechenden Lehrern. Die anderen Jugendlichen werden dann eher aus der Ferne im Auge behalten (vgl. S2_I2_m15, 27). Aus den Interviews wird deutlich, dass die Anzahl der Jugendlichen, die gerne mit Lehrern in der Pause reden und sich dementsprechend keinesfalls kontrolliert fühlen, sehr hoch ist. Eine Schülerin betont, dass sie selber die Initiative ergreift, indem sie das Gespräch mit den Lehrern sucht:

> „Ne, bis jetzt war das noch nicht so, dass wir uns von der Aufsicht kontrolliert oder beobachtet gefühlt haben. Unsere Lehrer sind eigentlich ziemlich cool drauf. Also ich bin ja meistens mit meiner besten Freundin und noch so einem Mädchen und wir gehen dann auch oft selber auf die Lehrer zu und reden mit denen" (S2_I5_w15, 49).

Diese angeführten Aussagen bedeuten keinesfalls, dass es keine oder nur sehr passive Aufsichten in der Mittagsfreizeit gibt. Andere machen deutlich, dass die Lehrer im Notfall zu jeder Zeit „ansprechbar sind auf dem Schulgelände" (S1_I2_m16, 124). Einige sprechen sogar von einer verstärkten Lehreraufsicht und haben nicht nur „das Gefühl kontrolliert zu werden", sondern sehen diese Vorsichtsmaßnahmen als einen Vertrauensmissbrauch an und denken sich: „Wieso stehen die da? Wir sitzen ja nur hier herum und machen nichts Schlimmes" (S3_I1_w14, 151; vgl. S3_I2_m16, 87). Dieselbe Schülerin betont des Weiteren, dass diese Art von Kontrolle „ein bisschen unnötig" sei (S3_I1_w14, 151). Die Masse der Jugendlichen würde gerne ihre Privatsphäre ohne das Beisein von Lehrern genießen. Für diese ist es

> „wichtig, dass dort [unbeaufsichtigte Ecken für Schüler] auch wirklich kein Lehrer ist, sonst kann man nur eingeschränkt reden und man muss sich immer überlegen worüber man redet. Da ist man ja nicht man selber" (S3_I2_m16, 79).

Dieser Schüler trennt deutlich zwischen der Unterrichtzeit mit den Lehrern und der Freizeit in der Pause, die man ungestört für sich selber nutzen sollte. In der Mittagsfreizeit stört es die Jugendlichen,

> „wenn die Aufsicht vorbeigeht und [man unterhält] sich über Themen, die nicht jeder Lehrer wissen sollte. Dann muss man kurz leiser sprechen oder kurz aufhören zu sprechen, bis der Lehrer vorbeigegangen ist. Das kommt öfter vor. Man muss aufpassen, wenn der Unterricht von jemanden kritisiert wird und er sich darüber aufregt. Das nicht gerade der Lehrer vorbeikommt. Das kommt zwischendurch wirklich vor: Wenn man vom Teufel spricht, kommt der Lehrer auf einmal vorbei" (S3_I3_w14, 74)

Dieser Aussage stimmen die meisten Jugendlichen zu und plädieren für eine Gewährung ihrer Privatsphäre: „Ja, ich fühle mich eingeschränkt, weil wir auch manchmal über die Lehrer selber sprechen. Die gehen dann da lang und erzählen das den anderen Lehrern und wir stehen doof da" (S3_I2_m16, 63).

Die Schüler können ebenfalls die *Orte der Aufsicht* während der Mittagsfreizeit sehr detailliert beschreiben und wissen, dass eine vollkommene Aufsicht nicht möglich ist: „Es sind mehrere Pausenaufsichten verschiedenen Orten zugeteilt, aber die können ja nicht überall auf einmal sein" (S2_I1_m15, 79). Die genannten Orte der Aufsicht beziehen sich vor allem auf die Räume, zu denen den Jugendlichen in der Mittagsfreizeit kein Zugang gewährt wird. Dazu gehören u. a. das Forum (vgl. S2_I4_w14, 128), der „Haupteingang auf dem Schulhof" und die Flure (S3_I1_w14, 149). Die Jugendlichen bedauern diese Verbote und die Kontrolle dieser durch die Aufsicht und zum Teil durch Betreuungspersonen, da ihnen in der Konsequenz Räume fehlen, in denen die Jugendlichen für sich sein können (vgl. S1_I1_m15, 118). Viele Jugendliche schaffen sich selber Lösungen für dieses Problem, indem sie herausfinden, an welchen Orten die Lehrer nicht so präsent sind oder verlassen ungefragt das Schulgelände:

> „Wenn Lehrer uns nicht finden sollen, sind wir meistens im Foyer oder in der Cafeteria oder wir gehen um die Schule rum. Das kam auch schon mal vor, dass wir vom Schulgelände runter gegangen sind. Wir sind in Richtung Realschule, weil wir dort ein paar Freunde von uns treffen wollten" (S3_I3_w14, 76).

Gerade das *Verlassen des Schulgeländes* stellt ein zentrales Thema für die Jugendlichen dar. Eine größere Gruppe von Jugendlichen erwähnt eine Mittagspausenaufsicht, die aufpasst, dass niemand den Schulhof verlässt: „Manchmal laufen die nur ihre Runde und gucken, dass die Schüler nicht das Schulgelände verlassen" (S2_I1_m15, 85; vgl. S2_I5_w15, 47; S3_I1_w14, 169). Allerdings existieren Schüler, die sich trotz eines Verbotes oder einer Verwarnung nicht an die Ansagen der Pausenaufsicht halten. Sie gehen dann zum Beispiel „trotz des Verbotes vom Schulgelände [...]

zum Bahnhof und kaufen sich dann was“ (S4_I4_m14, 120). Diese Jugendlichen dürfen offiziell zwar nicht das Schulgelände verlassen, aber da keine Aufsichten vorhanden sind bzw. die Jugendlichen nicht kontrolliert werden, schleichen sich einige Jugendliche in der Mittagsfreizeit von der Schule (vgl. S4_I4_m14, 120). An einer weiteren Stelle der Interviews kommt der starke eigene Wille der Jugendlichen, der in manchen Fällen sogar Charakterzüge der Rebellion aufweist, erneut zum Vorschein. Ein männlicher Befragte erklärt, dass viele Jugendliche die Tricks kennen, um an den Lehrern vorbei zukommen (vgl. S1_I4_m16, 160). Hier zeigt sich deutlich, dass die Vorsichtsmaßnahmen der Schule durch die Aufsicht nicht gewährleistet sind bzw. kaum umgesetzt werden können. Ein weiterer Grund hierfür könnte darin liegen, dass einige der aufsichtsführenden Lehrer versuchen, ein Gleichgewicht zwischen ihrer Aufsichtspflicht und den individuellen und entwicklungsspezifischen Bedürfnissen der Schüler zu schaffen: „Manche Lehrer tun so, als ob sie es [das Verlassen des Schulgeländes] nicht gesehen haben, weil es Lehrer gibt, die das auch verstehen“ (S4_I2_m14, 38). Das Verlassen des Schulgeländes scheint insgesamt ein umstrittenes Thema zu sein, in dem nicht ganz deutlich wird, inwiefern das Verbot als Vorsichtsmaßnahme beiträgt. Die Lehrkräfte, die ihrer Aufsichtspflicht nachkommen, handhaben die Regelungen sehr unterschiedlich.

Neben dem Verlassen des Schulgeländes äußern die Schüler *das Handyverbot* als weitere Vorsichtsmaßnahme, mit der ebenfalls different umgegangen wird. Ein Jugendlicher beschreibt die Toleranzgrenze der Lehrer bei der Umsetzung des Handyverbots bei Schülern ab der 10. Klasse, wenn es sich dabei eher um eine ‚normale‘ Nutzung handelt:

> „Es gibt dann zwei Lehrer, die die Klassen kontrollieren, dass auch niemand mit dem Handy spielt. Gut, jetzt in der 10. [Klasse] ist es so, dass die meisten Lehrer ein Auge zudrücken“ (S1_I3_m16, 68).

Eine andere Schülerin bemerkt, dass den Lehrern scheinbar bewusst sei, unter welchen Umständen sie machtlos sind und wann es sich wirklich lohnt, einzugreifen. Hinsichtlich des Handyverbots sei die Pausenaufsicht viel lockerer: „Die Lehrer gehen eigentlich nur herum und essen etwas. Den meisten fällt es nicht mal auf, dass wir zum Beispiel ein Handy haben. Also, es ist nicht so krass, dass wir die ganze Zeit beobachtet werden“ (S2_I6_w14, 147 – 148).

Außerdem gebe es Lehrer, die ab einem gewissen Alter nicht nur bei der Nutzung von Smartphones ein Auge zudrücken, sondern auch die Regel für das Rauchverbot an den Schulen nicht so eng sehen:

> „Was mir noch bekannt ist, dass Rauchen an der Schule verboten ist. Aber das ist im Prinzip egal, weil die, die rauchen, gehen einfach neben die Sporthalle und rauchen dort gemütlich. Dann kommt vielleicht ab und zu mal ein Lehrer, aber der raucht dann auch mit" (S1_I3_m16, 72).

Ein weiterer Aspekt, der die physische Unversehrtheit der Jugendlichen durch eine Aufsicht gewährleisten soll, ist der Umgang mit *Gewalt und Streitigkeiten* unter den Schülern. Diesbezüglich sei die Pausenaufsicht in der Mittagsfreizeit sehr aktiv: „Ja, sie ermahnen uns, wenn zum Beispiel bei Jüngeren sehr große Streitigkeiten stattfinden, dass sie dann dazwischen greifen" (S1_I2_m16, 126). Eine weitere Schülerin kann bestätigen, dass die Aufsicht bei Prügeleien stets in der Nähe sei: „Die Aufsicht ist da, wenn sich jemand prügelt oder so" (S2_I5_w15, 53). Ein anderer Schüler stimmt der Aktivität der Pausenaufsicht zu und erklärt, dass sie eingreifen würden, wenn „wirklich etwas passiert" (S1_I2_m16, 124). Viele Lehrer beobachten zuerst das Geschehen, dass sich eventuell in ein Prügelei oder Streiterei entwickeln kann, und wägen folglich ab, ob die Schüler ihren Konflikt selber lösen können: „Und wenn es Probleme gibt, dass man halt nur einschreitet, wenn die Lehrer auch gefragt werden. Und nicht, dass sie einfach da hingehen und meinen, dass sie irgendwas lösen könnten" (S3_I2_m16, 95). Den Lehrern ist scheinbar bewusst, dass die Jugendlichen oftmals selber einen Konflikt lösen können.

Einer weiteren Jugendlichen fällt auf, dass nicht alle Schüler immer gleich fair auf dem Schulhof miteinander umgehen. Aus diesem Grund findet sie „eigentlich gut, dass die Lehrer [ihnen] dann sagen, wie [sie sich] verhalten sollen." (S3_I1_w14, 173). Als Beispiel nennt sie Situationen im Winter, wenn sich andere Schüler während einer Schneeballschlacht rücksichtslos verhalten: „Im Winter ist der Schnee ja nicht immer weich und pudrig, sondern hart. Und wenn man den in das Auge bekommt, dann passen die [Lehrer] schon auf, dass das nicht passiert" (S3_I1_w14, 173, vgl. S3_I3_w14, 58). Ein weiterer Schüler beschreibt ausführlich die Tätigkeit der Aufsicht während der Mittagsfreizeit:

> „Die laufen auf dem Schulgelände herum. Die trinken Tee, die reden auch mit Schülern und falls jemand eine Schlägerei anfängt, gehen die Lehrer dazwischen und dann hören die Schüler eigentlich auf zu streiten" (S2_I3_m15, 174).

Eine besondere Form der Gewalt, die in der heutigen Zeit verstärkt auftritt, ist das Cybermobbing. Die Aufsichtspersonen sind diesbezüglich sehr konsequent. Eine Schülerin berichtet, dass die Aufsicht insbesondere *Cybermobbing in Kombination mit Smartphones* sehr ernst nehmen würden. Ein Schüler schildert eine derartige

Situation, in der der Lehrer eingeschritten ist und vermutet warum die Aufsicht penibel auf einen unangemessenen Umgang mit dem Handy achten:

> „Vielleicht stehen die auch da und passen auf, dass man keine Fotos von Anderen macht oder Videos von Anderen dreht und dass dann ins Internet stellt. Weil das ist hier an der Schule auch schon passiert. Man hat auch schon einen in die Mülltonne gesteckt und das fotografiert und gefilmt und ins Internet gestellt" (S3_I2_m16, 81).

Die Aufsicht führende Lehrperson hat in diesem Fall „das Handy weggenommen und hat den [Schüler mit dem Smartphone] mitgenommen. Ich glaube zum Direktor ist er mit ihm gegangen. Der Schüler ist dann auch von der Schule runter geflogen" (S3_I2_m16, 87; vgl. S3_I1_w14, 155). Der Schüler, der diesen Fall schildert, stellt sich vor, was passieren würde, wenn es keine Aufsichtspersonen gäbe, „die darauf achten, dass [die Jugendlichen] keinen Mist machen":

> „Ja. Also dass die Lehrer da bei peinlichen Filmaktionen eingeschritten sind, fand ich gut und wichtig. Wenn da keiner gewesen wäre und das wäre im Internet gelandet, man weiß nicht was der sonst gemacht hätte. Wenn er es hinterher herausgefunden hätte. Deswegen ist es sehr wichtig, [...] damit sowas nicht regelmäßig passiert"" (S3_I2_m16, 93).

Ein Jugendlicher schildert zudem, dass viele Schüler ihre Probleme einfach „hinter einer Maske" verstecken, weswegen er einen aufmerksamen Blick von Lehrern fordert (S1_I4_m16, 70). Er nennt sogar ein sehr dramatisches Beispiel:

> „Manche ritzen sich auch einfach im Unterricht und manche [Lehrer] merken das gar nicht. Man sollte dann schon gucken. Wenn man es wirklich direkt sieht, sollte man Bescheid sagen und gucken, wie weit Problemen der Schüler [schon fortgeschritten sind] oder wie sie sich verbessern können, mit welchen Aktivitäten man [die Probleme] ausgleichen könnte" (S1_I4_m16, 70).

An dieser Stelle spricht der Schüler ein enorm wichtiges und akutes Thema an und fordert mehr Unterstützung hinsichtlich psychischer Probleme und Mobbing in der Schule.

Ferner wird die Meinung der Schüler über die *Sinnhaftigkeit der Pausenaufsicht* dargelegt. Die Masse der befragten Jugendlichen betont hinsichtlich der Sinnhaftigkeit der Pausenaufsicht, dass „ohne die Regelung durch die Lehreraufsicht es eigentlich nicht" geht (S1_I2_m16, 135). Sie sind der Meinung, dass es schon gut ist, dass die Lehrer draußen herumlaufen: „Die Aufsicht wird also schon benötigt" (S2_I3_m15, 178). Hinsichtlich der Frage nach den Gründen für die Vorsichtsmaßnahmen durch die Pausenaufsicht fielen die Antworten sehr reflektiert aus. Den Jugendlichen ist bewusst, dass die Lehrer in der Mittagsfreizeit aufpassen, damit die Schüler sicher sind: „Die wollen einfach, dass wir sicher sind" (S3_I1_w14, 153). Vor allem weibliche Jugendliche kommen mit der aktiven Pausenaufsicht sehr gut zurecht. Ihnen ist bewusst, dass die Lehrer auf dem Schulhof für die Sicherheit der Schüler verantwortlich sind (vgl. S3_I1_w14, 153). Ein Jugendlicher kritisiert die Aufsichtspersonen sogar, weil diese ihre Aufgaben nicht engagiert genug erfüllen und in gefährlichen Situationen nicht eingreifen. Gleichzeitig berichtet dieser von der nicht vorhandenen Einsicht der Schüler gegenüber der Notwendigkeit einer Aufsicht, da sie gerade in der 9. Klasse sehr eigenwillig und in Bezug auf Autoritäten oftmals resistent sind:

> „Besser wäre es schon, wenn die Lehrer mehr [bei derartigen Situationen] eingreifen würden. Es wäre besser, wenn sie mehr machen würden [mehr Aufsicht, mehr Eingreifen]. Aber im Prinzip bringt es nichts, weil die Schüler nichts davon halten, wenn die Lehrer etwas sagen. Die wollen lieber ihren eigenen Willen durchsetzen" (S1_I1_m15, 96).

Dieser Jugendliche behauptet sogar, dass die Pausenaufsicht in vielen Fällen letztendlich machtlos gegenüber den Schülern sei, da sie nicht dauerhaft jede Ecke auf dem Pausenhof überblicken kann. Wenn Schüler unbeaufsichtigt sind, würden sie sowieso machen, was sie wollen:

> „Ja genau. Die gucken dann, was man macht und gehen eigentlich wieder. Machen können sie [letztlich] sowieso nichts. Das heißt, die Lehrer gehen hin und sagen, dass sie aufhören sollen. Irgendwann ist der Lehrer dann wieder weg und dann geht es sowieso weiter. Die Lehrer wissen das aber auch, deswegen sagen sie meistens nicht viel" (S1_I1_m15, 94).

In diesem Sinne schildert eine Schülerin, dass die Lehrer selber keine Lust haben, den älteren Schülern immer vorschreiben zu müssen, was sie machen oder lassen sollen, gerade in ungefährlichen Situationen (vgl. S3_I3_w14, 60). Die gegensätzlichen Aussagen zum Verhalten und zur Präsenz der Aufsicht während der Mittagsfreizeit könnten darauf hinweisen, dass die Intensität der Mittagspausenaufsicht schulintern definiert bzw. von den Lehrern individuell gehandhabt wird und somit stark divergiert.

6.3.4 Zusammenfassende Diskussion

Die Mittagsfreizeit als Möglichkeit der Sicherheitserziehung – im Sinne eines psychomotorischen Sicherheitstrainings (vgl. Hundeloh, 1995, S. 8; Hesse & Hundeloh, 2001) – besitzt im Jugendalter kaum bis gar keine Bedeutung. Für die Jugendlichen verliert die auf Bewegungsförderung und Risikokompetenz ausgerichtete Forderung von Unfallkassen und Sportpädagogen an Relevanz, weil die Schüler sich entwicklungsgemäß während der Mittagsfreizeit weniger bewegen, wenig bis keine motorischen Risikosituationen eingehen und möglicherweise bereits über gewisse Sicherheits- und Risikokompetenzen in diesem Bereich verfügen. Sie grenzen sich insofern von jüngeren Schülern ab, als dass sie ihr eigenes Bewegungsverhalten bewusst reflektieren und die Risikosituationen vorher abschätzen. Die Forderungen der Unfallkassen nach einer Sicherheitserziehung sind somit vorwiegend auf Kinder und eventuell noch auf Kids an weiterführenden Schulen zu beziehen, deren natürlicher Bewegungsdrang relativ hoch einzustufen ist und bei denen eine Risikokompetenz erst noch erlangt werden muss.

Unfälle durch Bewegung kommen bei den untersuchten Jugendlichen am ehesten in Fußballsituationen aufgrund eines harten Steinbodens vor. Da es sich allerdings nur um wenige Jugendliche handelt und es bei eventuellen Unfällen meist nur zu einigen wenigen kleinen Verletzungen kommt, z. B. Schürfwunden oder blauen Flecken, ist die Unfallrate durch Bewegungssituationen in der Mittagsfreizeit überaus gering. Die Jugendlichen verorten ein risikoreiches Verhalten, aufgrund der Angst vor peinlicher Bloßstellung und des Beobachtungsaspekts seitens der Mitschüler und der Lehrer, vielmehr außerhalb der Schule. Dies ist auf eine Dilemmasituation zurückzuführen: Auf der einen Seite bewegen sich die Jugendlichen in der Mittagsfreizeit kaum noch und wollen dies auch nur bedingt (vgl. Kap. 6.1.3). Auf der anderen Seite werden den Jugendlichen aber auch keine entwicklungsadäquaten und ansprechenden Bewegungsräume angeboten, in denen sie ihrem außerschulischem Freizeitverhalten nachgehen und in (trend-)sportlichen Kontexten ein Gleichgewicht von Sicherheit und altersgerechtem Wagnis erproben können (vgl. Derecik, 2013).

Die Sicherheitserziehung im Jugendalter ist allerdings vor einem anderen Aspekt interessant, was wiederum auf die spezifischen Besonderheiten dieser Lebensphase zurückzuführen ist. Im Jugendalter erfolgt eine *Verlagerung der Sicherheitserziehung von der motorischen auf die soziale Ebene*. Der Sicherheitsaspekt bezieht sich weniger auf Unfälle, die während der Mittagsfreizeit durch Bewegung, Spiel und Sport verursacht werden. Vielmehr richtet sich eine Sicherheitserziehung auf die Vermeidung eines sozialen Fehlverhaltens, z. B. unerlaubtes Verlassen des Schulgeländes, im Umgang mit neuen Medien, Rennen im Schulgebäude sowie physischer und psychischer Gewalt. Die Tendenz des Risikos bewegt sich somit von der motorischen Ebene in die Richtung eines abweichenden bis devianten Verhaltens (vgl. Böhnisch, 2010). Die Jugendlichen suchen nicht das körperliche Risiko, sondern das Risiko des „Erwischt-oder-nicht-erwischtwerdens", wenn sie etwas durch die Pausenregeln und Aufsicht Verbotenes tun. Regeln, die von der Schule aufgestellt werden, werden z. T. bewusst umgangen. Dadurch testen die Schüler aus, wie weit sie gehen können.

Das *Verhalten und die Präsenz der Lehrkräfte* während der Mittagsfreizeit werden von den befragten Jugendlichen unterschiedlich bewertet. Für einige scheint die Aufsicht wenig bis gar nicht präsent zu sein bzw. die Jugendlichen bemerken diese während der Mittagsfreizeit gar nicht. Andere, insbesondere Mädchen, suchen dagegen z. T. sogar die Nähe von einigen Aufsichtspersonen. Für manche Jugendliche scheint die Aufsicht notwendig zu sein, damit ein Ansprechpartner jederzeit erreichbar ist. Dennoch sehen andere Jugendliche die verstärkte Aufsicht in der Mittagspause schon als Vertrauensmissbrauch an. Aus den Aussagen der Jugendlichen lässt sich schließen, dass die Lehrer mit der Umsetzung der Pausenregeln an den Schulen unterschiedlich umgehen. In jedem Fall ist aber erkennbar, dass die Lehrer im Notfall zu jeder Zeit ansprechbar sind, was von den Jugendlichen für einige bestimmte Situationen auch gefordert wird.

Darüber hinaus wissen die Schüler sehr detailliert über die *Orte der Aufsicht* Bescheid und darüber, dass eine vollkommene Aufsicht nicht möglich ist. Die Orte der Aufsicht beziehen sich in erster Linie auf die Räumlichkeiten, deren Zutritt während der Mittagsfreizeit nicht gestattet ist, wie z. B. das Forum, der Haupteingang oder die Flure. Insgesamt kann festgestellt werden, dass die meisten Jugendlichen ein großes Bedürfnis nach einer lehrerfreien Zone während der Mittagsfreizeit haben, weil sie Rückzugsmöglichkeiten fordern, in denen sie sich ungestört über private Dinge und diverse Aspekt aus dem Schulalttag unterhalten können (vgl. Kap. 6.1.2.1).

Die Interviewergebnisse verdeutlichen, dass die Jugendlichen von der Existenz der Pausenregeln wissen und diese explizit benennen können. Eine Regel, die den entwicklungs- und altersspezifischen Bedürfnissen der Jugendlichen widerspricht, ist das *Verbot das Schulgelände verlassen zu dürfen.* Diese Pausenregel wird an den untersuchten Schulen unterschiedlich gehandhabt. Insbesondere die befragten Schulen aus Nordrhein-Westfalen heben sich insofern von den weiteren zwei Untersuchungsschulen ab, als dass sie den Jugendlichen genehmigen, sich vom Schulhof zu entfernen. Der Aspekt der Gefahr gerät dort nicht so sehr in den Fokus und der Wunsch der Schüler nach Freiheit während der Mittagsfreizeit wird dadurch ernst genommen. Auf der Grundlage des Erlasses des Schulministeriums in Nordrhein-Westfalen (2014b), welcher bisher nur positives Feedback erhält, stellt sich die Frage, inwieweit die Schüler ab der siebten Klasse nicht bundesweit während der

Mittagsfreizeit das Schulgelände verlassen dürfen sollten. In Nordrhein-Westfalen sind die Schüler ab der siebten Klasse während der Mittagsfreizeit und in Freistunden auch außerhalb des Schulgeländes versichert, wenn ein entsprechender Beschluss der Schulkonferenz und eine Genehmigung der Eltern vorliegen. Damit entfällt die Aufsichtspflicht für die Lehrer, wenn die Jugendlichen zur Nahrungsversorgung das Schulgelände während der Mittagsfreizeit verlassen (vgl. Schulministerium NRW, 2014b, S. 1).

An Ganztagsschulen, die ihren jugendlichen Schülern nicht erlauben das Schulgelände zu verlassen, zeigt sich, dass die Jugendlichen dieses Verbot durch Tricks und Rebellion bewusst umgehen. Das rührt unter anderem daher, dass sich viele von ihren Freunden von anderen Schulen, mit denen sie sich gerne unterhalten wollen, außerhalb des Schulgeländes aufhalten. Zudem wollen sie ihr Mittagessen außerhalb der Schule einnehmen und auf dem Schulhof wird den Jugendlichen aufgrund mangelnder Angebote schnell langweilig. Die Schüler demonstrieren durch das unerlaubte Verlassen des Schulgeländes ihr Bedürfnis nach mehr privatem Bedürfnis nach mehr privatem Freiraum zur abwechslungsreicheren Gestaltung ihrer Mittagsfreizeit. Die Aufsicht führenden Lehrer sind eher machtlos, wenn Jugendliche sich vornehmen das Schulgelände zu verlassen. Zudem ist es würdelos, den Jugendlichen hinterherzulaufen und diese streng danach zu kontrollieren, ob sie einen „Fluchtversuch" aus der Schule unternehmen wollen. Aus diesem Grund und auch weil einige Aufsicht führende Lehrer Konflikte umgehen wollen oder selbst den Sinn dieser Pausenregel nicht einsehen, tun sie so, als hätten sie nicht gesehen, dass die Jugendlichen das Schulgelände verlassen haben. Anstelle eines Verbots wäre mehr Vertrauen in die Jugendlichen hilfreich und die Schule könnte nicht nur einen Beitrag zur Erziehung der Schüler zu eigenverantwortlichen Bürgern leisten, sondern darüber hinaus durch die entgegengebrachte Wertschätzung gegenüber den Schülern vermutlich überflüssige Regelbrüche vermeiden bzw. minimieren.

Ähnliches gilt für die *Handynutzung in der Mittagsfreizeit.* Ein Handyverbot besteht an allen Untersuchungsschulen gleichermaßen und wird von den meisten Jugendlichen als sehr störend empfunden. Die Einhaltung dieser Regel durch die Aufsicht wird aufgrund verschiedener Faktoren situativ geregelt. Laut Schüleraussagen geht die erhöhte Toleranz der Lehrer bezüglich der Handynutzung mit dem Fortschreiten des Alters der Schüler einher. Der aufsichtführende Lehrer genehmigt meist nur die Nutzung des Smartphones. Es stellt sich die Frage, inwieweit die Schule anstelle eines Verbots eher mit Aufklärung über einen sensiblen Umgang mit neuen Medien reagieren sollte. Eine Medienerziehung ist im digitalen Zeitalter nicht nur absolut notwendig, die meisten Schüler bringen hierfür auch gute Voraussetzungen mit, da sie sowohl die Gefahren als auch das Potenzial der Handynutzung sehr reflektiert und durchdacht bewerten können. Allerdings kann es auch zu Missbrauchsfällen kommen, was eine Medienerziehung umso wichtiger erscheinen lässt. Die Förderung von Medienkompetenz soll insbesondere die ethisch-reflexive Ebene der der Schüler ansprechen (vgl. Sitzer, Marth, Kocik & Müller, 2012, S. 46).

Eine typische Form des Mobbings ist das *Cybermobbing in Kombination mit Smartphones,* welches von den befragten Schülern häufig erwähnt wird. Jeder vierte Schüler war bereits in der Schule Mobbingopfer und die Tendenz ist steigend (vgl. Schneider, Katzer & Leest, 2013, S. 93). Auffällig ist, dass die Lehrer an den Untersuchungsschulen aus Schülersicht sehr sensibel und konsequent mit Mobbing in der Mittagsfreizeit umgehen. Aus den Interviews geht hervor, dass die Aufsicht meist zwischen eigenverantwortlicher und missbräuchlicher Handynutzung unterscheidet, was die Jugendlichen auch fordern. Problematisch ist jedoch, dass das Thema Mobbing schwierig zu erkennen ist und über die Grenzen der Schule hinausgeht. Dadurch ist die Kontrolle durch die Aufsicht in der Pause nicht hinreichend gegeben. Viele Cybermobbingfälle sind nicht direkt offensichtlich und benötigen wesentlich mehr psychischen und therapeutischen Beistand. Daraus resultiert, dass Handyverbote allein nicht ausreichen, um die Schüler präventiv schützen zu können.

Im Gegensatz zur psychischen Gewalt zwischen den Schülern durch (Cyber-) Mobbing ist eine physische Gewalt für die Aufsicht wesentlicher einfacher zu erkennen und zu kontrollieren. Streitereien zwischen den Jugendlichen kommen an allen untersuchten Ganztagsgymnasien vor. Die interviewten Jugendlichen erkennen, dass die Aufsicht sehr darauf bedacht ist, physische Gewalt wie zum Beispiel Prügeleien, Streitigkeiten oder Demolierungen zu verhindern. Sie schreitet in Konfliktfällen ein, wird aber von den Jugendlichen meist als lästig empfunden; es sei denn sie können ihren Streit nicht selbstständig lösen. Die befragten Schüler berichten häufiger von körperlichen Auseinandersetzungen und Rangeleien auf dem Schulhof, die sie vorerst lieber unter sich klären wollen. Einige wenige Lehrer beobachten dementsprechend zunächst eine auffällige Situation, die sich eventuell in ein Prügelei oder Streiterei entwickeln könnte. Dann wägen sie ab, ob die Schüler ihren Konflikt selber lösen können oder ob sie als übergreifende Instanz einschreiten müssen.

Die *Sinnhaftigkeit der Pausenregeln und Aufsicht* während der Mittagsfreizeit spielt für die Jugendlichen eine wichtige Rolle zum Verständnis und zur Einhaltung der Vorsichtsmaßnahmen der Schule. Die jugendlichen Schüler berichten zwar sehr reflektiert, warum die Pausenaufsicht bedeutend ist und sehen ein, dass die Lehrer für die Sicherheit der Schüler verantwortlich sind. Für einige wenige Situationen wird sogar kritisiert, wenn die Aufsichtspersonen ihren Aufgaben nicht engagiert genug in der Pause nachgehen. Gerade im Hinblick auf *Verhaltensregeln zum sozialen Umgang mit Mitschülern* sehen einige Schüler die Notwendigkeit spezielle Regeln zu erstellen (z. B. unerlaubtes Filmen und Fotografieren mit Handys) und fordern die Einhaltung dieser. Die Jugendlichen sehen in diesen speziell eine Schutzfunktion für gewisse Schüler, damit ein friedvolles Miteinander gewährleistet werden kann. Allerdings wollen die Jugendlichen keine derart einschränkenden Verhaltensregeln, die sie ‚in Watte packen', erst recht nicht für sportliche Aktivitäten. Wenn der Sinn der Sicherheitsvorkehrungen von den Schülern nicht nachvollzogen werden kann, haben sie erhebliche Probleme diese zu akzeptieren und einzuhalten. Daraus geht hervor, dass die Schulen die Jugendlichen nicht in einem ausreichenden Maße über die Gründe der Regeln aufklären und sie die Heranwachsenden z. T. zu stark reglementieren. In diesem Zusammenhang ist auch zu erwähnen, dass die Pausenaufsicht in vielen Fällen machtlos ist, da sie nicht überall gleichzeitig sein kann. Die Jugendliche wissen dies und wünschen sich insgesamt mehr Sensibilität von der Schule und den Lehrern, indem sie als ‚erwachsene' Personen behandelt werden und ihnen mehr Vertrauen entgegengebracht wird.

Zusammenfassend wird deutlich, dass die Schule bei ihren Vorsichtsmaßnahmen, in Form von Pausenregeln und Aufsicht, gefordert ist, einen Mittelweg zu finden. Dazu wird von Dietrich et al. (2005, S. 21) angeregt, sich im Kollegium über eine entsprechende „Aufsichtsphilosophie" zu einigen. Dies soll durch einen sensiblen Umgang und dem Bewusstsein für Distanz und Freiraum für die Schüler realisiert werden, wobei ein aktives und präventives Bemühen um Sicherheit nicht vernachlässigt werden darf. Dementsprechend passen einige Lehrer in den Untersuchungsschulen ihr Verhalten anscheinend sowohl den entwicklungs- und altersspezifischen als auch den individuellen und situationsangemessen Gegebenheiten an.

6.4 Mittagsfreizeit als Element der Gesundheitsförderung

Das Element der Gesundheitsförderung stellt eine weitere zentrale Dimension für die Bedeutung der Mittagsfreizeit in Ganztagsschulen dar. Zunächst werden die Einschätzungen der Jugendlichen zur *Bedeutung der Bewegung* (Kap. 6.4.1) und die *Bedeutung der Ruhe für die Gesundheit* vorgestellt (Kap. 6.4.2). Hieran schließen sich die Meinungen der Jugendlichen zur *Bedeutung des Mittagessens für die Gesundheit* (Kap. 6.4.3) und eine *zusammenfassende Diskussion* an (Kap. 6.4.4).

6.4.1 Bedeutung der Bewegung

Wie bereits aus der Beschreibung der Pausenaktivitäten der Jugendlichen hervorgeht (vgl. Kap. 6.1.2.2), hat die Bewegung in der Pause für die meisten Jugendlichen, insbesondere für die Mädchen, keine große Priorität und wird in erster Linie als Mittel zum Zweck genutzt:

> „In der Mittagspause ist es bei uns so, dass sich die meisten Schüler etwas zu essen holen und sich dann irgendwo hinsetzen. Das heißt, sie essen nur und bewegen sich eher weniger. Da gibt es höchstens den Weg zum Jibi [Supermarkt] und dann entweder zurück zur Schule oder zum Park. Dann setzt man sich irgendwo hin, isst und geht dann wieder zur Schule. Da ist dann ja auch keine Bewegung. Man isst also mehr, statt sich zu bewegen" (S1_I1_m15, 122).

Nur wenige Jugendliche, vor allem Jungen geben an, dass sie sich intensiv sportlich betätigen in der Mittagsfreizeit: „Also wir geben schon richtig Gas" (S2_I2_m15, 93). Die sportliche Bewegung wird jedoch nicht unter dem Gesundheitsaspekt betrachtet, sondern in erster Linie zum Zeitvertreib: „Ne, eigentlich fühle ich mich dann nicht sportlicher. Es ist mehr ein Zeitvertreib" (S4_I2_m14, 113).

Für einige wenige Jugendliche spielt die Bewegung in der Mittagsfreizeit eine wichtige Rolle. Ein paar Jugendliche betrachten Bewegung als Ablenkung vom Unterricht und „wichtig als Ausgleich" zum Sitzen (S3_I2_m16, 135; vgl. S3_I1_w14, 37). Für die meisten Jugendlichen hat Bewegung in der Mittagsfreizeit als Kompensationsaspekt für das Stillsitzen im Unterricht jedoch keinerlei Bedeutung. Auch ihre Pausen verbringen sie am liebsten sitzend und „chillen" lieber. Obwohl einige Jugendliche der Meinung sind, dass es sinnvoll wäre, sich zu bewegen, bevorzugen sie es, herumzustehen und sich mit Freunden zu unterhalten (vgl. S1_I4_m16, 78; S2_I6_w14, 120). Mehrere Jugendliche sind überzeugt, dass sie keine körperliche Betätigung in der Pause brauchen, um das Sitzen im Unterricht auszugleichen: „Ich habe keine Probleme mit dem Sitzen. Ich sitze gerne. Ich bin ein ziemlich fauler Mensch" (S4_I1_w14, 33-34). Für die Jugendlichen ist es in der Mittagsfreizeit „sehr entspannend, einfach nur zu sitzen und sich zu unterhalten" (S1_I3_m16, 115). Ein weiterer männlicher Jugendlicher äußert sich positiv in Bezug auf das Sitzen in der Mittagsfreizeit:

> „Wenn man die ganze Zeit sitzt, ist es auch angenehm, wenn man mal etwas geht. Aber zum größten Teil sitze ich und das ist auch angenehm. Beim Unterschied zwischen Sitzen und Gehen, da sollte schon das Sitzen dominieren. Sitzen und sich dabei unterhalten ist auch Erholung" (S1_I3_m16, 110).

Für die meisten der befragten Jugendlichen stellt die Mittagsfreizeit somit keinen Ausgleich zum langen Sitzen dar:

> „Ich glaube sitzen wird natürlich irgendwann anstrengend. Ich würde die Mittagspause aber nicht als Ausgleich ansehen. Ob ich jetzt hier irgendwo sitze oder in der Pause mich irgendwo hinsetze, da gibt es keinen Unterschied" (S1_I1_m15, 126).

Auch wenn die Jugendlichen am regulären Sportunterricht teilnehmen und teilweise ebenso an freiwilligen Ganztagsangeboten (vgl. S2_I4_w14, 157), sind viele Schüler dennoch auf dem Standpunkt, dass sie sich zu wenig bewegen in der Mittagsfreizeit: „Ich glaube, wir bewegen uns zu wenig. Wir haben Bewegungsmangel, wenn wir in der Schule sind" (S3_I4_m14, 105). Die Jugendlichen erkennen in der Regel erst auf Nachfrage den Wert der Bewegung in der Mittagsfreizeit im Sinne einer Gesundheitsförderung an. Sie erkennen in erster Linie den Bezug zu Gesundheitsförderung durch Bewegung, wenn es sich dabei um übergewichtige Schüler handelt:

> „Für die ist das wirklich gut, dass die mal so zweimal in der Woche richtig spielen. Weil ich denke, dass die zu Hause oder außerhalb der Schule jetzt nicht mehr so viel Bewegung machen" (S2_I2_m15, 93).

Allerdings wird auch darauf hingewiesen, dass Übergewicht vom Typ abhängen kann und nicht unbedingt mit Sport in der Mittagsfreizeit reduziert werden kann:

> „Manche sind vielleicht etwas dicker, machen aber privat noch Sport und tun etwas dafür. Natürlich gibt es auch welche, die sind etwas fauler, aber vielleicht auch dünn, so wie ich. Es kommt immer auf den Typ an" (S1_I3_m16).

Zudem wird darauf hingewiesen, dass es kaum Angebote zur sportlichen Betätigung an den untersuchten Ganztagsgymnasien gäbe, mit denen die Jugendlichen in der Mittagsfreizeit etwas für ihre Gesundheit tun könnten: „Hier an der Schule eher nicht, da wir hier kein Angebot haben, welches wir nutzen können" (S3_I2_m16, 181; vgl. S2_I5_w15, 92). Ein Schüler äußert aufgrund der wenigen Angebote den Wunsch nach einem Fitnessraum, in dem die Jugendlichen etwas für ihre Gesundheit tun könnten:

> „Es wäre natürlich schön, wenn wir einen Fitnessraum hätten. Mein kleiner Bruder geht zum Beispiel auf ein Gymnasium, das in der Stadt ist. Auf jeden Fall haben die einen Fitnessraum und das ist auch ziemlich cool. Den nutzt er auch regelmäßig, wenn er einen langen Tag hat" (S1_I3_m16, 163).

Wenn die Jugendlichen einen Fitnessraum zur Verfügung hätten, könnten sie sich vorstellen diesen auch zu nutzen:

> „Wenn ich gerade nichts zu tun habe und mir langweilig ist, dann mache ich Sport. Dann würde ich gerne hier Sport machen. Es wäre schon schön, wenn wir hier einen Fitnessraum hätten. Gut, vielleicht wäre er nicht immer voll, aber wenn man dann mal Lust hat und sieht es gibt keinen, dann ist das schon schade" (S1_I3_m16, 165).

Auch wenn entsprechende Angebote durch eine angemessene Gestaltung der Räume an den Schulen vorhanden wären, wird betont, dass keine Zwänge zur Bewegung geschaffen werden sollten, sondern nur Angebote:

> „Natürlich bewegen wir uns im Durchschnitt viel zu wenig, [...] aber ich finde die Pausengestaltung sollte jedem selbst überlassen sein. [...] Jeder so, wie er möchte" (S1_I3_m16, 159).

Nach diesen grundlegenden Aspekten zur Bewegungsmotivation der Jugendlichen in der Mittagsfreizeit sowie den oftmals fehlenden Bewegungsangeboten an den Schulen (vgl. Kap. 6.1.2), wird nun auf die spezifischen Einschätzungen der Jugendlichen in Bezug auf Reduzierung des Übergewichts, der Stärkung des Haltungsapparates und der Muskulatur sowie des Immunsystems durch Bewegung in der Mittagsfreizeit eingegangen.

Die meisten Jugendlichen sind sich einig, dass die Mittagsfreizeit keine adäquate Möglichkeit zur *Reduzierung von Übergewicht* bietet. Eine Schülerin betont, dass sich zwar ein paar wenige der übergewichtigen Jugendlichen in der Pause bewegen, aber in der kurzen Pausenzeit keine nachhaltigen Effekte erzielt werden können:

> „Ich sehe schon dickere Schüler, die sich in der Mittagspause bewegen, aber ich glaube nicht, dass die 45 Minuten da richtig etwas bringen. Nur zweimal die Woche, wenn überhaupt. Es fallen ja auch mal Stunden und damit die Mittagspause aus, das ist ein bisschen wenig. Also meiner Meinung nach wird das nichts an ihrer Gesundheit ändern" (S2_I6_w14, 152).

Die Jugendlichen empfinden die Zeit in der Mittagsfreizeit insgesamt als zu kurz für eine Übergewichtsreduzierung, sehen aber auch noch ungenutzte Chancen in der Mittagsfreizeit. Ein Schüler könnte sich zumindest vorstellen, dass die übergewichtigen Schüler über Bewegung in der Pause zu mehr Bewegung im Alltag angeregt werden könnten, wenn ihnen mehr Angebote gemacht würden:

> „Aber ich glaube nicht, dass die Zeit in der Pause wirklich reicht, um richtig an Gewicht zu verlieren. Aber vielleicht kommen sie dann auf den Geschmack, wenn mehr Angebote existieren würden und machen dann auch in der Freizeit Sport" (S2_I3_m15, 194).

Bisher würden sich einige übergewichtige Schüler auch schon mal sportlich betätigen, aber in erster Linie würden sie wie die meisten anderen Jugendlichen auch „öfter auf dem Schulgelände herumlaufen" (S2_I3_m15, 196). Laut Aussagen der Jugendlichen würden sowohl die übergewichtigen Jugendlichen als auch die Masse der Jugendlichen insgesamt keinen Anstoß zum Ändern der eigenen Verhaltensweisen sehen, zumindest nicht solange keine adäquaten Bewegungsangebote von Seiten der Schule, wie z. B. ein Fitnessraum, geschaffen wird.

Darüber hinaus wird auch erwähnt, dass übergewichtige Jugendliche durch eine ungesunde Ernährung in den Pausen auffallen würden: „Diese fetteren Kinder bewegen sich hier auch immer noch nicht und essen fettiges Essen oder Süßigkeiten. Sie tun also nichts" (S1_I2_m16, 136). Ein Schüler ist sogar der Meinung, dass die Mittagsfreizeit sich eher negativ auf die übergewichtigen Schüler auswirkt, weil diese in der Pause dazu neigen ungesundes Essen zu konsumieren: „Ja, ich denke für die ist das dann noch schlechter, weil die ja wahrscheinlich kein Sport machen. Und wenn die dann noch so was Ungesundes essen" (S2_I2_m15, 101). Die Ernährung wird somit von den Jugendlichen in Ergänzung zur Bewegung auch als wesentlicher Bestandteil der Gesundheit betrachtet (vgl. Kap. 6.4.3). Ein weiterer Bestandteil der Gesundheit bildet die Stärkung des Haltungsapparates.

Die meisten Schüler sehen keinen Bedarf zur *Stärkung des Haltungsapparates sowie ihrer Muskulatur* und klagen nicht über Rückenschmerzen oder nachhaltige Nachteile des langen Sitzens in der Schule (vgl. S3_I4_m14, 95). Sie suchen den bequemsten Weg und fühlen sich am wohlsten, wenn sie ihre Mittagsfreizeit sitzend verbringen. Aus diesem Grund sehen sie keinen Einfluss der Mittgaspause auf die Stärkung des Haltungsapparates und der Muskulatur (vgl. S1_I1_m15, 126). Einigen Schülern ist es jedoch wichtig, die Muskulatur in den Pausen zumindest aufzulockern, um sich besser zu fühlen. Eine echte Stärkung der Muskulatur auf dem Schulgelände sehen sie in der kurzen Zeit jedoch als unrealistisch an (vgl. S2_I6_w14, 154). Die Schüler sind sich jedoch einig, dass Bewegung in der Pause durchaus positive Auswirkungen auf die Muskulatur besitzt. Ein Schüler sagt, „wenn man Sport macht, hat das schon eine Auswirkung auf die Muskulatur" (S2_I3_m15, 198). Gerade nach sechsstündigem Sitzen würde etwas Bewegung in der Mittagsfreizeit der körperlichen Gesundheit gut tut (vgl. S2_I5_w15, 89). Dass man auch mal stehen kann und nicht die ganze Zeit nur sitzt, wird bereits als ein ausreichender Vorteil der Mittagsfreizeit gegenüber dem Unterricht angesehen (S4_I4_m14, 4). Insgesamt sehen die Jugendlichen aber keinen dringenden Handlungsbedarf, da ihre alltägliche Bewegung in der Freizeit schon ausreiche: „Durch die Bewegung, wenn wir in die Stadt gehen, da lockert sich ja alles. Das reicht eigentlich" (S3_I1_w14, 201).

Nur einer der befragten Schüler gibt an, dass er manchmal über Rückenschmerzen klagt. Dieser betrachtet die Pause als wichtig, um sich kurz zu bewegen und betont den positiven Effekt der Pause: „Ja, also manchmal habe ich schon Rückenschmerzen, wenn ich länger sitze, also vorgebeugt sitze und dann tut die Pause schon gut" (S4_I4_m14, 12). Der gleiche Schüler betont ebenfalls, dass die Pause einen präventiven Charakter für Rückenschmerzen haben könnte: „Ich finde die Pause schon wichtig, weil man sonst Rückenschmerzen bekommt, wenn man die ganze Zeit nur sitzt" (S4_I4_m14, 14). Des Weiteren sieht dieser Schüler die Pausen als Möglichkeit mit geringem Zeitaufwand Rückenschmerzen zu mindern und insgesamt die Muskeln zu lockern. Dafür würde aber auch die kleine Pause ausreichen:

> „Also man bekommt relativ oft Rückenschmerzen, dann kann man sich mal strecken und dann sind die auch schon wieder weg, dafür reicht eigentlich auch schon eine 5-Minuten-Pause. Da kann man sich auch hinstellen und sich einmal strecken. Manchmal schlafen auch die Füße ein und dann kann man die bewegen, damit die wieder aufwachen" (S4_I4_m14, 114).

Aufgrund der mangelnden Bewegung in der Mittagsfreizeit wird von den Jugendlichen ebenfalls kaum ein Einfluss auf die *Stärkung des Immunsystems* beschrieben. Ein Jugendlicher unterstreicht auf die Frage nach der Stärkung des Immunsystems die Bewegungsarmut in der Pause: „Nein, eigentlich gar nicht. Man wird ja nicht gesünder, wenn man in der Cafeteria isst. Wir bewegen uns gar nicht. Es wird sich nicht gesundheitlich verbessert" (S3_I4_m14, 91). In den meisten Situationen sind die Schüler bequem und achten nicht bewusst auf ihre Gesundheit. Ein Schüler verdeutlicht, dass die Jugendlichen im Winter bewusst die Wärme suchen und nicht aktiv auf die Stärkung ihres Immunsystems achten, indem sie sich der kalten Witterung aussetzen. Sie führen eher Ängste an, sich draußen erkälten zu können:

> „Da hat die Pause, glaube ich, keinen Einfluss drauf. Ich meine, jetzt fängt bald der Winter an. Es wird kälter und wir gehen jetzt immer öfter hinein in das Schulgebäude. Wenn man draußen ist, wird einem kalt und man erkältet sich vielleicht" (S2_I3_m15, 200).

Wenn von den Jugendlichen nach frischer Luft gesucht wird, dann geschieht dies nicht bewusst zur Stärkung des Immunsystems, sondern vielmehr zum Abschalten vom Unterricht und zur Erholung (vgl. Kap. 6.2.1.2):

> „Man geht auf jeden Fall raus. Die die hier bleiben, die gehen spazieren oder gehen draußen sich was holen. Sie essen dann draußen. Wenn ich mit dem Fahrrad nach Hause fahre, schnappe ich frische Luft und das ist richtig erleichternd nach sechs Stunden. Man kann kurz abschalten" (S3_I3_w14, 86).

Die Jugendlichen sehen den Einfluss der Mittagsfreizeit zusammenfassend kaum in der Förderung der physischen Gesundheit durch Bewegung. Allerdings sehen sie durchaus positive Effekte auf ihre psychische Gesundheit durch Ruhe in der Pause.

6.4.2 Bedeutung der Ruhe

Der Stellenwert der psychischen Gesundheit, vor allem durch Ruhe, zeigt sich in vielen Aussagen der Interviewpartner und wird eher betont als die der körperlichen Gesundheit: „Meine körperliche Gesundheit beeinflusst die Mittagsfreizeit nicht wirklich, aber die geistige Gesundheit" (S2_I3_m15, 182). Einige Jugendliche beschreiben stressbedingte Symptome wie Müdigkeit und Kopfschmerzen, aber teilweise auch die Belastungen durch Lärm. Auf die Frage, inwieweit sich diese durch die Mittagsfreizeit mildern lassen, antwortet ein Schüler pauschal: „In dem Sinne, wenn ich so etwas habe und dann in der Mittagsfreizeit abschalte oder mich anderweitig beschäftige, dann lindert das diese Sachen eigentlich auch alles" (S1_I2_m16, 149). Auf die oben genannten Aspekte wird im Folgenden näher eingegangen. Dabei ist zu erwähnen, dass z. B. Kopfschmerzen und Müdigkeit zwar auch eine physische Dimension besitzen, die Schüler führen die Ursache dieser Beschwerden jedoch mehrheitlich auf eine erhöhte schulische und geistige Anforderung zurück. Damit ordnen sie diese Symptome eher psychosomatischen Beschwerden zu.

Die *Stresssymptome* werden von den Jugendlichen vor allem mit Leistungsdruck in Verbindung gebracht. Eine Jugendliche bezeichnet die Mittagsfreizeit als unwirksam gegen Stress, da die Ursache ihrer Meinung nach im (zu) hohen Leistungsdruck läge: „Da bringt die Pause gar nichts" (S2_I6_w14, 168). Die meisten Jugendlichen sehen in der Mittagsfreizeit jedoch ein grundlegendes Potenzial zum Stressabbau und bezeichnen sie eher als unabdingbar. Auf die Frage hin, ob und inwiefern die Jugendlichen in der Mittagsfreizeit den Stress abbauen, antwortet ein Schüler folgendermaßen:

> „Definitiv, ja! Das ist halt so, dass die Klausuren jetzt immer länger werden und auch anstrengender. Und man hat halt auch meistens so eine Woche dafür gelernt. Und dann ist das die erste Stunde (die Mittagspause) wo man in Ruhe sitzen kann, vernünftig plaudern kann, tratschen. Und dann kann einen das wirklich auf andere Gedanken bringen" (S2_I2_m15, 81).

Das in Ruhe Sitzen und Unterhalten dient den Schüler die aufkommenden Stresshormone abzubauen. Auf die Frage, ob die Pause zum Wohlbefinden und zum Stressabbau beitragen kann, antworten die Schüler mit deutlicher Zustimmung (vgl. S2_I2_m15, 90-91). Ähnliche Aussagen finden sich bei vielen Interviewpartnern wieder, die die Pausen als stressabbauend ansehen.

> „Ich finde, in der Pause kann man den Unterricht vergessen. Man erholt sich automatisch. Die Pause ist stressabbauend. Deswegen finde ich es auch gut, wenn die Lehrer zwischen den einzelnen Stunden 5-Minuten-Pausen machen. Nach 45 Minuten passt einfach nichts mehr in den Kopf rein. Man kann dann ganz kurz alles vergessen, also nicht direkt alles vergessen, sondern den Stress vergessen. Dann kann man ganz locker weitermachen. Dann ist es nicht mehr so anstrengend als wenn man 90 Minuten durchmacht. Die 20-Minuten-Pause ist nicht nur zum Essen da, sondern gerade morgens ist man noch müde und wird erstmal richtig wach. Der ganze Stress kann abgebaut werden, wenn man morgens noch genervt ist und keine Lust auf Schule hat. Nach dem Unterricht hat man noch weniger Lust. In der Pause kann man den ganzen Stress abbauen. In die dritte Stunde geht man schon viel positiver rein" (S3_I3_w14, 78).

Nachdem der Stress in der Mittagsfreizeit, aber ebenso in den kleinen und großen Pausen reduziert worden ist, scheint sich die Einstellung zum nachfolgenden Unterricht zu verbessern.

Eine Schülerin warnt vor den langfristigen Folgen durch Dauerstress und ist der Meinung, dass die Mittagsfreizeit zwingend notwendig ist, um diesem entgegenzuwirken:

> „Man ist nach den sechs Stunden ziemlich genervt, hatte total Stress. Man ist ziemlich reizbar. In der Mittagspause kann man das abbauen. Es ist gesünder für den Körper, weil zu viel Stress schief gehen kann. Wenn wir keine Mittagspause hätten, würden einige schon unter Depressionen leiden" (S3_I3_w14, 86).

Der Notwendigkeit eines Stressabbaus zeigt sich nicht nur nach einem anstrengenden Vormittag, sondern besonders auch nach geschriebenen Klassenarbeiten:

> „Ich finde es wichtig, einfach mal abzuschalten vom Rest des Tages oder vom Unterricht, den man schon hatte. Oder wenn man Arbeiten geschrieben hat. Es ist wichtig einfach wieder vom ganzen Stress runterzukommen" (S1_I1_m15, 82).

Der Mittagsfreizeit wird somit ein Potenzial zugesprochen, den Stress abzubauen und sich ruhiger zu fühlen: „Nach Arbeiten kann diese Pause wirklich ausgleichen, dass man sich so ruhig fühlt und nicht mehr den Stress dieser Arbeit hat" (S1_I2_m16, 144).

Stress zeigt sich jedoch nicht nur als ein von außen auferlegtes Problem durch die Schule, sondern auch als eine intrinsisch hervorgerufene Erscheinung: „Also man will immer gute Noten bekommen in der Schule und deswegen muss man sich immer anstrengen und zuhören und die Aufgaben richtig machen" (S4_I4_m14, 112). Gestiegene Erwartungen durch die Schule und der selbst auferlegte Leistungsdruck tragen bei mehreren Jugendlichen dazu bei, dass es zu Stress kommt und das eigene Wohlbefinden beeinträchtigt wird.

Als eine Auswirkung von Stress wird die andauernde *Müdigkeit* bezeichnet und teilweise als Problem genannt, welches sich durch Leistungsdruck in der Schule spürbar macht, weil das Lernpensum am Ganztagsgymnasium teilweise als zu hoch betrachtet wird:

> „Also man hat schon viel zu tun, auch wenn man lange nachmittags Unterricht hat. Wenn wir zum Beispiel heute eine Arbeit geschrieben haben und gestern hatten wir nachmittags Unterricht. Dann muss man noch abends lernen. Dann ist man erschöpft vom ganzen Tag und hat keine Lust auf das ganze Lernen. Dann wird man dazu gezwungen zu lernen" (S3_I4_m14, 97).

Einige wenige Schüler geben an ihre Müdigkeit sogar vorwiegend im Unterricht durch Schlafen zu kompensieren:

> „Wenn ich müde bin, schlafe ich meist im Unterricht. Dann ist in der Pause vielleicht wieder alles gut. Aber manchmal [gibt es] auch noch immer in der Pause die Müdigkeit. Dann setzt man sich irgendwo hin oder lehnt sich irgendwo an" (S1_I1_m15, 144).

Die Mittagsfreizeit scheint für einige Jugendliche allerdings nicht der Ort bzw. die Zeit zu sein, in der die Müdigkeit reduziert werden kann: „Bei der Müdigkeit kann man nichts ändern. Dann ist man halt müde“ (S1_I4_m16, 172). Die meisten Schüler erreichen allerdings eine Reduzierung der Müdigkeit in der Mittagsfreizeit, indem sie sich bewusst Ruhe suchen oder (unbewusst) durch Kommunizieren mit ihren Freunden (vgl. Kap. 6.2.1.1). Durch das Abschalten von Unterricht und die damit erzielte Erholungswirkung können die meisten Jugendlichen zumindest Kraft tanken, auch wenn dies nicht unbedingt die subjektiv gefühlte Müdigkeit reduzieren vermag: „Die Mittagspause ist in dem Punkt natürlich sehr wichtig. Die Müdigkeit zu reduzieren ist so eine Sache, aber auf jeden Fall hat man danach Kraft für den Nachmittagsunterricht“ (S1_I3_m16, 169).

Das Phänomen *Kopfschmerzen* im Unterricht und darüber hinaus in der Schule ist ein häufig genanntes Problem und ruft bei vielen Schülern Unmut über dessen Entstehung und Wirkung hervor. Mehrere Jugendliche beschweren sich über entstehende Kopfschmerzen im Unterricht: „Man bekommt manchmal schon ein bisschen Kopfschmerzen, so leichte Migräne“ (S2_I2_m15, 85). Die Kopfschmerzen seien dem steigenden Leistungsdruck und dem damit verbundenen Stress auf dem Gymnasium geschuldet. Diese Argumentation spiegelt sich in mehreren Aussagen der Jugendlichen wider. Exemplarisch hierfür steht u.a. die Äußerung einer Jugendlichen.

> „Das ist eher durch den Stress, weil es auf dem Gymnasium sehr schwer ist. Und wenn es dann sehr stickig in der Klasse ist und man gleichzeitig richtig harten Stoff macht, kommt halt alles auf einmal. Der Kopf, der glüht dann schon und alles ist warm. Dann kann man sich nicht konzentrieren. Dadurch bekomme ich Kopfschmerzen“ (S4_I1_w14, 74).

Neben den hohen kognitiven Anforderungen im Unterricht werden die gestiegene Stundenanzahl und der verlängerte Schultag als Ursache für Kopfschmerzen angeführt:

> „Ja und ich persönlich merke das nicht so, aber meine Freundin hat oft Kopfschmerzen, weil das einfach zu viel Stoff und Hausaufgaben sind, die wir aufhaben. Früher war das eigentlich nicht so, aber seit der 9. Klasse wird das irgendwie immer mehr. Aber ich finde das auch gut, dass man von Montag auf Mittwoch keine Hausaufgaben aufgeben darf, weil wir da ja lange Schule haben, also 9 Stunden“ (S3_I1_w14, 197).

Vor allem Klassenarbeiten werden als übermäßige Belastung empfunden, die Kopfschmerzen verursachen können. Die Pausen, nicht nur die Mittagsfreizeit, dienen dann zur Milderung bzw. Überwindung der Kopfschmerzen:

> „Also, da bringt die Pause schon sehr viel. Heute zum Beispiel haben wir Deutsch geschrieben und manche hatten vor Deutsch richtig Kopfschmerzen und dann hatten wir eine 15-Minuten-Pause und dann ging es allen wieder besser. Also, das bringt was. Mehr als für die körperliche Gesundheit" (S2_I6_w14, 166).

Diese Äußerungen der Jugendlichen verdeutlichen, dass die steigenden schulischen Anforderungen sich im subjektiven Empfinden insgesamt negativ auf das psychische Wohlbefinden auswirken.

Die Gründe für die Kopfschmerzen werden jedoch weit vielfältiger betrachtet und nicht nur auf den Leistungsdruck sowie die steigenden Stundenzahlen an Ganztagsgymnasien beschränkt. Ebenso werden häufig Klagen über einen stickigen Klassenraum gemeldet: „Ich bekomme sehr schnell Kopfschmerzen, deswegen finde ich es wichtig, dass bei uns in der Klasse wenigstens gute Luft ist" (S4_I1_w14, 74). Die Luftqualität und der Sauerstoffgehalt im Klassenzimmer scheinen für manche Schüler eine große Rolle in Bezug auf aufkommende Kopfschmerzen zu spielen:

> „Wir haben in unserem Klassenraum ein sehr großes Fenster und ein paar Jungs und ich sitzen vorne und wollen das Fenster komplett aufmachen. Manche Lehrer sagen Okay, und wenn wir nur mal kurz Stoßlüften wollen, sagen manche Lehrer sofort zu, obwohl es stinkt wie im Pumakäfig. Manche Schüler klagen dann über Kopfschmerzen" (S4_I2_m14, 68).

Durch den Mangel an Frischluft entstünden häufiger Kopfschmerzen, die zu einer geringeren Aufmerksamkeit führe:

> „Wenn man immer diese warme Luft um sich hat, wird man auch müde. Dann ist man nicht mehr so aufmerksam. Wenn man die ganze Zeit nur im Klassenraum herumsitzt, dann bekommt man Kopfschmerzen. Ich glaube nicht alle, aber viele von uns. Dann geht man halt in der Mittagspause nach draußen, um frische Luft zu schnappen. Und um dann auch wieder ein bisschen lockerer zu werden" (S3_I2_m16, 145).

Gleichermaßen wird von einem Schüler angeprangert, dass in größeren Klassen trotz regelmäßigen Lüftens sehr stickige Luft herrscht und er „manchmal schon ein bisschen Kopfschmerzen, so leichte Migräne" habe, und wenn er rausgeht er sich wieder besser konzentrieren kann (S2_I2_m15, 85). Einem anderen Jugendlichen ergeht es an dieser Schule ähnlich:

> „Besonders bei Mathe kriege ich manchmal Kopfschmerzen. Dann gehe ich nach draußen. Danach geht das eigentlich wieder. Ich glaube nicht, dass ein Fenster da reicht“ (S2_I3_m15, 132).

Einige Jugendliche kritisieren also, dass „man in der Klasse ja keine frische Luft bekommt“ und sie deshalb in der Pause zum Luftschnappen nach *draußen* gehen (S3_I1_w14, 13). Die stickige Luft in Klassenräumen führt somit nicht nur zur Leistungsminderung (vgl. Kap. 6.2.1.2), sondern wird ebenso als Auslöser für Kopfschmerzen betrachtet.

Um Kopfschmerzen entgegenzuwirken, liefern die Jugendlichen mehrere Ansätze. So antwortet ein Schüler auf die Frage hin, was man gegen Kopfschmerzen tun könnte, wie folgt: „Dann rede ich mit meinen Freunden, dann merkt man das gar nicht mehr“ (S3_I4_m14, 101). Ein weiterer bedeutender Aspekt zur Verbesserung des Wohlbefindens ist die Nahrungsaufnahme in der Mittagsfreizeit. Die Ernährung trägt positiv dazu bei, dass die Kopfschmerzen verschwinden. „Man kann sich wieder besser konzentrieren, manchmal krieg ich auch Kopfschmerzen, die gehen dann weg, wenn ich etwas esse“ (S4_I4_m14, 100).

Neben den Kopfschmerzen werden *Lärm und Ruhe* als ein weiterer sich gegenseitig bedingende Aspekte genannt, die die psychische Gesundheit betreffen. Die Jugendlichen werten eine hohe Lautstärke zwar nicht prinzipiell als negativen Einflussfaktor auf ihre Gesundheit, jedoch scheint die Lärmbelastung durch die verlängerte Schulzeit zumindest für einige Jugendliche spürbar zu sein. „Ja, wenn man acht Stunden hat, dann geht einem das auf die Nerven, wenn die ganze Zeit so eine Geräuschkulisse ist“ (S3_I3_m14, 87). Die anhaltende Geräuschkulisse im Unterricht schlägt sich auf den Gemütszustand einiger Schüler. Dementsprechend wird die Ruhe in der Mittagsfreizeit als Faktor zur Steigerung des Wohlbefindens angesehen (vgl. S1_I2_m16, 140). Um dem Lärm durch tobende Kinder zu entkommen und in Ruhe sich mit Freunden in der Mittagsfreizeit unterhalten zu können, verlassen viele Schüler, teilweise unerlaubt, das Schulgelände und suchen einen benachbarten Park auf:

> „Ja, das (die Ruhe) ist schon sehr wichtig in der Mittagspause. Man muss mit anderen Leuten reden, finde ich. Aber es sollte schon ruhig sein. […] Deswegen gehen ja auch viele in den Park“ (S1_I1_m15, 130).

Es scheint also ein gewisses Maß an Ruhe erwünscht zu sein, um das eigene Wohlbefinden zu verbessern. Das Schaffen einer angenehmen Atmosphäre und Ruhe wird somit in seiner Wirkung für die psychische Gesundheit unterstrichen.

Umgekehrt wird die Möglichkeit Lärm zu machen, aber ebenso als Notwendig zur Erhaltung der Gesundheit und zur Verbesserung des Wohlbefindens betrachtet (vgl. S4_I3_w14, 92). Einige Jugendlichen erwähnen, dass sie das leise Sprechen im Unterricht teilweise als Belastung empfinden und in der Pause sich durch lautere Gespräche eine Entlastung schaffen:

> „Das ist eigentlich schon eine große Entlastung. Wenn man so überlegt, wenn man die ganze Zeit leise spricht, das fordert ja die Stimme auch irgendwie. Wenn man reden kann, sich unterhalten kann, dann fühlt sich das besser an" (S1_I2_m16, 153).

Die rege und teilweise laute Unterhaltung, gepaart mit Lachen und Kreischen, in der Pause wird als äußerst dienlich in Bezug auf das Wohlbefinden der Jugendlichen angesehen. Insgesamt betrachten die Jugendlichen die Kategorie Lärm in Bezug auf die psychische Gesundheit nicht nur negativ, sondern eher zweckgebunden. Wenn Lärm und Lautstärke als förderlich angesehen werden, dann spielt es anscheinend keine Rolle, dass es in der Mittagsfreizeit auch mal lauter sein darf. Bilanzierend scheint sich somit ein ausgewogenes Verhältnis von Ruhe und Lärm auf das geistige Wohlbefinden der Jugendlichen positiv auszuwirken:

> „Das ist schon so. Man sollte nicht zu ruhig sein, aber auch nicht zu laut. So, dass, wenn die anderen ganz laut sind, man selbst nicht Aggressionen kriegt oder aufgeputscht wird, weil die anderen so aktiv sind und du selbst eher herunterkommen willst vom Unterrichtsstress" (S1_I4_m16, 166).

6.4.3 Bedeutung des Mittagessens

Die Jugendlichen betrachten, neben der Bewegung und der Ruhe, das Mittagessen als einen weiteren Faktor für die Gesundheitsförderung in der Ganztagsschule. Die Cafeteria an einer Schule wird weitgehend geschätzt, um dort ein Mittagessen zu sich zu nehmen. Das Essen wird jedoch als ungesund bezeichnet, was die Jugendlichen dieser Schule aber nicht unbedingt stört. Sie nehmen das Essen zu sich, weil es einfach schmeckt: „Nein, da gibt es nichts Gesundes in der Cafeteria, aber es ist lecker" (S3_I4_m14, 93). Mehrere Jugendliche an den weiteren drei Schulen, die in der Mensa essen, scheinen mit dem Angebot weitgehend zufrieden zu sein. Sie beurteilen das Essen zwar oftmals als ungesund, gehen aber trotzdem hin (vgl. S4_I2_m14, 19-20; S4_I1_w14, 8). Mehrere Jugendliche wünschen sich allerdings doch ein gesünderes Essensangebot und eine größere Auswahl, da es in der Mensa oft nur Pizza oder Burger gibt (vgl. S2_I1_m15, 98-101; S2_I4_w14, 87-92). Einige bezeichnen das Essensangebot zumindest teilweise als gesund. Dennoch meiden sie dieses, weil es teuer ist und der Geschmack fehlt:

> „Gesund? Dort gibt es ein paar Sachen, die sind gesund, ja. Aber die Mensa ist jetzt nicht der Ort, wo man sich gerne was zu essen holt [...] Das Essen da ist wirklich teuer. Es ist jetzt noch teurer geworden. Und das Essen schmeckt nicht so gut" (S2_I3_m15, 210; vgl. S2_I2_m15, 98-99).

Ebenfalls wird die mangelnde Qualität und Quantität des Mittagessens angeprangert:

> „Dass da nur Jüngere sind, ist nicht ganz das Problem. Was ich persönlich nicht mag an der Mensa ist, dass das Essen von der Qualität her nicht das Beste ist. Gut, es ist Kantinenessen, das muss jetzt nicht Fünf-Sterne-Restaurant-mäßig sein, aber das Essen an sich ist nicht gut. Ab und zu ist es gut, aber unterm Strich ist es nicht wirklich gut. Pizza gibt es zum Beispiel regelmäßig. Wir haben ein System, das sich täglich ändert. Es gibt immer zwei Menüs. Regelmäßig gibt es Nudeln und Pizza. Und bei der Pizza zum Beispiel, was echt gruselig ist, ist der Fettgehalt. Wenn man sie vorsichtig anhebt, dann trieft es schon vor Fett" (S1_I3_m16, 52; vgl. S2_I2_m15, 96-97).

Die Jugendlichen konstatieren mehrfach:

> „Unser Mensa-Essen ist jetzt nicht ganz das Beste und außerdem ist es eher für die Kleinen. Ab der neunten Klasse geht da sowieso niemand mehr essen [...]. Bis zur achten, Ende achte [Klasse], habe ich dort auch gegessen, aber dann fängt man an, sich selbst etwas mitzubringen" (S1_I3_m16, 50).

Die Resonanz vieler Jugendlichen ist dem schulischen Essen gegenüber insgesamt eher negativ. Aufgrund dieser aufgezählten Gründe scheint die große Anzahl der Jugendlichen mit zunehmendem Alter die Mensa zu meiden (vgl. S2_I4_w14, 83-84). Die meisten der Jugendlichen meiden deshalb die Mensa und gehen stattdessen mittags entweder in nahe liegende Supermärkte, Pizzerien oder Dönerläden, um etwas zu essen (vgl. S4_I1_w14, 6). Auch hier nehmen sie nicht unbedingt gesundes Essen zu sich, was sie nicht unbedingt weiter stört (vgl. S4_I4_m14, 185-186; S2_I2_m15, 96-97).

Manche Schüler gehen eher aus Gruppenzugehörigkeit mit in die Pizzeria, essen allerdings mitgebrachtes Essen von zu Hause

> „Also ich kauf da [Pizzeria] eh nichts. Ich nehme eigentlich immer was von zu Hause mit und gehe nur mit und die anderen. Ja die kaufen sich da meistens was oder am Bahnhof" (S4_I3_w14, 100).

Ihr mitgebrachtes Essen bezeichnen die Jugendlichen gesünder als das Mensaessen und zudem abwechslungsreicher: „Weil, ich weiß nicht, ich finde es einmal ungesund immer in der Pizzeria zu essen und ich esse halt lieber das von zu Hause" (S4_I3_w14, 102). Darüber hinaus finden diese Jugendlichen es besser ihr Butterbrot nach ihren Vorlieben belegen zu können (vgl. S1_I3_m16, 45-46; S4_I4_m14, 18; S1_I2_m16, 65-66; S4_I2_m14, 17-18). Es gibt auch Schüler, die gar nichts bzw. fast gar nichts zu essen mit in die Schule bringen, was der Gesundheit auch nicht zuträglich ist. „Manchmal habe ich einen Apfel dabei, aber meisten eigentlich nichts" (S4_I1_w14, 16). Ein Jugendlicher schlägt sogar vor, dass man das Bewusstsein für Ernährung wecken oder die Lust am Kochen vermitteln sollte, damit man sich gesünder ernährt:

> „Es kommt einfach auf die Ernährung an. Man sieht selbst, dass sich viele nicht gut ernähren. Sie gehen zum Jibi, kaufen sich zwei Tüten Chips und das essen sie dann die nächsten zwei Stunden. Das ist dann nichts. Man sollte denen eher etwas über Ernährung beibringen, damit sie stärker darauf achten, und um ihnen vielleicht auch Lust am Kochen zu vermitteln" (S1_I4_m16, 162).

Dieser Schüler schlägt vor einen Platz zum „Selbstkochen" in der Schule einzurichten (S1_I4_m16, 106).

6.4.4 Zusammenfassende Diskussion

Eine Gesundheitsförderung in der Mittagsfreizeit kann durch Bewegung, Ruhe und Ernährung erzielt werden und beinhaltet sowohl physische als auch psychische Aspekte. Selbstverständlich sind beide Aspekte nicht zu trennen. Die Aussagen der Jugendlichen deuten jedoch darauf hin, dass die Bewegung für sie in erster Linie eine physische Dimension der Gesundheit darstellt und die Ruhe sich eher auf ihre psychische Gesundheit auswirkt.

Während unter gesundheitlichen Aspekten eine Kompensation des langen Sitzens im Unterricht vor allem durch Bewegung gefordert wird (vgl. Axster, 2001, S. 1; Derecik, 2011, S. S. 191-192), sehen die interviewten Jugendlichen im Alter von 14-16 Jahren keine Notwendigkeit zur *Gesundheitsförderung durch Bewegung* in der Mittagsfreizeit. Die meisten Jugendlichen weisen in der Pause sogar einen Bewegungsmangel auf. Die Bewegung wird von den Schülern in den meisten

Fällen nur als Mittel zum Zweck gesehen, beispielsweise zur Beschaffung eines Mittagsessens. Diese Tatsache zeigt den Nachholbedarf bei der Gestaltung von entwicklungsadäquaten Schulfreiräumen in der Schule auf. Die Nutzung eines Fitnessraums können sich viele Jugendliche durchaus vorstellen, um etwas für ihre Gesundheit und ihre Figur zu tun. Allerdings existiert ein derartiger Raum in keiner der untersuchten gebundenen Ganztagsgymnasien. Insgesamt ist bei den Jugendlichen jedoch, im Gegensatz zu Kindern, eine mangelnde Motivation zur Bewegung während der Mittagsfreizeit zu verzeichnen und sie lehnen den Bewegungszwang ab.(vgl. Kap. 6.1.3). Den befragten Jugendlichen macht es nichts aus auch die Mittagsfreizeit weiterhin im Sitzen zu verbringen. Ein Grund für die mangelnde Kompensationsbereitschaft des Stillsitzens im Unterricht durch Bewegung könnte darin liegen, dass die Schüler bereits seit Beginn ihrer Schulzeit an ein langes Stillsitzen im Klassenraum herangeführt und gewöhnt werden (vgl. Rumpf, 1994; Schnabel, 2011). Zudem verspürt der überwiegende Teil der Jugendlichen keine Notwendigkeit zur Gesundheitsförderung durch Bewegung in der Mittagsfreizeit, da sie im Jugendalter kaum gravierende körperliche Beeinträchtigungen spüren.

Darüber hinaus sehen die Jugendlichen, im Gegensatz zu den angeführten medizinisch-gesundheitswissenschaftlichen Begründungsmustern einer Bewegten Schule (vgl. Thiel, Teubert & Kleindienst-Cachay, 2002, S. 21-25), keine nachhaltigen gesundheitlichen Effekte durch Bewegung in der Mittagsfreizeit. Für eine systematische Gesundheitsförderung – im Hinblick auf die *Reduzierung des Übergewichts*, die *Stärkung des Haltungsapparates, der Muskulatur* sowie des *Immunsystems* – erachten die Jugendlichen die Dauer der Mittagsfreizeit, selbst bei sportlichen Aktivitäten nach dem Mittagessen, als nicht ausreichend. Die gesundheitliche Wirkung von Bewegung in der Mittagsfreizeit wird in erster Linie beim Lösen von stressbedingten Verspannungen der Muskulatur gesehen, die von den befragten Jugendlichen durch eine moderate Bewegung in Form von Spazieren gehen angestrebt wird (vgl. Rohnstock, 1985, S. 18). Selbst wenn in der Mittagsfreizeit bewusst oder unbewusst gesundheitliche Nebeneffekte durch Herumlaufen oder frische Luftschnappen erfolgen sollten, wird dies eher auf die Sommermonate reduziert, da die Schüler sich in kälteren und regnerischen Jahreszeiten vorwiegend im Schulgebäude aufhalten, sofern sie dies dürfen. Einzig die Chance, übergewichtige Kinder durch angeleitete Bewegungsangebote zur Gewichtsreduktion zu animieren, wird von den Schülern für die Mittagsfreizeit genannt. Damit entspricht dies der Vorstellung der amerikanischen Initiative „Let's move! Active schools" (vgl. Ramstetter, Murray, & Garner, 2010, S. 523) und in Ansätzen der täglichen Sportstunde (vgl. Thiele & Seyda, 2011).

Die Jugendlichen betonen wie wichtig es ihnen ist, den Kopf wieder frei zu bekommen von den hohen Anforderungen des Unterrichts. Diese *Gesundheitsförderung durch Ruhe* steht mehr im Fokus als das Abschalten durch Bewegung. (vgl. Kap.

6.2.3). Durch die zunehmende Stundenzahl und die gestiegenen Anforderungen in der Schule bringen die untersuchten Jugendlichen das Thema Leistungsdruck in Zusammenhang mit ihrer physischen, aber vor allem mit ihrer psychischen Verfassung (vgl. Salzberg-Ludwig, 2004, S. 97). Die Mittagsfreizeit kann laut Aussagen der Schüler zwar nicht die Ursachen der *stressbedingten Symptome* bekämpfen, sie kann aber zumindest den empfundenen Leistungsdruck durch die Schule reduzieren und somit zur Gesundheitsförderung beitragen. Die untersuchten Jugendlichen nutzen die Mittagsfreizeit bewusst, um sich vom Unterricht und Klassenarbeiten auszuruhen und den psychischen Druck zu bewältigen. Dies tun sie, indem sie sich, wie viele Erwachsene auch, zurückziehen und sich unterhalten (vgl. Althoff et al., 2009, S. 31; Ritzdorf, 2011, S. 49).

Die Kategorie Stress ist bei den befragten Jugendlichen ein wichtiges Thema, da er ihrer Ansicht nach sogar bis hin zu Depressionen führen kann. Der Mittagsfreizeit wird insofern eine präventive Wirkung zugesprochen, dass sie z. T. als eine Plattform zum Abbau von Ängsten vor einer Klassenarbeit genutzt wird. Dadurch wird der Wohlfühlfaktor bzw. die psychische Gesundheit der Schüler gesteigert und Stress abgebaut. In der Konsequenz kann wieder ein positiveres Gefühl für den nachfolgenden Unterricht und das eigene Körpergefühl geschaffen werden. Als stressbedingte Symptome werden von den Jugendlichen in erster Linie Müdigkeit und Kopfschmerzen genannt, welche sich mit den bisher ermittelten stressbedingten Symptomen von Schülern decken (vgl. Enderlein, 2008, S. 10-12). Eine stickige Luft im Klassenraum bzw. der geringe Sauerstoffgehalt tragen zu diesen Faktoren bei und werden von den Jugendlichen z. T. als gesundheitsbelastend eingestuft.

Die Gründe einiger Schüler für *Kopfschmerzen* können auch in Vorerkrankungen liegen. Sie selbst führen es jedoch auf den aufkommenden Stress durch Leistungsdruck zurück. Es wird besonders darauf hingewiesen, dass Klassenarbeiten und mehr ‚Lernstoff' Kopfschmerzen verursachen. Ein gestiegenes Lernpensum und dadurch erhöhte kognitive Anforderungen werden auf die besonderen Leistungsanforderungen an Ganztagsgymnasien zurückgeführt. An dieser Stelle weisen die Schüler besonders darauf hin, dass Ruhe dazu beiträgt, Kopfschmerzen zu lindern. Das bedeutet aber nicht zwangsläufig, dass sich die Jugendlichen komplett zurückziehen. Manchmal hilft schon ruhiges Kommunizieren über andere Themen, um den Problemen entgegenzuwirken. Dadurch streben sie nach dem Salutogenesemodell von Antonovsky (vgl. 1997) eine Gesundheitsförderung an, auch wenn den Jugendlichen dies nicht unbedingt bewusst ist.

Die *Müdigkeit* macht sich im Unterricht besonders durch schläfrige Schüler bemerkbar, die sich nicht mehr konzentrieren können und dementsprechend dem Unterricht nicht mehr folgen. Viele Jugendliche geben an, dass ihr Lernpensum zu hoch ist und sie sich oft müde und schlapp fühlen. Die Jugendlichen versuchen die

Auswirkungen von Müdigkeit zu reduzieren, indem sie sich in der Mittagsfreizeit bewusst alleine durch Ruhe oder Kommunikation mit Freunden erholen.

Aber auch der Austausch durch lautes Sprechen mit Gleichaltrigen kann erholsam und entlastend nach der langen kognitiven Arbeitsphase im Unterricht wirken. Denn das Thema *Ruhe* ist unweigerlich mit dem Thema *Lärm* verknüpft und beide Kategorien bedingen sich wechselseitig und sind als zwei Seiten einer Medaille zu sehen. Ein gewisses Maß an Lautstärke wird gerade nach Unterrichtsphasen, in denen die Jugendlichen über einen längeren Zeitraum still arbeiten mussten, nicht als störend empfunden. Das Zusammenspiel zwischen Ruhe und Lärm scheint hier als ein Kontinuum eingeordnet zu sein, je nachdem, was gerade dienlich für das Wohlbefinden ist und was zu einer angenehmen Atmosphäre in der Pause beiträgt.

Ein weiterer Faktor zur Gesundheitsförderung in der Mittagsfreizeit ist das *Mittagessen*. Viele Jugendliche scheinen nicht unbedingt bei ihrer Nahrungsaufnahme auf die Gesundheit zu achten und essen gerne Fast Food. Manche Jugendliche konstatieren, dass die Nahrungsaufnahme zur Linderung von Kopfschmerzen beitragen kann. Viele Heranwachsende attestieren in der Regel ihrer Mensa jedoch eine mangelnde Qualität, welches sich nach ihren Aussagen vor allem im fehlenden Geschmack sowie ungesundem und teurem Essen äußert. Dies belegen auch aktuelle, groß angelegte Studien zur Qualität von Mensen an Ganztagsschulen (vgl. Arens-Azevedo et al. 2014, S. 22-32; Arens-Azevedo, 2010, S. 21; Barlovic, 2010, S. 16-18). Viele der befragten Jugendlichen verlassen (z. T. unerlaubt) das Schulgelände (vgl. Kap. 6.4.4) und besuchen z. B. angrenzende Dönerläden, Pizzerien oder Supermärkte. Die Jugendlichen sind sich dabei durchaus bewusst, dass diese Gerichte ebenfalls als ungesund einzustufen sind, dennoch bevorzugen sie sie, weil diese Gerichte ihnen besser als diejenigen aus der eigenen Mensa schmecken und sie ihre Freiheit außerhalb des Schulgeländes suchen, wo ihnen eher Räume mit einer Wohlfühlatmosphäre geboten werden (vgl. Haenisch, 2014, S. 19-20). Bilanzierend muss festgestellt werden, dass eine ernährungsphysiologisch ausgewogene Ernährung und eine aktive Bewegungspause bei den Jugendlichen an den untersuchten Ganztagsgymnasien bei weitem nicht die Regel ist, wie dies auch schon Barlovic (vgl. 2010, S. 9) feststellt.

Es gibt jedoch auch einige Jugendliche, denen eine gesunde Ernährung wichtig ist, z. T. aufgrund von Sport, den sie in ihrer Freizeit im Sportverein betreiben. Diese Jugendlichen wünschen sich eine größere und auch gesündere Alternative zum regelmäßigen Mensaessen. Diese Wünsche können durch die Untersuchungen von Arens-Azevedo et al. (2014, S. 22-32) sowie Arens-Azevedo (2010, S. 21) bekräftigt werden, aus denen hervorgeht, dass die Heranwachsenden einem Abwechslungsreichtum und der Berücksichtigung ihrer Essensbedürfnisse eine große Rolle beimessen. Einige Schüler bringen sich ihr Essen lieber selber von zu Hause mit. Zum einen, weil die Mensa teuer ist und zum anderen, weil sie ihr Butterbrot dann selber entsprechend ihrer Vorlieben belegen können. Als mögliche Alternative schlagen einige wenige Schüler vor, in der Schule selber zu kochen.

6.5 Mittagsfreizeit als Sozialraum

Um die Funktion der Mittagsfreizeit als Sozialraum für die Jugendlichen darzustellen, wird zunächst allgemein der Frage nachgegangen, inwieweit die Jugendlichen die Mittagsfreizeit als *Kompensation für die verlorene Freizeit am Nachmittag* (Kap. 6.5.1) und somit auch als *Treffpunkt und Kontaktbörse* empfinden (Kap. 6.5.2). Danach werden die *Freundschaftsbeziehungen von Jugendlichen* in der Mittagsfreizeit *in Bezug auf Klassenzugehörigkeit und Geschlecht* vorgestellt (Kap. 6.5.3). Daran schließen sich Aussagen über die *Gesprächsthemen* der Jugendlichen an (Kap. 6.5.4), die durch Ruhe und Kommunikation gekennzeichnet sind und eine Hauptaktivität darstellen (vgl. Kap. 6.1.2.1). Während der Tätigkeiten in der Mittagsfreizeit kann es zum *informellen Kompetenzerwerb* kommen (Kap. 6.5.5). Innerhalb der Schülergruppen in der Mittagsfreizeit werden aber nicht nur positiv eingeschätzte Kompetenzen erworben. Ebenfalls können *Hierarchien, Konflikte und Mobbing* identifiziert werden (Kap. 6.5.6). Zudem scheint die *Nutzung von Smartphones* während der Mittagsfreizeit ein zentrales Thema für die Jugendlichen zu sein (Kap. 6.5.7). Die vorgestellten Ergebnisse zur Pause als Sozialraum werden abschließend in einer *zusammenfassenden Diskussion* konkludiert (Kap. 6.5.8).

6.5.1 Kompensation für die verlorene Freizeit am Nachmittag

Einige Jugendliche würden ihre Freizeit mit Freunden eher außerhalb der Schule verbringen und fühlen sich in ihrer Freizeitgestaltung durch die Ganztagsschule eingeschränkt (vgl. S4_I1_w14, 58). Während sich eine Jugendliche auf die Freizeit in der Mittagsfreizeit noch in den jüngeren Klassen sehr gefreut hat, würde sie sich inzwischen lieber außerhalb der Schule mit ihren Freunden treffen wollen:

> „Also, früher, in der fünften Klasse mochte ich die längeren Tage mehr. Da habe ich mich immer auf die langen Tage wegen der Mittagspause gefreut. Aber wenn man älter wird, hat man auch mehr Bock darauf sich mit Freunden außerhalb der Schule zu treffen. Und jetzt mag ich die kürzeren Tage doch mehr als die Längeren“ (S2_I6_w14, 94).

Dieses Mädchen plädiert deshalb dafür, die Mittagsfreizeit nicht nur zu kürzen, sondern sie gänzlich aus der Taktung des Schultages zu streichen: „Also, ich finde, man sollte die Pause wegstreichen, damit man mehr Freizeit hat und früher zu Hause ist" (S2_I6_w14, 30). Die gewonnene Stunde würde diese Jugendliche zur *Ermöglichung ihrer Freizeit nach der Schule* einsetzen wollen, da sie das Gefühl hat ihre Hobbys nicht umfassend verfolgen zu können:

> „Ich habe das Gefühl, einiges zu versäumen. Zum Beispiel sind wir heute erst um vier Uhr zu Hause und manche müssen noch zur Nachhilfe. Da hat man keine Freizeit mehr; keine Zeit sich mit Freunden zu treffen. Deswegen wäre es besser, wenn man früher Schluss hat. Dann könnte man noch die ganzen Hausaufgaben machen und sich danach für ein, zwei Stunden mit Freunden treffen, noch den Sport machen, den man im Verein ausübt" (S2_I6_w14, 92).

Insgesamt berichten einige Jugendliche, dass sie durch die Ganztagsschule Einschränkungen in der Ausübung ihrer diversen Sportvereinsaktivitäten hinnehmen müssen:

> „Also ich habe früher immer noch Leichtathletik gemacht und das fängt meistens schon um viertel nach zwei an. Ich habe bis viertel vor vier Schule. Also kann ich das auch nicht mehr machen. Und mit dem Boxen habe ich Glück, dass es abends ist. Und Schwimmen ist auch abends, aber ansonsten könnte ich das auch nicht mehr machen" (S3_I2_m16, 163).

Selbst wenn sich einige wenige Jugendliche innerhalb klassischer Sportformen aktiv betätigen wollten, fehlen ihnen dafür oftmals die *räumlichen Ressourcen*: „In der Freizeit kann man sich mehr auspowern als hier [in der Mittagspause]. Hier sind gar keine Aktivitäten, wo man sich zum Beispiel auspowern könnte" (S3_I2_m16, 130). Den meisten Jugendlichen fehlt allerdings insgesamt der *Wille zur Bewegung*, zumindest zur intensiven sportlichen Betätigung während der Mittagsfreizeit (vgl. Kap. 6.1.2). Vor allem berichten die Jugendlichen, dass weitere gern ausgeübte Freizeitbeschäftigungen wie Dart oder Billard an ihren Schulen nicht möglich sind:

> „Also in der Freizeitgestaltung, mit den Leuten vom Tischtennis spielt man auch Tischtennis zu Hause oder Dart oder Billard oder was ähnliches oder sonst guckt man Fern oder Playstation und mit denen in der Mittagspause unterhält man sich nur, weil man hat ja kein Fernsehen oder keine Playstation und Sport hat man in der Mittagspause ja auch irgendwie nicht Lust zu" (S4_I4_m14, 154).

Neben der Einschränkung in den (Sport-)Vereinsaktivitäten und den fehlenden räumlichen Ressourcen, geben die Jugendlichen an, eine die *Begrenzung ihrer Freizeitinteressen durch den Rahmen der Schule* zu erfahren. Einige empfinden die Mittagsfreizeit zum Teil als Verlust ihrer Freizeit, da sie während der Mittagsfreizeit ihre außerschulischen Hobbys nicht umsetzen können. Beispielsweise erwähnen die Jugendlichen, dass sie einige ihrer Sportvereinsaktivitäten bzw. Hobbys wie Boxen, Kampfsport, Schwimmen oder Playstation spielen in der Mittagsfreizeit nicht ausüben können (vgl. S2_I5_ w15, 40; S3_I4_m14, 25; S3_I2_m16, 12; S1_I1_m15, 106). Darüber hinaus kann die Mittagsfreizeit weitere klassische Freizeitaktivitäten wie Shoppen oder Rummelbesuche nicht kompensieren: „Weil man dann zum Beispiel in der Stadt rumlaufen kann oder auf die Kirmes gehen oder so etwas. Das kannst du hier auf dem Schulgelände natürlich nicht“ (S1_I2_m16, 207; vgl. S1_I1_m15, 192). Für diese Aktivitäten fehlen den Schulen die Möglichkeiten oder diese sind von Seiten der Schule nicht erwünscht. Dieser Umstand führt dazu, dass einige Jugendlichen die Mittagsfreizeit nicht wirklich als Kompensation zur Freizeit betrachten.

Zudem ist die *Freizeit im häuslichen Umfeld bzw. außerhalb der Schule durch mehr Freiheiten gekennzeichnet*. Im Gegensatz zur Schule können sich die Jugendlichen unbeobachteter und freier bewegen:

> „Irgendwie ist das zu Hause bequemer und viel entspannter als in der Schule. Hier fühle ich mich beobachtet von den ganzen Lehrern, wenn die irgendwo herkommen. Wenn man das Handy herausnimmt, ist das zu Hause nicht so ein großes Problem als in der Schule. Hier habe ich Angst, dass ein Lehrer mir das Handy wegnimmt oder es dem Direktor zeigt. Zu Hause habe ich das Problem nicht“ (S2_I6_w14, 36).

Gerade an Ganztagsgymnasien, an denen die *Nutzung eines Handys* auch in den Pausen nicht erlaubt ist, wird die Mittagsfreizeit als Einschränkung gegenüber der außerschulischen Freizeit wahrgenommen:

> „Die Mittagspause ist immer noch Schule, ich kann zum Beispiel nicht einfach so mein Handy herausholen, weil man darauf achten muss, dass kein Lehrer kommt und das einkassiert. Das wäre ja nicht so schön. Und in der Freizeit, wenn man jemandem etwas zeigen möchte auf dem Handy, dann ist das ja kein Problem. Und in der Schule gibt es so ein Schuldgefühl“ (S1_I3_m16, 64; S4_I4_m14, 156).

Ebenfalls wird der *eingeschränkte Zeitaspekt* durch die Mittagsfreizeit genannt, der zumindest die Dauer der Freizeit in der Schule limitiert: „Man kann sich in der Mittagspause zeitbedingt mit seinen Freunden treffen, aber nach der Schule so lange wie man will" (S3_I1_w14, 133). Diese genannten Gründe werden von einigen Jugendlichen als wesentliche Unterschiede der außerschulischen Freizeit zur Mittagsfreizeit genannt und führen dazu, dass sie die Mittagsfreizeit nur bedingt als Kompensation ihrer außerschulischen Freizeitmöglichkeiten empfinden.

Die meisten Jugendlichen haben jedoch, trotz dieser Einschränkungen und den unvermeidlichen Rahmenbedingungen der Schule, nicht unbedingt das Gefühl am Nachmittag ihre Freizeit zu versäumen: „Eigentlich nicht wirklich viel. Habe ich nicht" (S1_I2_m16, 210). Sie nivellieren teilweise sogar den Unterschied zwischen einer Mittagsfreizeit und der Freizeit außerhalb der Schule. Für sie besteht kein Unterschied, ob sie sich mit ihren Freunden in der Schule oder außerhalb der Schule treffen: „Das würde ich jetzt nicht so sagen. In der Mittagspause hat man eigentlich auch Zeit mit Freunden. Das macht keinen Unterschied" (S2_I3_m15, 28). Das hängt mit verschiedenen Gründen zusammen. Zum einen haben sich die Jugendlichen an die Ganztagsschule gewöhnt und der verlängerte Schulaufenthalt stört sie nicht mehr (vgl. S2_I3_m15, 102). Die *Gewöhnung an den verlängerten Schultag* trägt somit dazu bei, dass kein wirklicher Freizeitverlust empfunden wird: „Da ist man dran gewöhnt. Man verpasst eigentlich nichts" (S1_I2_m16, 216). Hinzu kommt, dass der Schultag zwar länger wird, aber dafür erhalten die Jugendlichen auch *mehr Freizeit durch ihre gewonnene Mobilität und altersbedingten Freiheiten im Elternhaus*:

> „Also ich würde die kurzen Tage immer noch bevorzugen, aber die langen Tage, die nutze ich jetzt immer mehr, weil, ich hab halt mittlerweile mehr Zeit. Ich darf mittlerweile länger draußen bleiben. Ich kann mit dem Bus alleine nach Hause fahren. Ich bin nicht mehr auf meine Eltern angewiesen. Und deswegen finde ich das auch gut, dass man die Mittagspause an den Dienstagen und Donnerstagen nutzen kann" (S2_I2_m15, 19).

Die zur Verfügung stehende Freizeit wird aufgrund der Alters also nicht unbedingt minimiert: „Es zieht nicht wirklich viel Zeit von der Freizeit ab" (S2_I2_m15, 17). In der Konsequenz empfinden einige Jugendliche den verlängerten Schultag an sich erstmal nicht als Freizeitverlust. Allerdings führen einige Aspekte dazu, dass den Jugendlichen dennoch weniger freie Zeit zur Verfügung bleibt, um mit ihren Freunden gemeinsam eine Freizeit außerhalb der Schule zu gestalten. Die freie Zeit wird dann innerhalb der Woche von einigen Jugendlichen zum *Ausspannen und Hausaufgaben* erledigen genutzt:

„Wenn man dann Schulende hat, ist es auch schon viertel vor vier. Man hat dann nicht mehr so viel Zeit sich dann zu treffen. Man nutzt dann eher die Zeit zuhause um zu entspannen oder auch Hausaufgaben zu machen, wenn man welche aufbekommen hat. Es ist dann eher nicht so, dass man sich noch mit Freunden verabredet" (S3_I2_m16, 163).

Einige Jugendliche bedauern zwar teilweise einen verlängerten Schultag, allerdings erklären sie, dass sie, neben der Vor- und Nachbereitung des Unterrichts, auch noch *weitere Termine in ihrer Freizeitgestaltung* einschränken. Zumindest scheinen einige Schüler die Freizeitgestaltung am ehesten am Wochenende zu verfolgen:

„Es ist schon ein bisschen schade, wenn man so lange Schule hat. Aber meistens, wenn ich mich mit meinen Freunden treffe, dann ist das eh am Wochenende, weil unter der Woche meist noch andere Sachen wichtig sind, wie Lernen, Hausaufgaben, wenn man mal richtig viel aufhat. Und ich mach ja zurzeit auch meinen Führerschein, dann muss ich dafür noch lernen. Dann bleibt nur das Wochenende" (S1_I3_m16, 57).

Aufgrund des Ganztages haben andere Jugendlichen zwar auch eingeschränkt innerhalb der Woche Freizeit, vorausgesetzt, sie müssen nicht für anstehende Klassenarbeiten lernen:

„Am Nachmittag hat man gar nicht die Zeit mehr Freunde zu treffen. Das geht nur Mittwoch und Freitag, wenn wir nur sechs Stunden haben oder am Wochenende. Wenn man dann auch Arbeiten schreibt, dann muss man auch an den kurzen Tagen lernen und dann wird das alles ein bisschen viel" (S3_I4_m14, 41).

Aufgrund der hohen Anforderungen der Schule und den Terminen am Abend sehen viele Jugendliche die Mittagsfreizeit als einzige Möglichkeit an den verlängerten Schultagen überhaupt Freizeit mit Freunden zu gestalten (vgl. S3_I2_m16, 163):

„Manchmal hat man wirklich Stress. Man kommt nach Hause. Bei mir ist das vor allem Mittwoch und Donnerstag der Fall. Mittwoch habe ich Ganztag, komme nach Hause und habe abends so viele Termine. Das hat sich für mich schon festgesetzt. Ich bin Mittwoch fast gar nicht zuhause und dann schaffe ich auch keine Hausaufgaben. Donnerstag ist es genauso. Ich habe zuhause so viel zu tun, dann wird das mit den Hausaufgaben knapp und ich schaffe auch gar nichts. Zum Verabreden habe ich auch keine Zeit. Dann kann man diese Zeit, die man nicht hat, in den Pausen nachholen. Zum Bespiel Montag und Dienstag haben wir auch Ganztag, und das ist dann einfach schwer sich dann mit Freunden zu treffen. Als Ersatz ist die Pause da, um sich mit anderen zu unterhalten" (S3_I3_w14, 48).

Vor diesem Hintergrund wird die Mittagsfreizeit schon als Ausgleich für die fehlende Freizeit am Nachmittag betrachtet: „Ja eigentlich schon. Die Mittagspause gleicht das dann wieder aus. Ohne die wäre das wirklich ein großer Mangel an Zeit, die fehlt" (S1_I2_m16, 174; S1_I3_m16, 55). Insbesondere wenn innerhalb des Klassenverbundes viele Freundschaften bestehen, kann die Mittagsfreizeit einen Ausgleich für die Freizeit am Nachmittag darstellen:

> „Wenn man, wie bei uns, eigentlich mit jedem aus der Klasse befreundet ist, glaube ich schon. Weil man redet hier echt wirklich viel und das ist meist auch ziemlich witzig, zumindest wenn die Jungs dabei sind. Für manche ist das bestimmt ein guter Ausgleich für die Freizeit" (S2_I5_w15, 146).

Für Jugendliche an Ganztagsgymnasien kann die Mittagsfreizeit somit nicht nur ein Freizeitersatz sein, sondern eine gute Gelegenheit sich überhaupt mit Freunden zu treffen und auszutauschen.

6.5.2 Treffpunkt und Kontaktbörse

Einige Jugendliche berichten, dass sie sich in ihrer Freizeit insgesamt selten mit Freunden treffen:

> „Ich verabrede mich eigentlich nicht mit meinen Freunden. Ich weiß auch nicht wieso. Also ich bin eher zuhause. Also ich habe wohl Freunde und so und verstehe mich auch mit denen, aber irgendwie, ich weiß nicht" (S4_I3_w14, 40).

Diese Jugendlichen finden das Zusammensein mit Freunden in der Mittagsfreizeit dementsprechend für sich als gewinnbringend und wollen nicht auf die Mittagsfreizeit verzichten:

> „Ich finde es eigentlich cool, dass ich eine Mittagspause habe, weil ich am Nachmittag gar nicht so viel zu tun habe. Ich hab nicht so viele Hobbys und deswegen denke ich, ist es besser, eine Mittagspause zu machen, als dass ich dann eher nach Hause gehen dürfte oder so, […] weil sonst würde ich

gar nicht mit denen [den Freunden] reden, weil ich mich ja nicht mit denen verabreden würde“ (S4_I3_w14, 38-42).

Insgesamt gefällt es nahezu allen Jugendlichen überaus gut, dass in der Mittagsfreizeit viele Gleichaltrige anzutreffen sind und die Mittagsfreizeit als *Treffpunkt* fungiert. Dies wird als ein klarer Vorteil der Schule betrachtet: „Und wenn wir nachmittags spielen würden, ich glaub, da würden nicht so viele Leute kommen“ (S2_I2_m15, 15). In der Mittagsfreizeit besteht für viele die Gelegenheit, über die enge Peergroup hinaus, sich auch mit einem erweiterten Kreis von Freunden zu treffen, was positiv bewertet wird:

> „Ich finde das gut, weil dann kann man sich mal mit denen unterhalten, mit denen man in der Freizeit nicht so viel machen kann, weil die weiter weg wohnen und dann kann man auch zusammen was essen gehen“ (S4_I4_m14, 150).

Die Vorzüge der Mittagsfreizeit als Treffpunkt werden sehr häufig genannt. Hier können über die enge Peergroup hinaus noch Kontakte zu weiteren Gleichaltrigen aufgebaut werden:

> „Einerseits hat man mehr Spaß in der Schule, weil man mit seinen Freunden spielt. Und in der Freizeit spielt man auch mal mit anderen Menschen. Aber vielleicht braucht man auch mal eine Pause von Freunden. Jetzt nicht im negativem Sinne, sondern, dass man auch mal mit anderen Menschen in Kontakt treten kann“ (S3_I1_w14, 127).

Die Mittagsfreizeit wird somit auch als *Kontaktbörse* bezeichnet, wodurch neue Freundschaftsbeziehungen aufgebaut werden können:

> „In der Schule sieht man vielleicht noch andere, das müssen ja nicht immer die aus der Klasse sein. Ich hab auch Freunde, die sind eine Stufe über mir. In der Pause stehen wir dann auch mal mit denen zusammen. So lernen meine Freunde die anderen Freunde kennen. Jetzt kennen die sich schon alle untereinander. Dann kommt man mit Menschen in Kontakt, mit denen man sonst nichts zu tun hätte“ (S3_I3_w14, 45).

Die Jugendlichen bewerten nicht nur die festen Freundschaften als positiv (vgl. Kap. 6.5.3), sondern sehen in der Mittagsfreizeit ebenfalls die Gelegenheit neue Kontakte zu knüpfen: „Ich kann auch mit anderen in Kontakt treten, auch was mit anderen machen, die nicht in unserer Gruppe sind“ (S2_I1_m15, 126). Das kann sogar so weit gehen, dass bewusst Kontakt über die eigene Klassengrenze hinaus gesucht wird, um weitere Freundschaften zu pflegen: „Da ich eh schon immer mit den Leuten aus meiner Klasse während der Schulstunden zusammen bin, muss ich die nicht auch noch in der Pause extra treffen" (S2_I6_w14, 90). Somit wird die Mittagsfreizeit nicht nur dazu genutzt, schon bestehende Freundschaften zu pflegen, sondern auch um in neue Freundschaften zu investieren und eben diese weiter auszubauen, wenn Sympathien auf beiden Seiten vorhanden sind (vgl. S1_I2_m16, 161). Der Möglichkeit neue Freunde kennenzulernen und dem Aufbau von neuen Freundschaftsbeziehungen in der Mittagsfreizeit wird von den Jugendlichen eine hohe Bedeutung beigemessen:

> „Eigentlich viel, weil wir alle Freunde haben, die nicht in unserer, sondern in anderen Klassen sind. Und dann treffen wir uns immer mit denen und gehen zusammen in die Mensa oder in die Stadt. Wir machen einfach etwas mit denen" (S3_I1_w14, 53).

Auch wenn die meisten dieser Kontakte als Freunde für die Schule bezeichnet werden, können auf diese Weise feste, klassenübergreifende Freundschaften entstehen, die über den Rahmen der Schule hinausgehen:

> „Also mit einem bin ich gut befreundet, mit dem treffe ich mich auch manchmal. Aber sonst sind das eher Freunde für die Schule, wo man auch Spaß haben kann. Und sonst habe ich noch einen Freund in der Klasse und eine Freundin, mit der ich mich auch regelmäßig treffe" (S4_I2_m14, 102).

Die Jugendlichen pflegen in ihrer Freizeit auch Freundschaften z. B. aus ihren (Sport-) Vereinsaktivitäten oder ihrem Wohnumfeld. Je nachdem wie eng die Freundschaften sind, wird sich mehr mit den Freunden von der Schule oder dem weiteren Umfeld getroffen (S1_I2_m16, 170-172; S4_I1_w14, 66). Aufgrund der eingeschränkten Rahmenbedingungen in der Schule und der geringeren Motivation zur Bewegung, aber auch wegen der speziellen Gesprächsthemen der Jugendlichen in der Schule (vgl. Kap. 6.5.4) und den neuen Impulsen von den neuen Freundschaften, erhöht sich die Kommunikation in der Mittagsfreizeit: „In der Mittagspause ist mir aufgefallen, dass wir viel mehr Gesprächsstoff haben" (S2_I4_w14, 165). Gerade innerhalb der engen Freundschaftsbeziehung würden vor allem die männlichen Jugendlichen ansonsten ihre Freizeit am Nachmittag eher durch ausgiebige Videospielen verbringen: „Am Nachmittag spielen wir ja meistens nur Videospiele" (S2_I1_m15, 55). Die Mittagsfreizeit hilft diesen Jugendlichen somit neue Freundschaften zu knüpfen und dabei sogar neue Kompetenzen zu erwerben (vgl. Kap. 6.5.5):

„Vielleicht auch sozial sein. Also einige Leute bei uns in der Klasse spielen gerne Computerspiele, ich gehöre auch dazu. Aber ich spiele halt auch noch so nebenbei Fußball. Und ich glaube, die Schule ist so eine der wenigen Möglichkeiten halt Leute wirklich zu treffen. Zu reden halt einfach nur und nicht die ganze Zeit nur zu spielen. Und ich denke auch, dass in den Pausen extrem viel geredet wird, man findet vielleicht neue Freunde. Das ist vielleicht jetzt nicht so extrem, aber man kommt mit den älteren Klassen in Kontakt, man findet vielleicht neue Freunde. Und ich denke, dass da so neue Kompetenzen entstehen, dass man eben offener ist oder redet" (S2_I2_m15, 40).

6.5.3 Freundschaftsbeziehungen von Jugendlichen

Kaum ein befragter Schüler gibt an, die Pause gerne alleine zu verbringen. Nur selten beschäftigen sich die Jugendlichen allein während der Mittagsfreizeit: „Und dann gibt es da noch so ein, zwei, drei Leute, die einzeln was machen" (S2_I2_m15, 11). Dies scheinen Jugendliche zu sein, die nach einem anstrengenden Vormittag mal explizit Ruhe suchen (vgl. Kap. 6.2.1.1) oder als Außenseiter bezeichnet werden (vgl. S4_I2_m14, 46). Auch in dem zuletzt genannten Fall besteht das Bedürfnis nach Kontakt zu anderen Mitschülern. Die meisten betonen, dass sie nicht alleine sein wollen: „Dass man nicht alleine ist, sondern immer mit Freunden ist und sich unterhalten kann und die dabei hat" (S4_I4_m14, 192). Die Freundschaft zu weiteren Gleichgesinnten in der Mittagsfreizeit besitzt für die Jugendlichen insgesamt „eine wichtige Bedeutung" (S2_I3_m15, 100; vgl. S1_I2_m16, 161; S2_I6_w14, 8; S2_I5_w15, 124; S2_I2_m15, 113; S4_I1_w14, 45).

Einige sprechen von „guten Freundschaften" (S4_I4_m14, 50), „richtigen Freundschaften" (S2_I3_m15, 14) und „besten Freunden und Freundinnen" (S1_I1_m15, 54; vgl. S2_I6_w14, 14). Ein geschlechtsspezifischer Unterschied kann hierbei nicht festgestellt werden: Sowohl Mädchen als auch Jungen geben an, dass sie ihre Mittagsfreizeit in erster Linie immer wieder mit ihren besten Freunden verbringen (vgl. S2_I3_m15, 11-12; S1_I3_m16, 15-16; S2_I6_w14, 11-12; S4_I3_w14, 13-14; S1_I1_m15, 47-48; S3_I1_w14, 59). Damit bestätigen fast alle der befragten Jugendlichen allgemein den hohen Stellenwert von Freundschaften in der Mittagsfreizeit, auch wenn eine Schülerin die Freundschaften zu den Mitschülern relativiert und die Dauer zumindest bei einigen Freundschaften auf die Schulzeit begrenzt ansieht:

„Ich glaube nicht, dass nach dem Abitur noch alle Kontakte zueinander haben. Ich selber glaube, ich werde es mit zwei Mädchen aushalten von zwölf, das merkt man auch schon in den Sommerferien, wer meldet sich und wer nicht“ (S2_I4_w14, 75).

Zumindest während der Schulzeit verbringen die sehr guten Freunde nicht nur ihre Mittagsfreizeit und Schulzeit zusammen, häufig treffen sie sich auch in ihrer Freizeit (vgl. S1_I3_m16, 14; S1_I4_m16, 36). Insbesondere der Freiraum in der Mittagsfreizeit bietet den Schülern die Chance über die gemeinsamen Aktivitäten in der Schule hinaus, Verabredungen für den Nachmittag oder das Wochenende zu treffen (vgl. S4_I4_m14, 159; S1_I4_m16, 36; S2_I2_m15, 48).

Die Jugendlichen halten sich in der Mittagsfreizeit zwar oft mit ihren besten Freunden auf, dennoch existieren Freundschaftsbeziehungen, die über diese *festen Freundschaften* hinausgehen und den Stellenwert der Mittagsfreizeit als Kontaktbörse für Jugendliche verdeutlichen (vgl. S1_I2_m16, 156-157; S1_I4_m16, 17-18). Ein männlicher Schüler erläutert die Beziehungen, die er zu seinen Mitschülern pflegt, und spricht allgemein von drei Gruppen:

„Es gibt Leute, mit denen ich mich sehr gut verstehe, es gibt Leute, mit denen ich mich so mittelmäßig verstehe und Leute, mit denen ich mich jetzt nicht so gut verstehe. Aber trotzdem kann man mit denen zusammen reden“ (S2_I3_m15, 10).

Während die festen Freundschaften zur ersten Gruppe gehören, werden die Freundschaften aus der zweiten Gruppe zwischen engen Freunden und entfernten Mitschülern verortet: „Das ist so ein Mittelding. Es sind nicht ganz lose Bekanntschaften, aber auch nicht ganz feste Freunde“ (S1_I2_m16, 169). Dennoch existieren viele Kontakte zu diesen in der Mittagsfreizeit, u. a. weil diese eine Ausweichmöglichkeit bieten, wenn die Tätigkeiten der festen Gruppe gerade nicht interessant sind:

„Wir sind in der Klasse neun Mädchen. Dadurch dass wir wenige sind, mache ich mal was mit meinen engeren Freunden, aber dann setze ich mich auch mal zu den anderen. Ich hab mit allen was zu tun. Wenn die einen noch lernen oder was angucken und ich darauf keine Lust habe, dann gehe ich zu den anderen, die gerade nicht lernen“ (S3_I3_w14, 27).

Die Jungen stufen die Bedeutung dieser Freundschaften als „so mittelmäßig“ ein und bezeichnen diese Freunde als „*Kumpels*“ (S2_I3_m15, 15-18). Eine Jugendliche erklärt, dass sie offen gegenüber den unterschiedlichen Subkulturen in der Mittagsfreizeit ist und zieht keine Differenzlinien, solange eine Sympathie besteht:

> „Das ist eigentlich unterschiedlich. Ich verbringe mit mehreren Leuten [die Pause]. Wenn wir jetzt sagen, mit diesen typischen Gruppen mit den Strebern, mit den Nerds, mit den Sportlern. Ich verbringe mit fast jedem Zeit, der nett wirkt“ (S1_I2_m16, 157).

In die dritte Gruppe fallen für einige Jugendliche sogenannte „*Bekannte*“, mit denen relativ selten Berührungspunkte entstehen (vgl. S4_I4_m14, 152). Eine weibliche Jugendliche bezeichnet den Kontakt zu diesen Personen als „nicht so eng“ (S2_I6_w14, 26). Die gemeinsame Tätigkeit beschränkt sich auf eine lockere Art der Kommunikation: „Nur so ein bisschen reden. Und sonst nichts“ (S2_I6_w14, 26).

Die Freundschaftsbeziehungen, in der sich die Jugendlichen aufhalten, variiert je nach Tätigkeit mitunter sehr stark. Es existieren öfter mal Kleingruppen, sowohl bei Jungen als auch bei Mädchen, von zwei bis drei Jugendlichen, die gemeinsam etwas unternehmen (S2_I1_m15, 47; S2_I2_m15, 13-16). Im Durchschnitt scheint die *Gruppengröße* der Mädchen und Jungen im Alter von 14-16 Jahren fünf bis sieben Jugendliche zu betragen und nur in wenigen Fällen wird diese Anzahl überschritten (vgl. S2_I3_m15, 8; S1_I1_m15, 50; S2_I2_m15, 11; S1_I3_m16, 18). Es kommt relativ selten vor, dass sich Schüler zu Gruppengrößen von mehr als sieben zusammenschließen. Am ehesten ist dies der Fall, wenn Jungen sportive Aktivitäten wie Ballspiele ausüben (vgl. S4_I2_m14, 46; S3_I1_w14, 55; S1_I4_m16, 14). Ein Jugendlicher berichtet sogar von Gruppengrößen mit bis zu vierzig Schülern, wenn es ums Spielen geht (vgl. S1_I2_m16, 81). An einer Schule scheinen allerdings die weiblichen Jugendlichen aus einer Klasse eine größere feste Gruppe von ca. zehn Mädchen gebildet zu haben und ihre Mittagsfreizeit gemeinsam zu verbringen, auch wenn mindestens eine Stammgruppe zu identifizieren ist:

> „Also eigentlich verstehe ich mich mit jedem. In dieser Gruppe sind sechs Mädchen und die Gruppe hat auch einen eigenen Namen. Aber in den Pausen machen wir auch alle etwas zusammen. Also auch mit den anderen Mädchen“ (S2_I4_w14, 13; vgl. S2_I5_w15, 8).

Die *Entwicklung von Freundschaften* scheint sich in der fünften bis siebten Klasse anzubahnen und sich dann weiterzuentwickeln. Ein Schüler führt an, dass zu Beginn der Schulzeit an der weiterführenden Schule der gemeinsame Stadtteil für die Zusammensetzung der Freundschaften eine Rolle gespielt hat, sich dies aber im Laufe der Schulzeit und mit wachsender Mobilität durchmischt hat (S2_I2_m15, 113). Spätestens ab der siebten Klasse scheinen sich die Freundschaftsbeziehungen zu festigen, aber sie werden für weitere Freundschaften geöffnet (vgl. S2_I4_w14, 26). In der Tendenz scheinen sich die Freundschaften zunächst also oftmals im Rahmen des Klassenbandes zu entwickeln und sich im Laufe der Schulzeit dann oftmals auf klassenübergreifende Freundschaftsbeziehungen auszudehnen. Des Weiteren können in der Mittagsfreizeit sowohl geschlechtshomogene als auch geschlechtsheterogene Freundschaftsbeziehungen im Jugendalter identifiziert werden. Im Folgenden wird auf die Freundschaftsbeziehungen in Bezug auf *Klassenzugehörigkeit* (Kap. 6.5.3.1) und *Geschlecht* (Kap. 6.5.3.2) näher eingegangen.

6.5.3.1 Klasseninterne vs. klassenübergreifende Freundschaften

Ein großer Teil der Jugendlichen gibt an ihre Mittagsfreizeit mit engen Freunden aus der Klasse zu verbringen und damit vor allem *klasseninterne Freundschaften* zu pflegen. Ein Grund hierfür liegt darin begründet, dass der Klassenverband eine enge Zugehörigkeit bietet und damit Peerbeziehungen innerhalb der Klasse fördert: „Also ich kenne auch mehrere aus den anderen Klassen, mit denen ich relativ viel mache, aber in den Pausen mache ich dann doch meistens eher was mit unserer Klasse" (S4_I4_m14, 26). Die Möglichkeit, sich in der Mittagsfreizeit mit Jugendlichen aus anderen Klassen auszutauschen, erkennt eine Vierzehnjährige, nutzt sie aber kaum, da sie sich mehr zu ihrer Klasse verbunden fühlt:

> „Da ist eine aus der Parallelklasse, mit der verstehe ich mich super und ich hätte auch die Chance dahin zu gehen, aber ich bin in der Mittagspause eher bei meinen Freunden aus der Klasse" (S2_I4_w14, 25).

Einige Jugendliche stellen ihre individuellen Wünsche, z. B. sich sportlich zu betätigen, in den Hintergrund und schließen sich der Mehrheit der Jugendlichen aus der eigenen Klasse an, die sich lieber unterhalten (S1_I1_m15, 110). Zudem ergibt sich durch die Klassenzugehörigkeit immer wieder die Möglichkeit neue Freundschaften zu bilden, da in vielen Klassen „jedes Jahr immer Schüler dazu kommen" (S1_I2_m16, 163). Ein weiterer Grund für klasseninterne Freundschaftsbeziehungen in der Mittagsfreizeit ist durch eine unterschiedliche Taktung der Mittagsfreizeit gegeben: „Meistens haben wir gar nicht zusammen Mittagspause. Zum Beispiel, die haben schon in der sechsten Stunde und wir haben erst in der Siebten" (S2_I6_w14, 24-26).

Die Jugendlichen halten sich in der Mittagsfreizeit oftmals mit Freunden aus der eigenen Klasse auf, gleichzeitig pflegen sie jedoch auch viele feste und lose *klassenübergreifende Freundschaften*. Nur einige wenige Jugendliche äußern, dass sie kaum Kontakt zu Jugendlichen aus anderen Klassen haben (vgl. S2_I1_m15, 47-53; S2_I2_m15, 3). Erklären lässt sich dieser Sachverhalt damit, dass einige Jugendliche sich mit Schülern aus anderen Klassen nicht verstehen: „Die Mädchen aus der Parallelklasse mögen uns nicht so und wir mögen die meisten auch nicht. Ich persönlich mag nur vier von denen aus der Klasse" (S2_I4_w14, 15). Der Großteil der interviewten Jugendlichen setzt sich in der Mittagsfreizeit allerdings nicht nur mit Klassenkameraden zusammen, sondern pflegt auch klassenübergreifende Kontakte. Für das nicht ausschließlich klasseninterne Beisammensein nennen die Jugendlichen mehrere Gründe.

Die Jugendlichen unterhalten freundschaftliche Beziehungen mit Mädchen und Jungen aus Parallelklassen, die ihnen in der Mittagsfreizeit einen Besuch abstatten: „Dann kommt noch manchmal jemand von der anderen Klasse dazu" (S2_I1_m15, 161; vgl. S3_I1_w14, 59; S2_I2_m15, 48). Ein männlicher Schüler sieht kein Problem darin, seine Pause isoliert von seinen Klassenkameraden zu verbringen: „Weil ich mich mit ein paar aus der A gut verstehe. So als einziger aus der anderen Klasse, aber das stört mich nicht" (S4_I2_m14, 104). Im Gegenteil, die Möglichkeit sich in der Pause auch klassenübergreifende Freundschaften zu unterhalten wird eher als Chance betrachtet (vgl. S2_I4_w14, 25).

Ebenso kann es zu klassenübergreifenden Freundschaften aus Parallelklassen kommen, wenn eine Klasse aufgeteilt wird. Eine Schülerin berichtet hierzu, dass die Mittagsfreizeit eine gute Gelegenheit bietet, um sich mit Freunden aus ihrer ehemaligen Klasse wiederzutreffen:

> „Eigentlich nur in der Schule. Die Freundschaften sind dadurch entstanden, weil wir jetzt mit anderen in einer Klasse sind. In der fünften und sechsten Klassen waren wir mit denen zusammen, dann wurden die Klassen aufgeteilt, aber die Freundschaft zwischen uns ist geblieben. Auch wenn die zusätzlich woanders wohnen. Wir treffen uns dann immer in der Schule, meistens in der Mittagspause, weil die kurzen Pausen in der Schule für uns nicht reichen" (S3_I1_w14, 63).

Neben den Freunden aus den Parallelklassen existieren klassenübergreifende Freundschaften, die auf das Wiederholen einer Klasse zurückzuführen sind. Die „Sitzenbleiber" verbringen ihre Mittagsfreizeit nicht immer mit ihrer neuen Klasse, sondern öfters noch mit ehemaligen Mitschülern (S2_I2_m15, 11). Sie freuen sich sehr auf die Mittagsfreizeit, weil sie dann mit ihren Freunden aus ihrer alten Klasse sich treffen können: „Also die Mittagspause ist wichtig, weil ich mich mit ein paar alten Kollegen aus meiner alten Klasse treffe. Ich habe [eine Klasse] wiederholt" (S3_I2_m16, 5).

Manchmal wird auch aus organisatorischen Gründen die Mittagsfreizeit klassenübergreifend gestaltet, da diese nicht zeitgleich beginnt oder einige der Klassenkameraden noch Förderangeboten nachgehen:

„Wenn Schüler aus einer anderen Klasse noch Unterricht haben und der Rest dieser Klasse frei hat, weil [die Schüler] verschiedene Fächer in dieser Stunde haben. Dann hängen wir schon mal mit den anderen ab, damit die dann nicht ganz alleine sind“ (S1_I1_m15, 70).

Zudem bieten die Sitz- und Essgelegenheiten in der Cafeteria oft nicht genügend Platz, dass alle Peers aus einer Gruppe nebeneinander sitzen können (vgl. S4_I1_w14, 92). Die Sporthalle wird in der Mittagsfreizeit am ehesten von Jugendlichen unterschiedlicher Klassen genutzt, da diese für „alle Schüler öffentlich ist“ und die Jungen ihre Mannschaftsspiele in größeren Gruppen austragen (S4_I2_m14, 24).

Zusammenfassend bleiben die Schüler in der Mittagsfreizeit nicht nur klassenintern zusammen, sondern pflegen auch Freundschaften mit Schülern aus Parallelklassen oder Klassen höherer bzw. niedrigerer Stufen (vgl. S4_I2_m14, 105; vgl. S1_I3_m16, 92-96). Ein Jugendlicher erklärt, dass in der Regel allerdings keine Freundschaftsbeziehungen zu Schülern bestehen, die zwei Jahrgänge unter oder über einem selbst sind: „Wenn ich jetzt in der zehn bin, dann sind meistens ein paar Neuner, ein paar Zehner und ein paar Elfer dabei“ (S1_I2_m16, 84). Mit jüngeren Kindern aus den Klassen fünf bis sieben treffen sich die Jugendlichen aus den Klassen neun bis zehn eher ungern (vgl. S1_I3_m16, 96; S1_I2_m16, 85-86). Dies trifft sowohl auf geschlechtshomogene als auch auf geschlechtsheterogene Freundschaftsbeziehungen zu.

6.5.3.2 Geschlechtshomogene vs. geschlechtsheterogene Freundschaften

Viele Jugendliche, Mädchen wie Jungen, geben an, ihre Mittagsfreizeit in *geschlechtshomogenen Gruppen* zu verbringen (vgl. S3_I4_m14, 19; S2_I3_m15, 25-26; S3_I1_w1, 56-57; S2_I6_w14, 14-16). Aussagen wie „auch eigentlich nur die Mädchen, denn mit den Jungs verstehen wir uns jetzt nicht so prima“ (S2_I4_w14, 14-15) oder „bei uns in der Klasse gibt es nicht viele Mädchen und ich glaube, da gibt es [bei den Mädchen] relativ kleine Gruppen und die halten sich nicht wirklich mit uns auf“ (S2_I2_m15, 13) werden als Begründungen geliefert. Ein weiterer Grund lässt sich im unterschiedlichen Verhalten in der Mittagsfreizeit finden:

„Also die Jungs gehen meistens, nicht alle, aber die meisten, die gehen dann raus und setzen sich vor die Tür. Vielleicht wollen die nicht, dass der Lehrer die sieht. […] Die Mädchen bleiben eigentlich meistens drinnen“ (S3_I3_w14, 23).

Während ein männlicher Jugendlicher anführt, dass die Jungen an einem Treffpunkt sitzen und reden, während ihre Klassenkameradinnen auf dem Pausenhof herumlaufen (vgl. S2_I3_m15, 30), gibt ein anderer Schüler an, dass die Möglichkeit der Nutzung der Sporthalle in der Mittagsfreizeit lediglich von Jungen angenommen wird (vgl. S4_I2_m14, 24). Die Mädchen und Jungen, auch aus einer Klasse, gehen in der Mittagsfreizeit oftmals unterschiedlichen Aktivitäten nach. Auch die Kommunikation findet oft innerhalb gleichgeschlechtlicher Gruppen statt. Nur selten mischen sich die Jungen und Mädchen sich in ihren Unterhaltungen (vgl. S2_I6_w14, 10).

Allerdings existieren auch gegenteilige Äußerungen von Jugendlichen. Mehrere Jungen und Mädchen sagen aus, dass sie in gemischtgeschlechtlichen Gruppen agieren (vgl. S3_I2_m16, 51; S4_I3_w14, 19-20). Diese Jugendlichen scheinen geschlechtsübergreifende freundschaftliche Beziehungen zu unterhalten und Spaß in heterogenen Gruppen zu haben: „Bei uns ist das kein Problem eigentlich. Wir verstehen uns relativ gut unter Mädchen und Jungs. Also das ist immer ganz witzig" (S2_I5_w15, 13). Einige Jugendlichen konkretisieren das Geschlechterverhältnis in ihren Gruppen. Es scheint hier der Fall zu sein, dass diese Gruppen aus mehreren Jungen und wenigen Mädchen bestehen (vgl. S4_I4_m14, 54; S4_I1_w14, 38). Ein Jugendlicher berichtet ganz konkret: „Wir sind fünf Leute, drei Jungs und zwei Mädchen. Wir kennen uns alle eigentlich schon seit der fünften Klasse, aber richtig eigentlich erst seit ein bis zwei Jahren" (S1_I1_m15, 52). Unabhängig von der Gruppenzusammensetzung unterhalten sich die Jugendlichen während der Mittagsfreizeit über verschiedene Themen.

6.5.4 Gesprächsthemen

Die Schüler haben während ihrer Pausen sehr viele Gesprächsthemen, die sie auf eine unterschiedlich Art und Weise gestalten: „Wir reden ernst, wir reden mal ein wenig verrückt. Und manchmal ist es einfach ganz normal, so ein ganz normales Gespräch, Smalltalk und alles" (S2_I3_m15, 44; S2_I4_w14, 7). Es werden zum einen häufig schulische Thematiken aufgegriffen und zum anderen drehen sich die Gespräche um das andere Geschlecht sowie private, familiäre und freizeitliche Angelegenheiten (vgl. S1_I3_m16, 22). Einige wenige Schüler bevorzugen während ihrer Pausen ausschließlich schulische Thematiken und vertagen ihre privaten Gespräche vorwiegend in die Freizeit. Diese Schüler nehmen damit eine Unterscheidung der Gesprächsthemen zwischen Schule und Freizeit vor (vgl. S3_I3_w14, 45).

Meist sprechen die Schüler während der Mittagsfreizeit über nahezu alle schulischen Bereiche:

> „Hauptsächlich jetzt über die Projektwoche, über einzelne Lehrer oder über Noten und ob sie gerecht verteilt worden sind oder wie der Unterricht von dem jeweiligen Lehrer ist. Also wie gut der [Unterricht] ist oder wir reden über die Zukunft, wenn wir in der Oberstufe sind, welche Leistungskurse wir wählen würden und wie wir unser Abitur machen wollen" (S2_I4_w14, 19).

Ein großer Bereich ist die Diskussion über die *vorangegangenen Stunden* (vgl. S2_I5_w15, 15). Lediglich eine Schülerin gibt an, dass sie mit ihrem Freundeskreis nur gelegentlich über vergangene Stunden der Hauptfächer spricht. Bei Nebenfächern will sie „eigentlich nur noch schnell durch" und nicht mehr darüber reden (S4_I1_w14, 110). Ansonsten wird über verschiedene Inhalte aus den letzten Unterrichtsstunden gesprochen, bei denen es u. a. um die *Vor- und Nachbereitung des Unterrichts* geht (vgl. Kap. 6.2.2). Beispielsweise werden spezielle Impulse oder Eindrücke aus dem Unterricht, u. a. Filme, thematisiert und im Rahmen der Pausengespräche werden die Erlebnisse aufgearbeitet (vgl. S2_I1_m15, 175). Häufig bieten die Mittagspausen einen Rahmen zur Klärung von Verständnisfragen aus dem Unterricht. Die Schüler nutzen ihre Zeit, um „über den Schulstoff zu sprechen, den man nicht verstanden hat" (S2_I4_w14, 169). Sie klären offene Fragen und helfen einander bei unterrichtlichen Problemen sowie beim Lernen. Zur Klärung individueller Fragen aus dem Unterricht werden vor allem die kleinen Pausen zwischen den Stunden genutzt (vgl. S3_I3_w14, 19-21). Vor den Klassenarbeiten tauschen sich die Schüler über mögliche Inhalte und Probleme aus und insbesondere nach Klassenarbeiten erörtern die Jugendlichen mögliche Ergebnisse, Probleme, Fehler, Schwierigkeitsgrade oder Umfänge der geschriebenen Arbeiten (vgl. S2_I2_m15, 83). Schwächere Schüler werden von ihren Freunden unterstützt, damit sie den Lernstoff bewältigen können und bessere Noten schreiben (vgl. S2_I3_m15, 52). Einige Schüler nutzen die Mittagsfreizeit, um schulische Schwierigkeiten miteinander zu besprechen und Lösungen für eine geringe mündliche Teilnahme am Unterricht zu finden: „Manche von uns, die haben in der Schule ein paar Probleme, weil sie sich nicht melden wollen und so. Und da reden wir manchmal darüber, wie wir ihm helfen könnten und alles" (S2_I3_m15, 50; vgl. S3_I2_m16, 7).

Ein weiteres großes schulisches Thema ist die Diskussion über die *Lehrkräfte*. Nach den Angaben der Jugendlichen wird in den Pausen viel über Lehrer „gelästert" oder geredet (S1_I2_m16, 128):

> „Wenn ein Lehrer doof ist, dann regt man sich darüber auf und diskutiert das mit seinen Freunden. Wenn der Unterricht doof war, dann diskutiert man das auch mit seinen Freunden. […] Dann nehmen wir uns einen Lehrer vor und reden wir was über den" (S3_I4_m14, 146-147).

In den Pausen machen sich die Schüler häufig über Lehrer lustig (vgl. S4_I2_m14, 66). Auch Probleme zwischen einzelnen Schülern und Lehrern werden in den Fokus der Jugendlichen gerückt: Man

> „tauscht sich darüber in der Pause aus, ob man was machen sollte, ob man zum Klassenlehrer gehen sollte. Im Unterricht ist das etwas schlecht zu machen. In der Pause sind die anderen Lehrer nicht dabei, dann kann man etwas freier sprechen" (S3_I3_w14, 33).

Darüber hinaus ist mit der *Kurswahl für die Oberstufe* und den Gedanken über das Abitur häufig auch der Austausch über *berufliche Interessen und Perspektiven* verbunden (vgl. S2_I4_w14, 77).

Je nach Gruppenzusammenstellung tauschen sich einige Jugendliche über das *andere Geschlecht* aus: „Bei uns ist das schon so. Sehr häufig, dass wir mal über die reden" (S4_I1_w14, 104). Insbesondere, „wenn etwas Besonderes in der Klasse vorgefallen ist mit den Mädchen, dann wird natürlich in der Jungengruppe darüber heiß diskutiert. Wenn etwas mit den Mädchen passiert ist oder so" (S4_I2_m14, 54). Dieser Schüler gibt allerdings an, dass er sein Interesse an Mädchen weniger in der Schule und vielmehr im privaten Rahmen mit seinen besten Freunden bekundet (vgl. S4_I2_m14, 56). Diese Gespräche über das andere Geschlecht finden meist in gleichgeschlechtlichen Gruppen statt (vgl. S2_I3_m15, 58). Sobald sich männliche und weibliche Schüler mischen, hängt es nach Angaben eines Jugendlichen stark davon ab, welche Jungen sich unter die Mädchengruppe mischen: „Die Jungs, die schwul, bi und sonst etwas sind, die reden offener, auch mit den Mädchen. Die anderen sind eher eingeschränkt vom Redevermögen her" (S1_I4_m16, 54). Einige Jungen wiederum geben an, dass ihre Gesprächsthemen wenig variieren, wenn sich Mädchen in der Pause bei ihnen aufhalten: „Mit den Mädchen in meiner Klasse kann man ganz offen und ehrlich reden, das ist kein Problem" (S1_I3_m16, 32).

Neben diversen schulischen Thematiken und dem anderen Geschlecht unterhalten sich die Jugendlichen mit ihren Gruppen auch über private Angelegenheiten oder freizeitliche Aktivitäten. Einige wenige Schüler geben an sich vorwiegend über *private Themen* zu unterhalten (vgl. S2_I6_w14, 58). Dazu gehören persönlich Probleme, die mit festen Freunden besprochen werden: „Okay, das ist gemein, aber manche ritzen sich, manche wollen von Zuhause raus" (S1_I4_m16, 28). Im Austausch werden Tipps und Vorschläge zur Problembewältigung oder -lösung gegeben. Einige Themen scheinen in der Schule, zumindest in der Gruppe, ‚tabu' zu sein. Ein Schüler bringt an dieser Stelle beispielhaft an:

> „Außerhalb kann man freier reden, weil manche ganz anders ticken. Es gibt zum Beispiel welche bei uns an der Schule, die bi sind. Die stehen auf beide Geschlechter. Das können die in den Gruppen nicht einfach so sagen, weil die dann Angst haben ausgegrenzt zu werden“ (S1_I4_m16, 46).

Einige private und intime Thematiken werden nach den Angaben dieses Schülers also eher im privaten Rahmen besprochen (vgl. S2_I3_m15, 42).

Ein weiterer wesentlicher Bereich der Gesprächsthemen sind die *freizeitlichen Aktivitäten*. Häufig werden Verabredungen für Unternehmungen getroffen, z. B. „ob man mal wieder zusammen feiern möchte oder ob man mal in die Disko gehen möchte“ (S1_I3_m16, 25). Darüber hinaus finden die meisten privaten Gespräche in Gruppen statt, die sich aufgrund gemeinsamer Interessen oder dem gemeinsamen Wohnort bilden:

> „Weil alle gemeinsame Interessen haben, z. B. Computer spielen oder Fußball spielen. Oder sie wohnen im selben Stadtteil, haben halt viel miteinander zu tun. Und deswegen kommen halt auch so Themen auf, die da halt so zu passen“ (S2_I2_m15, 46).

Die männlichen Jugendlichen tauschen sich während ihrer Pausen häufig über ihre Erfahrungen mit verschiedenen Computer- oder Videospielen aus (vgl. S2_I1_m15, 29). Aber auch Handys spielen eine Rolle in den Gesprächen. Zum einen sprechen die Jugendlichen über Testberichte einzelner Smartphones und zum anderen schicken sich die Schüler gegenseitig Bilder per Handy (vgl. S4_I2_m14, 51-52). Innerhalb dieser Gespräche, aber auch in Bewegungssituationen, können die Jugendlichen informell diverse Kompetenzen erwerben.

6.5.5 Informeller Kompetenzerwerb

Die Mittagsfreizeit ist ein Ort, an dem die Schüler *informelle Kompetenzen* erwerben können. Allerdings wird erwähnt, dass diese von den Jugendlichen nicht bewusst angestrebt werden, sondern eher ‚nebenbei‘ und situationsbedingt erfolgen: „Das kommt glaube ich eher mit der Situation, man macht das eigentlich doch sehr unbewusst“ (S1_I2_m16, 193). Der informelle Kompetenzerwerb erfolgt zu einem großen Teil während der Kommunikation innerhalb der Freundschaftsbeziehungen. *Fachliche Kompetenzen* werden durch Vor- und Nachbereitung des Unterrichts erworben (vgl. Kap. 6.2.2). Zwei Freunde aus einem Ganztagsgymnasium berichten von ihren Gesprächen in der Mittagsfreizeit und dem fachlichen Wissen, was sie dabei erwerben: „Wir reden viel über Politik, über früher, über die Geschichte von Deutschland und von anderen Ländern. Und da habe ich mittlerweile schon viel Wissen gesammelt" (S2_I3_m15; S2_I1_m15, 167). Dieses Wissen erwerben die beiden aus den Medien und machen es dann in den Pausen zum Gesprächsthema: „Wenn jemand etwas im Radio gehört hat oder eine Doku gesehen hat, dann unterhalten wir uns darüber" (S2_I1_m15, 171).

Abgesehen von den fachlichen Kompetenzen wird von einem *überfachlichen Kompetenzerwerb* berichtet. Die Schüler sind sich durchaus über die Bedeutung von überfachlichen Kompetenzen bewusst und erwähnen, dass sie diese in der Mittagsfreizeit erwerben können. Beispielseise antwortet ein Schüler auf die Frage, ob die in der Mittagsfreizeit erworbenen Kompetenzen ihm über die Schule hinaus weiterhelfen können: „Ja klar. Vor allem das Selbstbewusstsein. Oder, dass man anderen Leuten hilft, wenn die von anderen fertig gemacht werden. Dann sollte man auf jeden Fall helfen und einschreiten" (S3_I2_m16, 31). Dieser Schüler erwähnt *Selbstbewusstsein* und *Hilfsbereitschaft* als erlernbare Kompetenzen während der Mittagsfreizeit (vgl. S4_I4_m14, 172).

Insgesamt werden von den Jugendlichen vorwiegend soziale Kompetenzen angeführt. Auch wenn es bei den Jugendlichen in der Mittagsfreizeit in der Regel selten zu Konfliktsituationen kommt (vgl. Kap. 6.5.7), sind die Schüler der Auffassung, dass sie in Streitsituationen lernen *Toleranz zu zeigen* und *sich an Regeln zu halten*: „Ja, ich glaube eigentlich schon, dass wir untereinander lernen, z. B. mit den anderen umzugehen. Oder sich in dem Sinne an Regeln zu halten, Regeln einzuhalten" (S1_I2_m16, 102). In diesem Zusammenhang berichtet ein Jugendlicher, dass er lernt in der Mittagsfreizeit *andere Mitschüler ausreden zu lassen*, wobei er gleichzeitig eingesteht, dass dies von den Jugendlichen in seinem Alter als selbstverständlich angesehen werden sollte (vgl. S1_I3_m16, 181). Ein Schüler berichtet vom *Einfühlungsvermögen*, welches in der Mittagsfreizeit gefragt ist: „Ja, das schon. Ich muss auf den anderen eingehen und gucken, dass ich nicht zu schnell vorpresche, um ganz ruhig da heranzugehen" (S2_I1_m15, 34). Die Jugendlichen erwähnen mehrmals, dass sie lernen wie sie sich bei Meinungsverschiedenheiten einigen und *Kompromisse eingehen* können (vgl. S4_I4_m14, 172). Vor allem lernen die Jugendlichen wie sie sich in Konfliktsituationen angemessen verhalten sollten: „Da lernt man, wie man in solchen Situationen reagieren sollte oder wie man das einer Person sagen könnte" (S2_I5_w15, 122). Eine Schülerin bildet allerdings eine Ausnahme. Ihr ist Toleranz und Fairness in Konfliktsituationen nicht sehr wichtig. Sie beschreibt sich selbst sogar als intolerant, da sie ihre Meinung immer „stur durchsetzen" will. Doch dieser Schülerin ist sich bewusst, dass soziale Kompetenzen später über die Schule hinaus wichtig sein werden, da man dadurch mehr Freundschaften schließen könne (vgl. S2_I6_w14, 103-112).

Mehrere Jugendliche geben an durch die vielen Bekanntschaften in der Mittagsfreizeit verschiedene Jugendliche kennen zu lernen und dabei lernen, offener und sympathischer zu wirken (vgl. S2_I2_m15, 40). Ein Schüler geht genauer auf die *Sympathiefähigkeit* ein:

> „Ich lerne den Umgang mit anderen Leuten. Man lernt sympathischer zu wirken. Man gehört dann nicht zu den Leuten, die einen auf der Straße manchmal ansprechen und ganz komisch reden und total unsympathisch wirken. Man lernt sich besser zu verständigen“ (S2_I3_m15, 124).

Die Mittagsfreizeit als Sozialraum bzw. Kontaktbörse führt dazu (vgl. Kap. 6.5.2), dass die Schüler sich über die Schule hinaus leichter mit neuen Menschen anfreunden können (vgl. S2_I3_m15, 126; S4_I4_m14, 175). Ebenfalls wird von der *Vertrauensfähigkeit* berichtet, wenn sich Schüler z. B. gegenseitig Geld leihen (vgl. S4_I4_m14, 172). Zwei Schüler nennen die *Planungskompetenz*: „Auch so ein bisschen zu planen, wie man etwas macht“ (S1_I2_m16, 102; vgl. S4_I4_m14, 172).

Auch in Bewegungssituationen spielt das soziale Lernen eine Rolle. Ein bewegungsfreudiger Jugendlicher beschreibt, dass sie darauf achten *beim Spiel fair miteinander umzugehen*: „Man spielt fair miteinander. Es gibt ab und zu Momente, da denkt man sich, dass das schon ein Regelverstoß ist. Aber sonst spielt man größtenteils fair“ (S1_I2_m16, 92). Allerdings kommt es in der Mittagsfreizeit kaum zu einem Kompetenzerwerb durch Bewegungssituationen, da die wenigsten Jugendlichen sich sportlich betätigen (vgl. Kap. 6.1.2.2).

Damit werden von den Jugendlichen diverse fachliche und überfachliche Kompetenzen angeführt, die während der Mittagsfreizeit erlernt werden können. Allerdings wird in wenigen Fällen auch von Hierarchien in Schülergruppen berichtet, die Konflikte und z. T. sogar Mobbing verursachen können.

6.5.6 Hierarchien, Konflikte und Mobbing während der Mittagsfreizeit

Die interviewten Schüler berichten von unterschiedlichen Erfahrungen mit *Hierarchien* innerhalb der Gruppen, in denen sie sich in der Mittagsfreizeit aufhalten. Dabei wird ersichtlich, dass bei ihnen unterschiedliche Vorstellungen von der Begrifflichkeit „Hierarchie“ vorherrschen. Einige der Schüler assoziieren damit, dass eine einzelne Person eine Gruppe leitet oder Dinge vorgibt und Aktivitäten bestimmt. Ein Schüler erzählt von jemandem in seiner Clique, der „ein bisschen das Oberkommando“ (vgl. S2_I2_m15, 109) hat und von anderen Mitschülern,

„die dann vielleicht ein bisschen mehr zu sagen haben" (S2_I2_m15, 111). Andere Schüler wiederum verstehen unter hierarchischen Verhältnissen, dass die Gesprächsanteile einiger Gruppenmitglieder deutlich über denen anderer liegen: „Ja, also bei uns gibt es ein paar Mädels, die reden nicht so viel. Dann gibt's ein paar Mädels, die reden sehr viel" (S2_I5_w15, 116; vgl. S2_I2_m15, 109). Eine Schülerin hat den Eindruck, dass sich die hierarchische Struktur innerhalb ihrer Gruppe darin äußert, dass es Personen gibt, die das Bedürfnis haben, im Mittelpunkt zu stehen: „Manche, die müssen immer im Mittelpunkt stehen, die brauchen diese Aufmerksamkeit" (S2_I5_w15, 116).

Vereinzelt berichten Schüler davon, dass es „schon so eine Dominanz" (S2_I2_m15, 109) in ihrer Gruppe gibt oder dass es so etwas zumindest schon einmal gab: Entweder haben sie diese Erfahrungen in jüngeren Schuljahren gemacht oder als sie sich noch in anderen Gruppen aufgehalten haben: „Früher war es so, dass sich mehrere Gruppen gebildet haben und der Stärkste und Größte daraus die ganze Truppe angetrieben hat" (S3_I2_m16, 35). Dieses Verhalten wurde von dem betreffenden Schüler zwar nicht als gut befunden, aber dennoch von ihm und seinen Mitschülern toleriert (vgl. S3_I2_m16, 36-41). Diejenigen, die so etwas wie Hierarchie in ihrer Gruppe erleben, sprechen dieser Gruppenstruktur aber nicht in jeder Situation unbedingt nur negative Aspekte zu. Wenn Entscheidungen von einem Einzelnen für die ganze Gruppe getroffen werden, wird das manchmal auch als positiv empfunden, weil das Handeln des Anführenden oft als vernünftig angesehen wird (vgl. (S2_I2_m15, 109). Somit stelle sich ihm auch niemand entgegen, sondern „dann schließen sich die meisten bei ihm an" (S2_I2_m15, 109; S2_I6_w14, 20).

Mehrere Schüler reflektieren, welche Gründe für das Vorhandensein von hierarchischen Strukturen innerhalb einer Gruppe existieren. Dafür finden sich verschiedene Ansätze. Ein Schüler begründet die Existenz eines ‚Anführers' nicht damit, dass eben dieser „am meisten Freunde hat oder am beliebtesten ist, sondern einfach, weil der am intelligentesten ist" (S2_I2_m15, 109). Ein paar andere Schüler beschreiben jedoch denjenigen, der in ihrer Gruppe das Sagen hat, als den Stärksten und Größten (vgl. S3_I2_m16, 35). Sie berichten von Erfahrungen, in denen „die Stärkeren angeben, was die Schwächeren machen" (S1_I2_m16, 104). Dabei wird Stärke dadurch definiert, mehr Kraft als andere zu haben (vgl. S1_I2_m16, 106). Die Meinung eines einzelnen anderen Schülers ist, dass es einfach an jeder Schule von Natur aus Personen gibt, die einen höheren Stand haben und eben auch andere Mitschüler unterdrücken (vgl. S1_I4_m16, 38).

Der Großteil der Interviewten empfinden jedoch kaum so etwas wie Hierarchie in ihrer Gruppe (vgl. S2_I3_m15, 22; S1_I3_m16, 28; S3_I2_m16, 35; S1_I1_m15, 56-58; S4_I4_m14, 52; S4_I3_w14, 28). Diese Schüler erleben ihre Gruppe so, dass es keine Person gibt, die vorgibt, was in der Pause gemacht wird: „Ich finde nicht, dass wir jetzt einen haben, der sagt, was wir machen und alles" (S2_I3_m15, 22). Die Interviewten empfinden die Mittagsfreizeit eher so, dass gemeinsam entschieden wird, wie die Zeit gestaltet wird (vgl. S2_I3_m15, 22). Auch im Hinblick auf das Kommunikationsverhalten innerhalb der Gruppe haben die besagten Schüler eher den Eindruck, dass eine lockeren Atmosphäre herrscht, in der jeder frei sprechen kann:

> „Im Prinzip spricht jeder so viel, wie er sprechen möchte. Da ist nicht einer, der durchgehend redet, sondern da können auch andere Mal etwas sagen, wenn sie das möchten" (S1_I3_m16, 28).

Einige der Schüler führen diese Gleichstellungen weiter aus, indem sie berichten, dass alle Gruppenmitglieder ja machen könnten, was sie wollen" (S4_I4_m14, 52): „Ich würde sagen, alle sind gleichgestellt" (S4_I3_w14, 28).

Andere Schüler berichten, dass sie in der Mittagsfreizeit kaum bis gar nicht mit *Konflikten* in Kontakt geraten (vgl. S3_I4_m14, 28-31; S2_I3_m15, 127-128). Teilweise seien zwar früher öfter Konflikte aufgetreten „aber mittlerweile kaum noch" (S2_I3_m15, 128). Zwei männliche Schüler sprechen sogar davon, dass bei ihnen „alles total friedlich" (S1_I3_m16, 30) sei und dadurch auch keine Konflikte gelöst werden müssen (vgl. S2_I3_m15, 48). Der Großteil der Schüler kann jedoch von Situationen berichten, in denen es zu Konflikten unter Mitschülern in der Mittagsfreizeit gekommen ist. Oftmals handelt es sich dabei allerdings nur um Meinungsverschiedenheiten: „Oft streiten sie sich nur, wo sie hingehen wollen, ob zur Imbissbude oder zur Pizzeria. Die einen wollen dahin, die anderen wollen dahin, aber kein richtiger Streit so" (S4_I4_m14, 164). Die Meinungsverschiedenheiten können in den meisten Fällen schnell aus der Welt geschaffen werden, indem entweder mehrheitlich abgestimmt wird (vgl. S4_I4_m14, 168) oder einer der Beteiligten einfach nachgibt (vgl. S4_I1_w14, 72).

Ab und zu kommt es jedoch auch zu größeren Streitigkeiten unter den Schülern (vgl. S1_I1_m15, 73-80; S1_I1_m15, 161-169; S2_I4_w14, 32-33). Diese haben verschiedene Gründe. Mal geht es um außerschulische Themen, wie familiäre Probleme (vgl. S1_I1_m15, 166), mal um das Verhalten von einzelnen Person, welches andere als störend empfinden (vgl. S2_I4_w14, 33; S1_I1_m15, 166). In diese Konflikte sind manchmal nur einzelne Schüler verwickelt (vgl. S1_I1_m15, 169), manchmal jedoch auch ganze Gruppen (vgl. S1_I1_m15, 77-80). Um sowohl kleine Meinungsverschiedenheiten als auch größere Konflikte zu lösen, geben die interviewten Schüler verschiedene Lösungsstrategien an. Einige Schüler haben innerhalb der Gruppen, in denen sie sich in der Mittagsfreizeit aufhalten, Mitschüler, die in Konfliktsituationen den Part eines Streitschlichters einnehmen und versuchen, zwischen den beiden Konfliktparteien zu vermitteln:

> „Also ab und zu kommt noch eine Person dazu, die versucht, mitzuhelfen. Die war vielleicht [nur neben dran] und überhaupt nicht daran beteiligt. Aber die hört sich das dann auch an, damit sie dann vielleicht mit klären kann, wo die Wurzel des Problems ist“ (S1_I2_m16, 189).

Fast alle sind sich darüber einig, dass das Reden über die Konflikte zu einer Lösung führen kann (vgl. S3_I3_w14, 34-35; S2_I5_w15, 117-120). Ein Mädchen schildert, dass sich auf diese Weise viele Probleme automatisch klären, sobald sie in der Pause beisammen stehen (vgl. S3_I3_w14, 35).

Neben kleinen oder größeren Konflikten in der Mittagsfreizeit haben einige der befragten Schüler auch schon Erfahrungen mit Formen des *Mobbings* gemacht. Entweder, indem in ihrem Freundeskreis oder der eigenen Klasse einzelne Schüler gemobbt wurden (vgl. S2_I4_w14, 28-29; S2_I4_w14,34-36) oder indem sie sogar selber zu Mobbingopfern wurden (vgl. S3_I2_m16, 12-29). Die Motive für das Mobben bestimmter Personen beschreiben diese Jugendlichen als sehr vielfältig. Eine der befragten Schülerinnen berichtet, dass „die Jungs ein Mädchen gemobbt haben, weil sie anders ist“ (S2_I4_w14, 28-29). Eine andere Schülerin erzählt, dass ein Junge „der halt immer alle genervt“ hat, solange unter Mobbing zu leiden hatte, bis letztendlich bekannt wurde, dass dieser Junge Autist war (S2_I5_w15, 149).

Für das Auflösen solcher Mobbingsituationen bedarf es laut der befragten Schüler der Hilfe außenstehender Personen. Eine Schülerin, die selbst einmal vom Mobbing betroffen war, berichtet, dass sie durch ihre Mitschüler dazu animiert wurde, Hilfe bei einer Sozialpädagogin der Schule zu suchen (vgl. S3_I2_m16, 17). Eine weitere Schülerin berichtet, dass in einem Mobbingfall in ihrer Klasse die Lehrer zur Klärung herbeigezogen wurden (vgl. S2_I4_w14, 35):

> „Also die haben mir erstmal gesagt, dass ich zu unserem Sozialpädagogen hier an der Schule gehen soll. Und der hilft uns, deswegen bin ich da auch hingegangen und habe mit ihm darüber gesprochen. Wir sind dann auch mit den Leuten, mit denen ich Probleme hatte dahin gegangen und dann haben wir die Themen besprochen. Danach war das eigentlich geklärt“ (S3_I2_m16, 17).

Die Jugendlichen, die etwas zum Thema Mobbing erzählen konnten, erwähnten in diesem Zusammenhang auch die Smartphones als Medium für Cybermobbing, wobei das Handy in erster Linie doch zur Kommunikation genutzt wird.

6.5.7 Nutzung von Smartphones

Internetfähige Handys spielen für viele der befragten Jugendlichen in der Schule, insbesondere in der Mittagsfreizeit, eine bedeutende Rolle. Alle Schüler berichten, ein solches Smartphone zu besitzen und es meistens auch in der Schule mehr oder weniger häufig zu benutzen. Eine Schülerin erzählt, dass an ihrer Schule Handys von Jugendlichen zwar draußen auf dem Schulhof genutzt werden dürfen, sofern keine Videos oder Fotos gemacht werden, die Nutzung im Inneren der Schule jedoch verboten sei. Dennoch sagt sie: „Die werden schon ziemlich oft [im Schulgebäude] benutzt und immer wenn ein Lehrer kommt, schnell sofort unter die Füße oder Jacke gesteckt“ (S2_I5_w15, 134). Sie empfindet es als „störend, wenn man immer sein Handy verstecken muss, wenn der Lehrer kommt“ (S2_I5_w15, 136). Ein anderer Jugendlicher, an dessen Schule jeglicher Handykonsum verboten ist, wünscht sich, dass dieses Verbot in der Mittagsfreizeit gemildert würde, um zum Beispiel in sozialen Netzwerken zu surfen oder bei Bedarf auch die Eltern zu kontaktieren, z. B. wenn früher Schulschluss ist (vgl. S1_I2_m16, 237-239).

Eine Schülerin hätte zwar den Wunsch, das Handy beispielsweise im Kunstunterricht zum Musikhören nutzen zu dürfen, dennoch ist sie der Meinung, dass die allgemeine Kommunikation in der Mittagsfreizeit durch eine Handynutzung eingeschränkt werde: „Aber manchmal finde ich es ein bisschen nervig, dann sitzt man da und guckt nur aufs Handy und keiner redet miteinander“ (S2_I5_w15, 138). Ein anderer Jugendlicher ist ähnlicher Meinung. Wenn das Handy in der Mittagsfreizeit zu viel genutzt wird, „hat man irgendwie nicht das Gefühl, dass man miteinander redet“ (S2_I3_m15, 112).

Eine Schülerin berichtet, dass es an ihrer Schule seit der siebten Klasse erlaubt sei, das Handy in der Mittagsfreizeit zu benutzen, was auch die meisten tun würden:

> „Ja, die meisten sind in der Mittagspause schon an ihren Handys, um WhatsApp zu nutzen. Auch zum Beispiel um anderen Freunden, die gar nicht hier wohnen, zu schreiben. Bei Instagram bin ich auch manchmal“ (S3_I1_w14, 135).

Ihrer Meinung nach störe dies die Kommunikation untereinander nicht, da dennoch auch ‚normal‘ miteinander geredet werde:

> „Die sozialen Medien stören mich eigentlich nicht, weil man ja schon noch mit seinen Freunden redet. Es ist jetzt nicht so, dass man nur vor dem Handy sitzt. Wir reden miteinander und zwischendurch gucken wir mal kurz drauf.

> Aber ich finde es gut, dass man das Handy wenigstens in der Mittagspause benutzen darf" (S3_I1_w14, 139).

Es wird auch von anderen Schülern berichtet, dass eine Kommunikation durch ein Smartphone in der Mittagsfreizeit nicht unbedingt gestört sein muss:

> „Es gibt so einige Kandidaten, die sitzen dann die ganze Zeit mit ihrem Handy und spielen irgendwelche Spiele, wofür man Internet braucht. Wir sitzen dann halt meistens draußen auf der Treppe und die sitzen dann da mit ihrem Handy. Meistens spielen die dann zwar mit dem Handy, aber sie bekommen dann auch noch das Gespräch mit und reden vielleicht auch mit" (S2_I2_m15, 54).

Während des Unterrichts werden die Handys trotz massiven Verbots bei manchen Schülern dennoch genutzt, um die Kommunikation aus den Pausen fortzusetzen. Das Handy dient dann als Ersatz für eine persönliche Kommunikation, gerät dann in der Pause aber wieder in den Hintergrund:

> „Im Schulgebäude sind Handys verboten, aber wir nehmen das eigentlich gar nicht ernst. Auch im Unterricht benutzen wir die unter dem Tisch. Sie spielen schon eine wichtige Rolle. Zum Beispiel wenn eine Freundin ganz vorne sitzt und ich ganz hinten und wir nicht reden können, dann schreiben wir uns immer. […] In der Pause sind Handys auch gar nicht so wichtig. Nur, wenn man etwas zeigen möchte, Bilder oder so. Aber sonst nicht, da reden wir dann so miteinander" (S2_I6_w14, 98).

Ein weiterer Schüler bestätigt, dass er sein Handy ebenfalls teilweise im Unterricht benutzt (S1_I4_m16, 58), jedoch häufiger auch in der Pause:

> „Wenn man zum Beispiel die Hausaufgaben vergessen hat, kann man noch schnell etwas nachgucken im Internet. Oder dass, wenn man zum Beispiel später eine Aktivität hat, man sagen kann, ich komme später, sodass alles schon geplant ist" (S1_I4_m16, 62).

Es herrscht jedoch auch die Meinung, dass man für persönliche Verabredungen besser von Angesicht zu Angesicht sprechen kann, da dies die Kommunikation vereinfache und sogar beschleunige:

> „Ich glaube, wenn man direkt mit einer Gruppe redet, dass man dann direkt ein Feedback bekommt. Also, wenn wir sagen ‚Lass uns mal Samstag ins China-Restaurant gehen' oder ins Kino. Aber wenn man bei WhatsApp schreibt, weißt man nicht, ob das jetzt angekommen ist, ob derjenige das gelesen hat oder drauf eingeht" (S2_I2_m15, 52).

Diesbezüglich gibt es aber ebenfalls Gegenmeinungen. Eine Schülerin sagt, sie könne mit einigen ihrer Freunde besser schreiben, da seien sie „viel offener", als wenn sie direkt mit ihnen sprechen würde (S2_I5_w15, 140). Einer ähnlichen Meinung ist auch ein anderer Jugendlicher, der zunächst WhatsApp oder Facebook als erste Kontaktaufnahme nutze, um zu flirten und schließlich „mit den Leuten, mit denen man mehr machen will" dann persönlich redet (S1_I4_m16, 193-195). Neben Verabredungen werden aber diese sozialen Medien ebenso dazu genutzt, um mitzubekommen, „was außerhalb des Schulgeländes passiert" (S1_I2_m16, 201). Dieser Schüler nimmt das Handy zur Hand, „wenn man Mittagspause hat und irgendetwas gucken will. Zum Beispiel, was gerade auf Facebook passiert" (S1_I2_m16, 205).

Die Vorteile von WhatsApp bezieht ein Schüler auf schulische Zwecke, da es Gruppen gibt „einmal speziell für Hausaufgaben und einmal nur so fürs Reden", in denen er mit seinen Mitschülern kommuniziert:

> „WhatsApp ist natürlich praktisch, wenn man die Hausaufgaben schickt oder so. Wenn irgendetwas in der Klasse vorgefallen ist, kann man das da auch klären, obwohl ich das da nicht so gut finde" (S4_I2_m14, 121).

Es finden sich jedoch auch Schülergruppen, die selten das Handy in der Mittagsfreizeit benutzen. Für diese spielen die sozialen Netzwerke keine große Rolle, da sie diese lediglich zur Kommunikation mit ihren Freunden nutzen würden, mit denen sie aber ohnehin ihre Mittagsfreizeit verbringen:

> „In den Pausen sind wir generell selten am Handy. Wenn, dann nutzen wir das Handy, um unseren Freunden zu schreiben. Und in der Schule sind ja die Freunde, deswegen redet man eher. Außer, es gibt etwas, was man der Mutter schreiben muss. Aber sonst sind wir eher selten am Handy" (S1_I1_n15, 184).

Zudem wird von einem Jugendlichen ausgesagt, dass er sich nicht für derartige soziale Medien interessiere und die Handynutzung daher eher nebensächlich wäre: „Bei mir zumindest spielt es keine Rolle. Mich interessiert Instagram gar nicht. Das geht so an mir vorbei" (S1_I3_m16, 82).

Er nennt an dieser Stelle aber Unterschiede zwischen den Jungen und Mädchen: „Klar, die Mädchen machen dann ab und zu mal Fotos von sich, Selfies, und stellen die hoch, aber an mir geht das alles vorbei“ (S1_I3_m16, 82). Derselben Meinung ist ein anderer Schüler, der der Auffassung ist, sein „Handykonsum ist noch nicht extrem geworden“, denn er glaube „bei den Mädchen ist das extremer“ (S2_I2_m15, 55). Diesbezüglich stimmt die Aussage einer Schülerin, die viel Zeit am Handy verbringt und daher auch schon Probleme mit ihren Eltern bekam, mit den Eindrücken der männlichen Jugendlichen zumindest teilweise überein:

> „Man hört ja immer von außen, dass es nicht so gut ist, vor dem Handy zu sitzen. Weil man dann verblödet oder man hört, dass es süchtig machen kann. Ich selbst finde nicht, dass ich zu viel am Handy sitze. Meine Eltern sagen aber immer, lass doch mal wenigstens in der Schule das Handy aus'. Mir wurde das hier auch schon abgenommen. Also vielleicht kann es schon sein, dass ich zu viel am Handy sitze. Ich versuche das selbst aber in Grenzen zu halten“ (S4_I1_w14, 94).

Die Tatsache, dass beinahe alle Schüler ein internetfähiges Handy besitzen und nutzen, führt auch dazu, dass in einigen Fällen von Mobbing häufig die Smartphones miteinbezogen werden (vgl. S2_I5_w15, 147-151). Ein Mädchen erzählt diesbezüglich:

> „Aber einmal gab es Cybermobbing mit einem Mädchen aus unserer Klasse. Die hat sich halt richtig blöd benommen und dann haben die Jungs angefangen auf Facebook eine Gruppe gegen sie zu machen“ (S2_I5_w15, 149).

Diese Aussage wird von einem weiteren Mädchen derselben Schule bestätigt: „Es gab auch eine Facebook-Gruppe, wo alle gegen sie waren“ (S2_I4_w14, 29). In diesem Fall habe sich das Opfer aber gewehrt und Unterstützung bei ihrer Mutter gesucht (vgl. S2_I4_w14, 35).

6.5.8 Zusammenfassende Diskussion

Auf der einen Seite bedeutet die Mittagsfreizeit für einige Jugendliche nur bedingt eine *Kompensation ihrer verloren gegangenen Freizeit* durch die Ganztagsschule. Hierfür geben die befragten Schüler verschiedene Gründe an. Zum einen hegen sie den *Wunsch sich mit ihren Freunden außerhalb statt in der Schule zu treffen*. Zum anderen führen sie aufgrund des langen Schultages an, dass sie *Vereinsaktivitäten nur noch eingeschränkt ausüben können*, insbesondere den Sport, dem oftmals noch

Nachhilfestunden folgen. Den Schülern *fehlen in der Schule altersentsprechende (Trend-)Sportangebote sowie die Möglichkeit anderen außerschulischen Hobbys nachzugehen*, wie z.B. Schwimmen oder Playstation spielen. Des Weiteren bemängeln sie die generelle *Einschränkung durch die Zeitvorgabe der Mittagsfreizeit*. Weiter beklagen einige Schüler die *fehlenden Freiheiten in Bezug auf die Handynutzung und auf das freie Bewegen ohne Aufsichten* (vgl. Kap. 6.1.3).

Auf der anderen Seite geben viele Jugendliche an, dass sie ihre Mittagsfreizeit tatsächlich als *Kompensation ihrer Freizeit* betrachten. Sie beschreiben, dass sie sich *an den verlängerten Schultag gewöhnt* haben und die *gemeinsame Zeit mit ihren Freunden in der Mittagsfreizeit genießen*, da ihre *Wohnorte teilweise sehr weit voneinander entfernt* sind und sie sich ansonsten außerhalb der Schule kaum treffen können. Zudem müssen sie aufgrund der gestiegenen Anforderungen der Schule oftmals die *freie Zeit zum Lernen und zur Unterrichtsvorbereitung aufwenden*. Außerdem berichten sie, dass die *freie Zeit an Abenden und Wochenenden schon durch ihre außerschulischen (Sport-)Vereinsaktivitäten und der gemeinsamen Zeit mit der Familie eingeschränkt* ist. Dementsprechend betrachten viele der befragten Jugendlichen die Mittagsfreizeit als einen *Ausgleich zur fehlenden Freizeit am Nachmittag*, selbst an kurzen Schultagen in der Woche. Für einige Jugendliche macht es sogar keinen Unterschied, ob sie ihre Freunde in ihrer Freizeit oder in der Schule treffen. Die Mittagsfreizeit stellt für diese Jugendliche, sofern sie die Mittagsfreizeit als Teil ihrer Freizeitpraxis betrachten, eine Verdoppelung ihrer Freizeit dar oder gar die einzige Möglichkeit ihre Freunde während der Wochentage zu sehen (vgl. Soremski, 2013, S.18-25; Kap. 6.1.3).

In diesem Sinne ist die Mittagsfreizeit für Jugendliche, denen gerade an gebundenen Ganztagsgymnasien erhöhte Anforderungen an ihr Zeitmanagement gestellt werden, eine *zentrale Kontaktbörse* und z.T. die einzige Möglichkeit ihre (Schul-)Freundschaften innerhalb der Schule zu pflegen. Diese Ergebnisse bestätigen die bisherigen Erkenntnisse, nach der die Schule als eine zentrale Sozialisationsinstanz zu betrachten ist, wo Freundschaften geknüpft und gepflegt werden (vgl. u.a. Enderlein, 2012, S.175; Seydel, 2011, S.2; Preuss-Lausitz, 1999, S.165; Kromer, 1995, S.26, 45). Schmalfeld (vgl. 2012, S.98) stellt sogar die These auf, dass die Schule für Jugendliche eher eine Kontaktbörse als eine Bildungseinrichtung sei. Diese These kann in einer weiteren Studie aus einer sozialräumlichen Aneignungsperspektive bestätigt werden, indem aufgezeigt werden kann, dass die Jugendlichen die Schule eher aus einer gegenwartsorientierten Perspektive betrachten und die Mittagsfreizeit darüber hinaus zur Lebensbewältigung von Heranwachsenden beitragen kann (vgl. Derecik, 2013; Derecik & Deinet, 2013).

Viele der in dieser Untersuchung befragten Schüler schätzen den Umstand sehr, dass in der Schule mehr Jugendliche zusammen kommen, als es in ihrer Freizeit der Fall ist. Sie mögen es, sich spontan anderen Schulkameraden anschließen zu können, anstatt sich immer in der gleichen Clique aufzuhalten. Des Weiteren befürworten gerade einige Jungen, dass in der Pause die Kommunikation einen weitaus höheren Stellenwert einnimmt als bei privaten Treffen zu Hause, die oftmals durch spracharme Videospiele geprägt seien. Die Bedeutung der Mittagsfreizeit als Kontaktbörse und Treffpunkt spielt bei nahezu allen Jugendlichen eine enorme Rolle und unterstreicht die Bedeutung von Freundschaften im Jugendalter sowie die Bedeutung der Mittagsfreizeit als Sozialraum (vgl. Salisch et al., 2013; Schmalfeld, 2012; Salisch & Kanevski, 2011).

Feste Freundschaften in der Schule und der Mittagsfreizeit werden von den Jugendlichen als elementar wichtig eingestuft, dennoch ist es für Schüler vollkommen normal, sich nicht ausschließlich in einer festen Gruppe zu bewegen, sondern situationsabhängig auch etwas mit anderen Jugendlichen zu unternehmen. Bei den Jugendlichen werden drei Gruppen von Freundschaftstypen differenziert. Die ‚*festen Freundschaften*', die ‚*Kumpel-Beziehungen*' und die ‚*losen Bekannten*'. Alle drei Gruppen tragen gemeinsam zur Bedeutung der Pause als Kontaktbörse bei, allerdings besitzen vor allem die festen Freundschaftsbeziehungen und die ‚Kumpel-Beziehungen' für die Jugendlichen eine hohe Bedeutung in der Mittagsfreizeit. Innerhalb dieser beiden Freundschaftstypen wird sich am intensivsten ausgetauscht und entsprechend der situativen Stimmung zwischen verschiedenen Gruppenaktivitäten ausgewählt. In erster Linie verleihen die „festen Freundschaften" und die „Kumpel-Beziehungen" der Mittagspause somit ihre enorme Bedeutung als Treffpunkt, ohne die Bedeutung der ‚losen Bekannten' zu verkennen.

Die *Größe der Gruppen*, in der sich Mädchen und Jungen aufhalten, beträgt *durchschnittlich fünf bis sieben Jugendliche*. Manchmal sind es dagegen auch *Kleingruppen von drei bis fünf Personen*, in denen sich die Jugendlichen bewegen, während *Großgruppen von mehr als sieben Personen selten zu finden* sind. Dies ist am ehesten der Fall, wenn Jungen Ballspiele ausüben. Die These von Schmidt-Dinter (vgl. 2005, S. 106) sowie Kanewski und Salisch (vgl. 2011, S. 45), nach der Mädchen wenige innigere Beziehungen vorziehen, während Jungen breitgefächerte Großgruppen präferieren, kann zumindest anhand der Aussagen der interviewten Jugendlichen nicht bestätigt werden. Dies kann daran liegen, dass sich im Jugendalter nur noch wenige jugendliche Jungengruppe Ballspielen hingeben (vgl. Kap. 6.1.3).

Bestätigt werden kann allerdings, dass sich viele Freundschaften in der Eingangsklasse an weiterführenden Schulen auf den Klassenverband beziehen. Ein großer Teil der befragten Schüler verbringt die Mittagsfreizeit vor allem im *Klassenverband*, welcher ein enges Zugehörigkeitsgefühl bietet. Schmalfeld (2012, S. 89) betrachtet diese Form des Zugehörigkeitsgefühls als entscheidendes Motiv für ein klasseninternes Zusammensein. Als eine weitere Ursache wird an einigen

Schulen die unterschiedliche Taktung der Mittagsfreizeit angesehen, die zur Folge hat, dass die Jugendlichen aus verschiedenen Klassen nicht zur gleichen Uhrzeit den Unterricht beenden. Des Weiteren verändert sich die Zusammensetzung der Klasse dadurch, dass häufig ein neuer Mitschüler hinzukommt, während andere die Klasse verlassen, sodass sich auch im Klassenverband immer wieder die Möglichkeit bietet, neue Freundschaften zu bilden.

Die Aussagen der Jugendlichen zeigen aber auch, dass zusätzlich zu den Beziehungen zu Klassenkameraden im Laufe der Schulzeit immer mehr enge und lose Freundschaftsbeziehungen zu Jugendlichen aus anderen Klassen hergestellt werden. Dies deckt sich mit Untersuchungen zu Peer-Netzwerken und Freundschaften im Jugendalter in Ganztagsschulen (vgl. Salisch et al., 2013) und lässt darüber hinaus vermuten, dass der ‚Markt der Möglichkeiten' (Kanevski & Salisch, 2011a, S. 219) zur Erweiterung der Freundschaften in der Ganztagsschule vor allem in der Mittagsfreizeit und in Ganztagsangeboten sein volles Potenzial entfalten kann. Die *Gründe für klassen- bzw. jahrgangsübergreifende Beziehungen* liegen zum einen in dem guten Verhältnis, das viele Jugendliche zu Schülern aus Parallelklassen beschreiben, zum anderen darin, dass der Kontakt zu ehemaligen Mitschülern, die nach einer Teilung der Klasse oder nach einer Nichtversetzung nun eine andere Klasse besuchen, weiterhin aufrecht erhalten wird. Es kann sich auch um organisatorische Gründe wie die gemeinsame Nutzung der Sporthalle in der Mittagsfreizeit handeln, die Jugendliche dazu veranlassen, klassen- und jahrgangsübergreifende Beziehungen zu pflegen. Für jahrgangsübergreifende Freundschaften in der Mittagsfreizeit ist allerdings anzumerken, dass sie kaum über zwei Jahrgänge hinausgehen. Dementsprechend existieren zwischen Schülern der Jahrgänge fünf bis sieben und älteren Schülern der Jahrgänge neun bis zehn nur wenige Kontakte.

Aus den Aussagen der interviewten Jugendlichen ist zu entnehmen, dass eine *Dominanz von geschlechtshomogenen Gruppen* zu verzeichnen ist. Die Schüler selbst begründen dieses Phänomen damit, dass sie sich mit Vertretern des eigenen Geschlechts besser verstehen oder mit dem unterschiedlichen Pausenverhalten, das Mädchen und Jungen in der Pause jeweils zeigen. Diese Aussagen decken sich mit den Einschätzungen von Bütow (vgl. 2006, S. 223), die eine zeitweilige soziale Ordnung von geschlechtshomogenen Gruppen entwicklungspsychologisch als „quasi ‚naturwüchsig'" einstufen. Als Beweggründe für vorwiegend geschlechtshomogene Gruppen werden die unterschiedlichen Gesprächsthemen, andere Interessen und das andere Auftreten von Jungen und Mädchen genannt. Es existieren jedoch auch viele geschlechtsheterogene Gruppenzusammensetzungen in der Pause. Die letztgenannten Freundschaften entwickeln sich erst im Laufe der Schulzeit und werden mit Beginn des Jugendalters ab ca. der achten Klasse intensiviert, wobei tendenziell eher Mädchen in Jungengruppen integriert sind als umgekehrt. In den gemischtgeschlechtlichen Freundschaftsgruppen erproben die Jugendlichen ihr Verhalten in Geschlechterrollen, was als eine zentrale Entwicklungsaufgabe in dieser Lebensphase zu betrachten ist (Havighurst, 1953; Seiffge-Krenke, 2009).

Ein sehr geringer Anteil der Jugendlichen beansprucht in der Mittagsfreizeit zwar z. T. auch Aktivitätsinseln, in denen sie sich sportlich in Szene setzen können, in erster Linie benötigen sie aber Rückzugs- und Kommunikationsnischen, in denen sie ihre Freundschaftsbeziehungen pflegen können. Die geringe Bedeutung der Bewegung in der Pause im Vergleich zur enormen Gewichtung des Rückzugs und der Kommunikation wird in dieser und weiteren Studien bekräftigt (vgl. Derecik, 2011, S. 149, Reinert & Zinnecker, 1978, S. 166). Die *Gesprächsthemen* der Jugendlichen in der Mittagsfreizeit sind sehr unterschiedliche: Sie können albern oder ernsthaft sein und reichen von Smalltalk bis hin zu Diskussionen über brisante Themen. In den Gesprächen sind meist *sowohl schulische als auch private Themen* relevant. Nur einige der befragten Schüler geben an, in der Pause keine privaten Gesprächsthemen zu behandeln. Die schulischen Gesprächsthemen umfassen sowohl die vorangegangenen und bevorstehenden Schulstunden als auch die Lehrer oder die anstehende Kurswahl in der Oberstufe. Privat unterhalten sich die Jugendlichen hauptsächlich über ihre Freizeit, ihre Familie oder das andere Geschlecht. Einige wenige intime bzw. heikle Thematiken kommen weniger in der Schule, sondern eher im privaten Rahmen zur Sprache. Eine Reihenfolge zu den beliebtesten Themen kann in dieser Untersuchung nicht aufgezeigt werden, allerdings kann durchaus davon ausgegangen werden, dass die reaktive Verarbeitung des aktuellen Schul(all)tages einen zentralen Stellenwert einnimmt. Wie in der Studie von Reinert und Zinnecker (1978, S. 168-169) sind dies eindeutig die zentralen gemeinsamen Gesprächsthemen, die alle Schüler gleichermaßen betreffen.

Vor allem während der Gespräche in der Mittagsfreizeit erfolgt laut Schüleraussagen ein *informeller Kompetenzerwerb*. Die Schüler beschreiben diesen Kompetenzerwerb als beiläufigen Prozess. Die meisten sind sich durchaus bewusst, dass sie durch Gespräche zur Vor- und Nachbereitung des Unterrichts *fachliche Kompetenzen* sowie *personale Kompetenzen*, wie die Herausbildung des Selbstbewusstseins, erwerben (vgl. Kap. 6.2.3). Insbesondere aber entwickeln Jugendliche durch den Aufenthalt in Gruppen während der Mittagsfreizeit *soziale Kompetenzen* wie Hilfsbereitschaft, Toleranz, Regeleinhaltung, Einfühlungsvermögen, Fairness sowie die Fähigkeit, Kompromisse auszuhandeln. Insgesamt werden laut Aussagen der Jugendlichen diverse fachliche und überfachliche Kompetenzen angeführt, die sich mit weiteren Studien zum informellen Kompetenzerwerb in anderen Settings decken (vgl. Neuber, Breuer, Derecik, Golenia & Wienkamp, 2010; Düx & Rauschenbach, 2010). Vor allem die überfachlichen Kompetenzen, wie verschiedene

Facetten der Sozialkompetenz, werden von den Jugendlichen als wichtig erachtet und deren Wert über die Schule hinaus betont.

Der Großteil der Jugendlichen gibt an, in ihren Gruppen kaum oder gar keine *hierarchischen Strukturen* zu haben. Falls diese doch einmal auftreten sollten, sehen die Jugendlichen den ‚Bestimmer' als den Intelligentesten, den Stärksten oder sogar als eine Person an, die von Natur aus über einen höheren Stand verfügt. Die Jugendlichen bewerten die Dominanz eines Mitschülers nicht unbedingt negativ, da sie so schneller eine Einigkeit erzielen können. Meistens wird eine Einigkeit aber laut den Schüleraussagen durch demokratische Aushandlungsprozesse erzielt, z. B. in Konfliktsituationen, die durchaus häufiger während der Mittagsfreizeit auftreten als außerhalb. Oftmals handelt es sich hierbei allerdings lediglich um Meinungsverschiedenheiten, die die Jugendlichen als kurzzeitig deklarieren und die durch Mehrheitsabstimmungen aus dem Wege geräumt werden können. Gespräche über Verlauf und Ursache der Konflikte oder aber auch ein schlichtes Nachgeben werden von allen Jugendlichen als Lösungsstrategie betrachtet, für die sie keine Hilfe von Erwachsenen benötigen.

Nur in seltenen Fällen kommt es zu *größeren Streitigkeiten*, die als pausenübergreifend interpretiert werden und einen Streitschlichter erfordern können (vgl. Kap. 6.3.4). Wenige Schüler verfügen zudem über Erfahrungen mit Mobbing. Die befragten Jugendlichen, die schon einmal Erfahrungen diesbezüglich gemacht haben, berichten davon, dass zur Klärung entweder Lehrer oder Sozialpädagogen herangezogen wurden. Diese von den Jugendlichen als Ausnahmesituationen beschriebenen Fälle haben viele Facetten und lassen sich meist nur vor dem Hintergrund der sozialen Gruppenstruktur und Interaktionen verstehen, nach denen in dieser Studie nicht gefragt wurde, da dies zu sehr von der eigentlichen Fragestellung dieser Untersuchung abweichen würde (vgl. Schubarth, 2013, S. 80-84). Angemerkt werden kann jedoch, dass die Schüler in Mobbingfällen ganz sicher Hilfe seitens der Erwachsenen benötigen. Gebauer (vgl. 2009, S. 29) erklärt dies folgendermaßen: Da es sich beim Mobbing nicht um ein individuelles, sondern ein soziales Problem handelt, bei dem alle Mitglieder einer Gruppe, selbst als Mitwisser oder Mitläufer, eine Rolle spielen, lässt es sich nur durch die Beteiligung aller Gruppenmitglieder und unter Einbeziehung einer außenstehenden Person klären.

Eine zentrale Tätigkeit in der Mittagsfreizeit, die sich anhand der erhobenen Daten abzeichnet, stellt die Nutzung von *Smartphones* durch Jugendliche dar. Die heutige Gesellschaft ist stark von diesen neuen Medien geprägt, sodass besonders die Schüler sich ihnen nicht entziehen können. Vielmehr scheint diese Zielgruppe besonders affin für soziale Medien wie Facebook, WhatsApp oder Instagram zu sein, auf die per Smartphones zugegriffen werden kann. Die befragten Jugendlichen vertreten insgesamt eine zweigeteilte Meinung über die Vor- und Nachteile des

Handykonsums während der Mittagsfreizeit. Einerseits empfindet ihn ein Teil der Schüler als angemessen und sieht hauptsächlich die *Vorteile eines Smartphones*, wie eine ständige Erreichbarkeit, die Möglichkeit mit Jugendlichen aus anderen Schulen in Kontakt zu stehen, die spontane Nutzung des Internets zur Vorbereitung des anstehenden Unterrichts sowie die Möglichkeit per WhatsApp privater reden zu können, was in der Face-to-Face-Kommunikation mehr Mut abverlangen würde. Andererseits empfindet der andere Teil der Schüler den medialen Konsum in der Mittagsfreizeit sowie zum Teil auch im Unterricht als übermäßig und stuft ihn als eine *Gefahr für die direkte Kommunikation* ein. Anhand der Erzählungen der Jugendlichen wird zudem deutlich, dass *Cybermobbing* einen spezifischen Anteil der Mobbingfälle ausmacht und im virtuellen Raum per Handy oder Computer vollzogen wird. Der ständige Gebrauch der Smartphones, auch während der Mittagsfreizeit, kann laut der befragten Jugendlichen diese Form des Mobbings verstärken (vgl. Kap. 6.3.4).

Zusammenfassung 7

Ganztagsschulen haben im Vergleich zu Halbtagsschulen wesentlich mehr Zeit zur Verfügung, die sie zur Umsetzung der sieben Qualitätskriterien von Ganztagsschulen nutzen können, u. a. zur Veränderung von Unterricht und Lernkultur. Gerade im Zusammenhang mit der Lernkultur werden mehr handlungsorientiertes Lernen sowie die Verknüpfung von formellen, nicht-formellen und informellen Lernformen innerhalb der Schule gefordert (vgl. Bundesministerium für Bildung und Forschung, 2003, S. 6). Diese Forderung ist auf bereits seit den 1920er Jahren existierende reformpädagogische Argumentationslinien zurückzuführen und impliziert eine Veränderung der Taktung und Rhythmisierung von Schule und Unterricht (vgl. Kamski, 2014). Die Pausen stellen ein wesentliches Element der Taktung des Schultages dar und werden sogar als „Herzstück" eines sinnvollen schüler- sowie lehrergerecht rhythmisierten Ganztages betrachtet (Fiegenbaum, 2011, S. 63; vgl. Holtappels, 1994, S. 109-113). Umso mehr verwundert es, dass die expliziten Bedeutungen der Pausen, und vor allem der Mittagsfreizeit, als zentrale Elemente der Taktung kaum in der Diskussion um die Ganztagsschulentwicklung thematisiert werden. Es können Minipausen (wenige Sekunden.), kleine Pausen (3-8 Min.) sowie große Pausen (15-30 Min.) identifiziert werden. An Ganztagschulen kommt zusätzlich die Mittagsfreizeit hinzu, deren Dauer nach Empfehlungen der verschiedenen Bundesländer zwischen 45 und 90 Minuten liegen sollte.

Diese frei zur Verfügung stehende Zeit soll nicht nur zur Nahrungsaufnahme genutzt werden können. Darüber hinaus sollen unter den Voraussetzungen von Schule (vor allem ungebundene) Freizeitangebote arrangiert werden, weshalb der Begriff Mittagsfreizeit gegenüber der Mittagspause favorisiert wird (vgl. Verlemann & Zilske, 2011, S. 10; Fiegenbaum, 2011, S. 63). Die Mittagsfreizeit an gebundenen Ganztagsschulen beträgt durchschnittlich zwischen 500 und 575 Minuten in der Woche. Dies gilt für Ganztagsgymnasien, die nicht in einer G8 Konzeption agieren und nicht auf eine Mittagsfreizeit verzichten, was in einigen Bundesländern möglich ist. Die Differenzen lassen sich auf unterschiedliche Taktungen der jeweiligen

Schulen zurückführen. Damit verbringen Heranwachsende im Durchschnitt ca. zehn bis 13 Unterrichtsstunden relativ unreglementiert in Pausenräumen, die als wertvolle pädagogische Situation gewertet werden können, da sie ein enormes Potenzial für informelles Lernen bieten (vgl. Derecik, 2013).

Vor diesem Hintergrund liegt die erste Zielsetzung der vorliegenden Arbeit darin, die zugesprochenen Bedeutungen zur Pause bzw. Mittagsfreizeit theoretisch offen zu legen und systematisch zu bündeln. Dabei kann eine historische Abhängigkeit der Entwicklungen der Funktionen von Pausen herausgestellt werden (vgl. Kap. 3.1). Historisch können vor allem vier Bedeutungen für die Mittagsfreizeit identifiziert werden, die nicht immer trennscharf sind und sich oftmals gegenseitig beeinflussen. Eine zentrale Bedeutung, die der Pause zugesprochen wird, ist die als *Produktionsfaktor für den Unterricht*. Die Pause wird in diesem Zusammenhang vor allem in den Dienst des Unterrichts gestellt, indem durch eine Frischluftzufuhr und Bewegung oder Entspannung durch Nichtstun die Konzentrationsfähigkeit für den folgenden Unterricht wiederhergestellt werden soll (vgl. Kap 3.2). Darüber hinaus weisen die Unfallkassen und Sportpädagogen darauf hin, dass die Pause als ein Element der *Sicherheitsförderung* anzusehen ist. Hierbei geht deutlich hervor, dass die Pausenregeln und die Aufsicht altersadäquate Risikosituationen erlauben sollen, was für eine Entwicklung der Heranwachsenden unabdingbar ist (vgl. Kap. 3.3). Hiermit eng verknüpft ist die Bedeutung der Pause als ein Element zur *Gesundheitsförderung* durch Ruhe, Bewegung und Ernährung. Nach dem Salutogenese-Modell von Antonovsky (vgl. 1997) wird an dieser Stelle zwischen Verhältnis- und Verhaltensprävention unterschieden. Das Element der Gesundheitsförderung stellt eine Art Querschnittskategorie dar, wenn sie im Sinne von Antonovsky (1997) verstanden wird und kann als verbindendes Element zwischen den weiteren drei aufgezeigten Bedeutungszuweisungen verstanden werden.

Darüber hinaus kann die Pause als ein *Sozialraum* bezeichnet werden, der gerade für Heranwachsende an gebundenen Ganztagsgymnasien aufgrund des verlängerten Schultages und den erhöhten Anforderungen des Unterrichts zu einem Ort der Kompensation der (verlorenen) Freizeit werden kann. Abgesehen davon dient die Pause in diesem Sinne schon seit jeher als Treffpunkt und Kontaktbörse, in der die Heranwachsenden vielfältige informelle Kompetenzen erwerben können (vgl. Kap. 3.5). Die Mittagsfreizeit als Sozialraum kann somit einen wichtigen Beitrag sowohl zur zukunftsorientierten Entwicklungsförderung als auch zur gegenwartsorientierten Lebensbewältigung der Heranwachsenden in der Ganztagsschule leisten, wenn die entsprechenden räumlichen und organisatorischen Voraussetzungen geschaffen werden (vgl. Derecik, 2011; Derecik & Deinet, 2013).

Mit der zweiten Zielsetzung sollen erste Befunde zur *Bedeutung der Mittagsfreizeit bei Jugendlichen an gebundenen Ganztagsgymnasien* geliefert werden. Dafür ist eine empirische Untersuchung an insgesamt vier gebundenen Ganztagsgymnasien mit einer Mittagsfreizeit von mindestens 45 Minuten in Niedersachsen und Nordrhein-Westfalen durchgeführt worden, bei der sieben Schülerinnen und elf Schüler der neunten und teilweise der zehnten Klasse anhand von problemzentrierten Interviews zur Bedeutung der Mittagsfreizeit befragt wurden. In Bezug auf die übergreifende Frage zur Dauer der Mittagsfreizeit kann festgestellt werden, dass die meisten untersuchten Jugendlichen eine 60-minütige Mittagsfreizeit als genau passend empfinden und sich sowohl gegen eine kürzere als auch längere Pause aussprechen. Damit scheint die durchschnittliche Dauer einer Mittagsfreizeit von 60 Minuten, wie sie in den meisten Länderverordnungen empfohlen wird (vgl. Kamski, 2014, S. 74-75), aus Sicht der Jugendlichen eine optimale Länge darzustellen. Sie hat den Vorteil, dass sie erstens ausreichend Zeit für das Mittagessen sowie Ruhe und Bewegung innerhalb der Ganztagsschule ermöglicht und zweitens sich der Schultag nicht zu weit in den Nachmittag streckt und somit einer Integration außerschulischer und schulischer Freizeit nicht im Wege steht (vgl. Soremski, 2013). Dennoch lässt sich festhalten, dass einige Jugendliche das schulische Freizeitangebot nicht als Teil ihrer Freizeitpraxis sehen. Darüber hinaus scheint es den Jugendlichen auf der strukturellen Ebene an altersgemäßen Freiräumen und Angeboten zu fehlen. In der turbulenten Phase der Pubertät nimmt das Bedürfnis an Ruhe, Kommunikation und Entspannung deutlich zu. Häufig mangelt es allerdings an dazugehörigen, separat angelegten und gegenkulturellen Rückzugs- und Kommunikationsnischen.

Im Hinblick auf die Einschätzung der *Pause als Produktionsfaktor* weisen die Untersuchungsergebnisse deutlich darauf hin, dass die Jugendlichen selbst diesem eine hohe Bedeutung beimessen. Die *Erholung und Steigerungsfähigkeit der Leistungsfähigkeit* für Jugendliche erfolgt allerdings kaum durch Bewegung und wenn überhaupt, dann nur über ein ‚moderates' Spazieren gehen. In erster Linie erholen sich die Jugendlichen bewusst und zum Teil unbewusst vom Unterricht, indem sie *Luftschnappen*, ‚Chillen' und miteinander kommunizieren. Die Schüler erholen sich vor allem durch Gespräche mit Freunden und wollen in diesem Verhalten von außen nicht beeinflusst oder gestört werden. Diese Ergebnisse werden von einer Untersuchung von Kottmann et al. (1985, S. 37) bestätigt. Auch hier wird herausgestellt, dass die Pause für die Schüler „in erster Linie eine Kommunikationsbörse [ist], um in Gesprächen Kontakte mit anderen Schülern zu knüpfen oder zu pflegen" (1985, S. 37). Demzufolge spielen der Rückzug und die Kommunikation für Jugendliche beim ‚Herunterkommen' und ‚Energie sammeln' eine entscheidende Rolle. Dabei ist der Aufenthaltsort, Schulgebäude oder -gelände, kaum von Bedeutung.

Dem Aspekt der *Vor- und Nachbereitung des Unterrichts* wird bislang nur wenig Beachtung geschenkt. Die vorliegenden empirischen Ergebnisse weisen in diesem Zusammenhang darauf hin, dass die Mittagsfreizeit des Öfteren zur Klausurvorbereitung oder Hausaufgabenbewältigung genutzt wird. So lassen einige Schüleraussagen darauf schließen, dass die Pause durchaus zur Bewältigung der Hausaufgaben für den Nachmittagsunterricht oder auch für den Unterricht an kommenden Tagen dient und damit die verloren gegangene Zeit am Nachmittag kompensiert wird. Die unmittelbare Klausurvorbereitung in den Pausen vor einer Arbeit weist darauf hin, dass unter Umständen die Zeit zum Lernen zu Hause zu knapp bemessen ist und die Schüler diese Zeit in der Pause benötigen, um besser vorbereitet zu sein.

Die Aussagen der Jugendlichen zur *Pause als Element der Sicherheitsförderung* offenbaren, dass es während den Pausen kaum zu Unfällen kommt und die *Risikosituationen in der Mittagsfreizeit* sich weniger auf Bewegung, Spiel und Sport beziehen. Im Jugendalter wird eine entwicklungsbedingte Verlagerung von der motorischen Sicherheitsförderung zur sozialen Sicherheitsförderung notwendig. Die motorische Sicherheitsförderung ist also nicht entwicklungs- und situationsadäquat für Jugendliche, da eher das (un-)soziale Verhalten der Schüler untereinander zu Risikosituationen führen kann und somit eine soziale Sicherheitsförderung in den Fokus gerückt werden sollte. Der Schwerpunkt der Sicherheitsförderung in der Schule muss für das Jugenalter also anders gesetzt werden als für die Kindheit. Während Kinder eher ein psychomotorisches Sicherheitstraining benötigen, müssen Jugendliche in einem verstärkten Maße den Umgang mit sozialen Regeln und Verantwortung erlernen. Sicherheitsförderung im Jugendalter ist somit weniger Aufgabe der Unfallkassen und Sportpädagogen, sondern vielmehr von Lehrern bzw. von Sozialpädagogen und Psychologen.

An den Untersuchungsschulen wird versucht, der sozialen Sicherheitsförderung durch *Pausenregeln* und *Aufsicht* zu entsprechen, wobei sich die Jugendlichen z. T. mehr Eigenverantwortlichkeit wünschen. Dies ist z. B. der Fall bei dem Verbot zum Verlassen des Schulgeländes während der Mittagsfreizeit. Eine derartige Regelung widerspricht den entwicklungs- und altersspezifischen Bedürfnissen der Heranwachsenden, was eine häufige und bewusste Missachtung der Regel zur Folge hat. Der Umgang mit dem Handyverbot wird dagegen unter den Perspektiven des Cybermobbings und der psychischen Gewalt durchaus differenziert betrachtet und von den verschiedenen Schulen unterschiedlich gehandhabt. Während einige Schüleraussagen darauf schließen lassen, dass ein präventiver Umgang im Sinne einer verantwortungsvollen Medienerziehung, gerade im Hinblick auf Cybermobbing, von Nöten ist, halten andere die Verhaltensregeln zu diesem Aspekt bereits für ausreichend und die Gewährleistung der Einhaltung dieser soll durch die Aufsicht gewährleistet werden. Zusätzlich wird der Wunsch der Schüler nach einer differenzierteren Auseinandersetzung mit sozialen Medien seitens der Lehrer laut. Die Schüler erachten gewisse Regeln und Vorsichtsmaßnahmen, die seitens der Schule und Lehrer auferlegt werden, für sinnvoll. Jedoch scheint für die Sinnhaftigkeit der

Regeln eine Transparenz und eventuell sogar eine z. T. gemeinsame Erarbeitung erstrebenswerter zu sein. Dadurch kann einerseits eine stärkere Einhaltung der Pausenregeln forciert werden und andererseits ein wichtiger Beitrag zur Umsetzung des Erziehungsauftrags der Schule bzw. der Förderung der Selbstständigkeit der Heranwachsenden geleistet werden.

Die *Pause als Element der Gesundheitsförderung* kann in die drei Bereiche Bewegung, Ruhe und Mittagessen differenziert werden. Gesundheit spielt für viele Jugendliche der neunten Klasse durchaus eine wichtige Rolle, allerdings ist festzustellen, dass diese der Gesundheitsförderung durch Bewegung und Ernährung eine weitaus geringere Bedeutung zusprechen als durch Ruhe. Die Ergebnisse der Untersuchung zeigen, dass *Bewegung* nur als Mittel zum Zweck verstanden wird, um z. B. auf dem Schulhof zu spazieren oder die nächste Cafeteria, Pizzeria oder den Supermarkt zu erreichen. Der Großteil der befragten Jugendlichen ist der Auffassung, dass eine Kompensation für das Sitzen im Unterricht durch Bewegung nicht notwendig ist. Für sie stellt eher das Sitzen und die Kommunikation eine Art von Ausgleich für die gestiegenen Leistungsanforderungen im Unterricht dar. Eine mögliche Erklärung liegt in dem entwicklungsbedingten Rückgang des natürlichen Bewegungsdranges und des gesteigerten Kommunikationsbedarfs im Jugendalter (vgl. Derecik, 2013).

Der *Ruhe* messen die Schüler einen hohen Stellenwert bei, da die gestiegenen schulischen Anforderungen, der Leistungsdruck und stressbedingte Symptome einen Ausgleich im Sinne des Wohlbefindens erfordern. Gerade das Nichtstun und Chillen wird als wohltuend und gesundheitsfördernd empfunden. Damit zeigt sich, dass die Gesundheitsförderung durch Ruhe in einem engen Wechselwirkungsverhältnis zur Steigerung der Leistungsfähigkeit steht, was anhand des Salutogenese-Modells auch nachvollziehbar ist (vgl. Antonovsky, 1997). Ruhe in der Mittagsfreizeit ist für die Jugendlichen somit sowohl die (häufig unbewusste) adäquate Lösung zur Gesundheitsförderung als auch zur Steigerung der Leistungsfähigkeit. Das in der Theorie dargestellte Schüler-Lehrer-Paradoxon, demzufolge Lehrkräfte in der Mittagsfreizeit oftmals versuchen, die Jugendlichen unter einer gesundheitlichen Perspektive und Kompensation des Unterrichts zur Bewegung an der frischen Luft zu animieren (vgl. Besele, 1999, S. 62: Derecik, 2011, S. 191-192), scheint aus der Perspektive vieler Jugendlicher als unangemessen bewertet. Die Jugendlichen fordern dementsprechend von ihren Lehrern eine Akzeptanz für ihr Faulenzen und Nichtstun während der Mittagsfreizeit.

Zum Thema *Mittagessen* legen die Untersuchungsergebnisse nahe, dass die schuleigene Mensa selten positiv bewertet wird. Dies hat mehrere Gründe. Zum einen soll das Schulessen gut schmecken und günstig sein. Zum anderen soll das Angebot eine breite Masse der Schüler ansprechen, sodass diese beiden Faktoren dazu führen, dass häufig beispielsweise Pizza und Pommes angeboten werden. Die scheinbar mangelnde Qualität als alleinigen Grund darzustellen ist jedoch nicht ausreichend. Viele Schüleraussagen lassen darauf schließen, dass sie die Mensa meiden, weil ihnen diese keine Möglichkeiten zu kleinen Gesprächsrunden in ruhigerer Atmosphäre bietet. Diese Ergebnisse decken sich mit weiteren Studien zum Mittagessen (vgl. u. a. Barlovic, 2010; Haenisch, 2014).

Dem Faktor *Pause als Sozialraum* kommt eine weitere zentrale Bedeutung zu. So kompensieren gerade viele Jugendlichen an den ausgewählten gebundenen Ganztagsgymnasien in der Mittagsfreizeit die fehlende Freizeit am Nachmittag und pflegen Kontakte und Freundschaften. Die Mittagsfreizeit wird als Kontaktbörse gesehen, in der sowohl enge Freunde, Kumpels als auch lose Bekannte zusammenkommen. Jedoch wird deutlich, dass die räumlichen Ressourcen zur Ausübung von altersgemäßen Freizeitaktivitäten nicht ausreichen und hier ein deutlicher Nachholbedarf besteht. Die Gruppen, in denen sich die Schüler zusammenfinden, sind teilweise geschlechtsspezifisch unterschiedlich groß. Viele Gruppen setzen sich aus klasseninternen Beziehungen zusammen, aber auch klassenübergreifende Beziehungen bestehen zwischen den Schülern, die in der Regel allerdings zwei Jahrgänge nicht überschreiten. Meistens dominieren geschlechtshomogene Gruppen mit geschlechtsspezifischen Gesprächsthemen. Die Kontakte variieren bei beiden Geschlechtern zwischen guten Freunden und losen Bekannten. Gerade die Art der Gesprächsthemen, wie z. B. der vorangegangene Unterricht, Beziehungsgeflechte unter den Schülern oder die eigenen Interessen und Hobbies, zeigen deutlich auf, dass die Anwesenheit von Lehrern in der Mittagsfreizeit z. T. als störend und einschränkend empfunden wird. Insbesondere zur Besprechung privater Themen fordern die Jugendlichen Rückzugs- und Kommunikationsnischen, um ihre freundschaftlichen Beziehungen pflegen zu können. Innerhalb dieser Gesprächsthemen kann es zu einer Vielzahl an selbständig erworbenen, vor allem sozialen und emotionalen, Kompetenzen kommen. Der befragte informelle Kompetenzerwerb, welcher auf subjektiven Selbsteinschätzungen der Jugendlichen beruht, schließt u. a. Verhaltensregeln, Konfliktmanagement, Empathie und Fairness im Umgang mit anderen Mitschülern mit ein. Als negativer Aspekt kann z. B. der Umgang mit dem Smartphone im Hinblick auf Cyber-Mobbing, Gewaltverherrlichung oder auch Konfliktbewältigung angesehen werden. Die Pausenregeln und die Aufsicht tangieren hier einen sehr sensiblen Bereich der Kommunikation mittels neuer Medien und es bedarf einer erweiterten Bearbeitung durch Aufsicht und Regeln.

Bilanzierend zeigen die Ergebnisse auf, welche Potenziale die Mittagsfreizeit aufweisen kann und wie eng die vier thematisierten Bereiche miteinander verwoben sind. Sie bedingen und beeinflussen sich gegenseitig. Die Jugendlichen selbst sprechen der Mittagsfreizeit vor allem die Bedeutung eines Produktionsfaktors für den

Unterricht und die eines Sozialraums zu, was sich mit den 1985 bereits von Kottmann et al. (S. 36-39) identifizierten Bedeutungszuweisungen für Halbtagsschulen deckt. Die Mittagsfreizeit als Ort der Sicherheits- und Gesundheitsförderung werden von den Jugendlichen nicht explizit genannt, spielen allerdings indirekt ebenfalls eine große Rolle. Vor allem der Aspekt der Gesundheitsförderung ist zwar nicht im direkten Bewusstsein der Jugendlichen verankert, allerdings spielt er eine zentrale Rolle für die Bedeutung der Mittagsfreizeit. Sie stellt eine Art Querschnittskategorie dar, wenn sie im Sinne von Antonovsky (vgl. 1997) verstanden wird. Falls den Jugendlichen ermöglicht wird, sich in der Mittagsfreizeit unter entwicklungsadäquaten Bedingungen von den hohen Anforderungen des Unterrichts zu erholen, die Pausenräume als Sozialräume zu gestalten sowie in einem sozial verträglichen Klima zu agieren, kann sich dies positiv auf das Wohlbefinden der Jugendlichen auswirken und somit einen wichtigen Beitrag zur Gesundheitsförderung leisten.

Ebenfalls wird sehr deutlich, dass für die Jugendlichen in ihrer turbulenten Phase der Pubertät insgesamt das Bedürfnis nach Ruhe und Kommunikation größer wird und einen zentralen Stellenwert einnimmt. Im Gegensatz zu Kindern spielen für die Jugendlichen Bewegung, Spiel und Sport nur eine untergeordnete Rolle in der Mittagsfreizeit. Um das Potenzial der Mittagsfreizeit für die aufgezeigten Bedeutungszuweisungen auszuschöpfen, benötigen sie also vorwiegend altersadäquate Möglichkeitsräume für Ruhe und Kommunikation. Wird dies gewährleistet, kann die Mittagsfreizeit einen wichtigen Beitrag sowohl zur zukunftsorientierten Entwicklungsförderung als auch zur gegenwartsorientierten Lebensbewältigung der Heranwachsenden in der Ganztagsschule leisten (vgl. Derecik & Deinet, 2013). Diese Aspekte wurden bislang allerdings stark vernachlässigt.

Ausblick 8

Die vorliegende Untersuchung konnte erste Ansätze zur Bedeutung der Mittagsfreizeit für Jugendliche an gebundenen Ganztagsgymnasien mit einer Mittagsfreizeit liefern. Um die weiterhin bestehenden Desiderate zu diesem Themenfeld aufzuzeigen, werden im Folgenden die zentralen Aspekte angeführt, die sich aus den empirischen Ergebnissen für die Theorie und für weitere empirische Untersuchungen ableiten lassen. Darüber hinaus werden einige Empfehlungen für die Praxis formuliert, die dazu beitragen sollen, dem Potenzial der Mittagsfreizeit in einem umfassenden Sinne gerecht zu werden.

Für eine *Theorie* der Mittagsfreizeit erscheint es *erstens* notwendig, die Bedeutungen dieser in theoretischen Diskursen, z. B. in Grundlagenwerken zur Ganztagsschulliteratur, in einem verstärkten und expliziten Maße zu berücksichtigen. Die Pause darf nicht lediglich als Unterbrechung des Unterrichts oder unwirksamer Zwischenzeitraum betrachtet werden. Vielmehr sollte ihre hohe Bedeutung bekräftigt und im Schulalltag anerkannt und wertgeschätzt werden, da sie als wesentliches Element des Schulalltags fungiert und ein wichtiges Qualitätsmerkmal von Ganztagsschulen darstellt (Kamski, Schnetzer & Holtappels, 2009, S. 65, 82). In der theoretischen Diskussion um die Ganztagsschule wird die Mittagsfreizeit, im Gegensatz zum formellen Unterricht und den nicht-formellen Ganztagsangeboten, immer noch eher stiefmütterlich betrachtet, obwohl die Pausen im Tagestakt ein Vielfaches des Unterrichts und der Ganztagsangebote ausmachen (vgl. Kap. 2.3). *Zweitens* sollten die Bedeutungen der Mittagsfreizeit nach den entsprechenden Akteuren der Schule theoretisch ausdifferenziert werden, vor allem nach Kindern, Kids, Jugendlichen und auch Lehrern. An dieser Stelle wäre es notwendig, die Bedeutungszuweisungen anhand von weiteren empirischen Untersuchungen zu konkretisieren.

Für *Forschungen* zur Bedeutung der Mittagsfreizeit wäre es *erstens* spannend, die dargelegten empirischen Befunde für weitere Akteure an Schulen zu konkretisieren. Die Mittagsfreizeit kann für die Schüler, abhängig vom Alter und

Geschlecht, unterschiedliche Bedeutungsschwerpunkte haben, weshalb auch die Sichtweise der Kinder und Kids näher betrachtet werden könnte. Darüber hinaus wird der Perspektive von Lehrern zur Mittagsfreizeit bisher weder in der Theorie noch in der Empirie kaum Aufmerksamkeit geschenkt (vgl. Besele, 1999, S. 63). Zu vermuten ist, dass eine Nach- und Vorbereitung des Unterrichts (z. B. Kopieren von Arbeitsmaterialien oder Gespräche mit Kollegen und Schülern) einen zentralen Aspekt einnehmen dürfte, aber darüber hinaus dürften noch weitere Themen eine Rolle spielen, die bislang in den Ausführungen nicht erwähnt werden. Für die spezifische Perspektive zur Bedeutung der Pausen für Jugendliche wäre es *zweitens* hilfreich, die empirischen Ergebnisse zu den einzelnen Bedeutungszuweisungen (Produktionsfaktor, Sicherheitsförderung, Gesundheitsförderung und Sozialraum) in separaten Untersuchungen vertiefend zu analysieren und dabei auch Jugendliche mit Migrationshintergrund in die Stichprobe einzubeziehen, da deren spezifische Perspektive über die Pause eventuell zum Teil Differenzen zu Jugendlichen ohne Migrationshintergrund aufzeigen könnte. Darüber hinaus würde sich anbieten die Untersuchungen über die verschiedenen Schulformen (Hauptschule, Realschule, Oberschule) auszuweiten, um eventuelle Unterschiede in den Bedeutungszuweisungen zu erkennen und Erklärungen hierfür zu finden. Des Weiteren wäre es *drittens* spannend, einzelne Aspekte, die in dieser Untersuchung nur ansatzweise thematisiert werden konnten, aufzugreifen und in eigenen Untersuchungen zu thematisieren. Um nur einige zu nennen, wäre es beispielsweise von Nöten dem Aspekt der Ruhe sowohl zur Steigerung der Leistungsfähigkeit als auch der Gesundheitsförderung eine gesonderte Aufmerksamkeit zu widmen. In bisherigen Untersuchungen stehen vor allem die Bedeutung von Bewegung und Ernährung, insbesondere für Kinder, im Fokus (vgl. Ganten & Niehaus, 2014). Im Sinne einer kommunikativ geprägten Pause scheint für Jugendliche jedoch gerade das Zusammenspiel zwischen Ruhe und einem gewissen Maß an Lärm durch Kommunikation unabdingbar zu sein. Darüber hinaus wäre es vor allem im Sinne der aktuellen Bildungsdiskussion spannend, mit einem Situationsansatz eine vertiefende Studie zum informellen Kompetenzerwerb während der Mittagsfreizeit durchzuführen, wie es u. a. für nicht-formelle Settings bereits existiert (Düx, Prein, Sass & Tully, 2008, Neuber et al., 2010).

Für die *Praxis* lassen sich noch folgende Empfehlungen ableiten: Die mehrheitlichen Aussagen der Jugendlichen zeugen davon, dass eine umfangreiche Mittagsfreizeit von ca. 60 Minuten, wie es auch in den meisten Länderverordnungen zu Ganztagsschulen vorgesehen ist (Schnetzer, 2009, S. 107-108), notwendig ist, damit die Heranwachsenden ihre Nahrung aufnehmen, sich erholen und diesen Zeitraum als Freizeit empfinden können. Die enorme negative Resonanz von Schülern bezüglich Kopfschmerzen und Müdigkeit sollte Schulen vor Augen führen, dass ein Ganztag mit einer kurzen Mittagsfreizeit durch die fehlende Erholungsphase sowohl den Lernerfolg als auch die Gesundheit der Schüler und Lehrer gefährden kann. Vor diesem Hintergrund ist *erstens* eine G8-Konzeption ohne Mittagsfreizeit zu überdenken, da den Heranwachsenden in dieser Form keine ausreichende Freizeit innerhalb der Schule gewährt und die hohe Bedeutung des informellen Lernens missachtet wird. In Nordrhein-Westfalen existiert deshalb der Erlass, dass alle G8-Gymnasien eine Mittagsfreizeit von mindestens 60 Minuten gewährleisten müssen (vgl. Schulministerium NRW, 2014b, S. 1). In diesem Zusammenhang wäre auch zu überlegen, inwiefern die Nahrungsaufnahme aus den Pausen separiert werden kann, „so dass die Schuler eine reine Bewegungs- bzw. Ruhepause [...] genießen" können (Besele, 1999, S. 59). Ausführliche Hinweise zu den Möglichkeiten und zur Umstellung der Taktung liefern vor allem Kamski (2014, S. 71-144), Hildebrandt-Stramann (2014; 2010, S. 90-177) und Laging et al. (vgl. 2010, S. 30-71).

Raum und Zeit stehen in einem engen Zusammenhang, weshalb neben einer ausgedehnten Pause *zweitens* auch die Gestaltung von entwicklungsadäquaten Räumen für unreglementiertes und selbstbestimmtes Handeln zu berücksichtigen ist, damit das hohe Potenzial der Pausen in ihrer Summe ausgeschöpft werden. Hier ist es sicherlich angebracht noch mehr Wert auf die Bedürfnisse der Jugendlichen, auch in Bezug auf geschlechterspezifische Interessen, zu legen und entsprechende Räumlichkeiten für sportliches Handeln (z. B. einen Fitnessraum), aber vor allem für vielfältige Rückzugs- und Kommunikationsnischen zur Verfügung zu stellen. Erst wenn Raum und Zeit zusammengedacht werden, kann die Mittagsfreizeit zu einem angenommen Sozialraum gestaltet werden, welcher gleichzeitig zur Leistungssteigerung, sozialen Sicherheitsförderung und Gesundheitsförderung dienen kann.

Hierfür ist allerdings *drittens* eine Balance bei der Aufsichtspflicht notwendig. Auf der einen Seite sollte die Aufsicht den Jugendlichen ihren benötigten Freiraum lassen und sich durch eine verdünnte Sozialkontrolle in Zurückhaltung üben. Die Pausenaufsicht wird zwar größtenteils als nicht allzu störend empfunden, jedoch wollen die meisten Jugendlichen eine klare Trennung zwischen Pause und Unterricht. Die Pause wird als Privateigentum der Schüler betrachtet, für die sie zumindest einige ‚ungestörte' Rückzugsmöglichkeiten fordern. In diesem Punkt zeigt sich, dass ein Umdenken hin zu mehr Freiraum für die Schüler stattfinden sollte. Auf der anderen Seite ist die Schule gefordert insbesondere zur Sicherheitsförderung bzw. bei einem unangemessenen sozialem Verhalten einzugreifen, was von den Jugendlichen z. B. in Mobbingfällen oder Gewaltsituationen auch gefordert wird. Gerade das unautorisierte Aufnehmen von Videos oder Fotos kann weitreichende und verheerende Konsequenzen für die betroffene Person nach sich ziehen. Ein sensibler Umgang seitens der Lehrer und eine tolerante Betrachtung der Schüler sind also erstrebenswert. In diesem Zusammenhang ist das Kollegium aufgefordert, sich über eine entsprechende „Aufsichtsphilosophie" zu einigen (Dietrich et al., 2005, S. 21) .Zudem zeigen die empirischen Befunde, dass die Sinnhaftigkeit von Pausenregeln zur eventuellen Risikovermeidung besser akzeptiert würden, würden diese Regeln gemeinsam mit den Schülern erarbeitet werden. Hierbei wäre es wünschenswert Schüler- und Lehrervorstellung herauszustellen und dementsprechend schulspezifisch und damit auf individueller Ebene Pausenregeln aufzustellen.

Viertens gilt es, das gesundheitsbewusste Verständnis der Schüler zum Thema Ernährung zu wecken und verstärkt auf Wünsche und Bedürfnisse der Schüler, die ein Verlangen nach Abwechslungsreichtum und einem hohen Genusswert haben, einzugehen (vgl. Beer & Heseker, 2004, S. 242). Durch den Wunsch nach gesünderem Essen und sogar der Möglichkeit in der Mittagsfreizeit selbst kochen zu können, zeigen zumindest einige Jugendliche durchaus ein Gesundheitsbewusstsein, welches sich in den Ergebnissen von Barlovic (2010, S. 15-17) widerspiegelt. Dieser schlägt sogar die Einführung von Kochkursen in der Schule vor.

Schulen sollten sich die Frage stellen, wie das Mensaessen gesünder bereitgestellt und die Gestaltung der Mensen peerfreundlicher erfolgen könnte. Hinweise dazu liefert der Leitfaden zur Gestaltung von Speiseräumen in Schulen von Eissing, Terrahe, Posthum, Hartjes und Gerhards (2011). Als wesentliche Lösungsvorschläge für eine Gesundheitsförderung beim Mittagessen schlagen Beer und Heseker (2004) ein gemeinsames Kerncurriculum zur Ernährungsbildung vor, welches in das Schulprogramm aufgenommen werden und sich im Mittagessen auch wiederspiegeln sollte. Außerdem wäre es demnach unverzichtbar, Fachkräfte in der schulischen Ernährungsbildung aus- und fortzubilden (vgl. S. 245).

Die Verzahnung der informellen Tätigkeiten bzw. informellen Kompetenzerwerbs mit formellem Unterricht und nicht-formellen Ganztagsangeboten, stellt *fünftens* eine wichtige Facette zur (Weiter-)Entwicklung der Heranwachsenden und der Ganztagsschule dar. Bisher ist die Mittagsfreizeit „vom Anspruch und der Einbindung her in der Praxis leider kein integrierter Lernbereich und leider auch kein fächerübergreifender Komplex" (Appel & Rutz, 2005, S. 116). Würde eine stärkere Verzahnung der Mittagsfreizeit mit dem Unterricht und den ganztagsangeboten erfolgen, könnte damit dem Erziehungs- und Bildungsauftrag der Ganztagsschule näher gekommen und ein Beitrag zum lebenslangen Lernen geleistet werden. Einige Ansätze hierzu liefert Derecik (2015a, S. 81-85). Ein zentraler Aspekt aus den empirischen Befunden betrifft den Aspekt der sozialen Sicherheitsförderung. Es wäre ratsam, auf unangemessenes soziales Verhalten in der Mittagsfreizeit in erster Linie nicht mit einem Verbot zu reagieren, sondern vielmehr mit Aufklärung, z. B. über den sensiblen Umgang mit neuen Medien, um Mobbing in der Praxis präventiv entgegen zu wirken.

Abschließend bleibt zu resümieren, dass die Potenziale der Mittagsfreizeit in Zukunft erkannt und im Sinne einer (Weiter-)Entwicklung von den Heranwachsenden und den Ganztagsschulen besser genutzt werden sollten. So kann die Schule nicht nur dem Anspruch der Schüler nach Mittagsfreizeit gerecht werden, sondern auch Leben in die Schule holen! Wenn nicht in den Pausen, wann und wo dann?

Literatur

Abel, T. (2006). Cultural Capital in Health Promotion. In D.V. McQueen & I. Kickbusch (Eds.), *Health and Modernity. The Role of Theory in Health Promotion.* New York: Springer.

Althoff, K., Tenberge-Weber, U., Verlemann, S. & Zilske, T. (2009). Die Mittagsfreizeit in der Sekundarstufe I – 60 Minuten voller Möglichkeiten. In K. Althoff u.a. (Hrsg.), *Der Ganztag in der Sekundarstufe I. Eine Handreichung für Schulen und weitere Partner im Ganztag der Sekundarstufe I. Der Ganztag in NRW – Beiträge zur Qualitätsentwicklung, 5* (12), 25-33.

Anrich, C. (Hrsg.). (2002). *Bewegte Schule, Bewegtes Lernen. Band 2. Bewegung – Ein Unterrichtsprinzip. Bewegungspädagogik für weiterführende Schulen, Bewegungspausen im Unterricht, Entspannung und Stille im Unterricht.* Leipzig: Ernst Klett.

Antonovsky, A. (1997). *Salutogenese. Zur Entmystifizierung der Gesundheit.* Tübingen: DGVT.

Appel, S. & Rutz, G. (2005). *Handbuch Ganztagsschule. Konzeption, Einrichtung und Organisation.* Schwalbach: Wochenschau.

Appel, S. (1998). *Handbuch Ganztagsschule. Konzeption, Einrichtung und Organisation.* Schwalbach: Wochenschau.

Appel, S., Ludwig, H. & Rother, U. (Hrsg.). (2009). *Jahrbuch Ganztagsschule 2010. Vielseitig fördern.* Schwalbach: Wochenschau.

Arens-Azevedo, U. (2010). Schulverpflegung – eine einmalige Chance, Esskultur und Ernährungsverhalten nachhaltig zu prägen. In Nestle Deutschland AG (Hrsg.), *So is(s)t Schule – Chancen für das lernende Esszimmer (S. 18-28).* Zugriff am 19. August 2015 unter http://www.nestle.de/asset-ibra-ry/documents/medien/broschueren/unternehmen/nestle_studie_2010_so_isst_schule_studie.pdf

Arens-Azevedo, U., Schillmöller Z., Hesse, I., Paetzelt, G., Roos-Bugiel J. & Glashoff, M. (2014). Qualität der Schulverpflegung – Bundesweite Erhebung – Ergebnispräsentation. In Bundesministerium für Ernährung und Landwirtschaft (Hrsg.), *Bundeskongress Schulverpflegung 2014* (S.3-63). Berlin: Eigenverlag.

Arnoldt, B. & Stecher, L. (2007). Ganztagsschule aus der Sicht von Schülerinnen und Schülern. Entwicklung von Ganztagsschulen, 3. Folge. *Pädagogik, 59* (3), 42-45.

Asztalos, A. (1982). *150 Stunden. Ideen und Anregungen zur Gestaltung von Schulhöfen in Selbsthilfe.* Hannover: Der Niedersächsische Kulturminister.

Axster, J. (2001). Funktionen des Schulhofes. In Landessportbund Hessen (Hrsg.), *Schulhof in Bewegung. Orientieren – Planen – Gestalten. Zukunftsorientierte Sportstättenentwicklung* (S. 18-23). Aachen: Meyer & Meyer.

Bagwell, C.L., Newcomb, A.F. & Bukowski, W.M. (1998). Preadolescent Friendship and Peer Rejection as Predictors of Adult Adjustment. *Child Development, 69,* 140-153.

Balnis, P. (2005). Freizeit. In M. Demmer, B. Eibeck, K. Höhmann & M. Schmerr (Hrsg.), *ABC der Ganztagsschule. Ein Handbuch für Ein- und Umsteiger* (S. 64-65). Schwalbach: Wochenschau.

Bant, H., Haas, H.-J., Ophey, M. & Steverding, M. (2011). *Sportphysiotherapie.* Stuttgart: Thieme.

Barlovic, I. (2010). Die Nestle Studie – „So is(s)t Schule" – Kurzfassung. In Nestle Deutschland AG (Hrsg.), *So is(s)t Schule – Chancen für das lernende Esszimmer (S. 3-18).* Zugriff am 15. August 2015 unter http://www.nestle.de/asset-libra-ry/documents/medien/broschueren/unternehmen/nestle_studie_2010_so_isst_schule_studie.pdf

Barros, R. M., Silver, E. J., & Stein, R.E.K. (2009). School recess and group classroom behavior. *Pediatrics, 123* (2), 431-436.

Becker, A., Michel, M. & Laging, R. (Hrsg.). (2008). *Bewegt den ganzen Tag. Bewegungskonzepte in der ganztägigen Schule.* Hohengehren: Schneider.

Becker, G., Bilstein, J. & Liebau, E. (1997). Räume bilden. In G. Becker, J. Bilstein & E. Liebau (Hrsg.), *Räume bilden. Studien zur pädagogischen Topologie und Topographie* (S. 9-16). Seelze-Velber: Kallmeyersche Verlagsbuchhandlung.

Bergmann, H. P. & Fiegenbaum, D. (2009). Rhythmisierung und Zeitstrukturmodelle im Ganztag. In K. Althoff u.a. (Hrsg.), *Der Ganztag in der Sekundarstufe I. Eine Handreichung für Schulen und weitere Partner im Ganztag der Sekundarstufe I. Der GanzTag in NRW – Beiträge zur Qualitätsentwicklung, 5* (12), 9-16.

Berndt, T. J. & Keefe, K. (1995). Friends' influence on adolescents' adjustment to school. Child Development, 66, 1312-1329.

Bertelsmann-Stiftung (Hrsg.). (2012). *Ganztagsschule als Hoffnungsträger für die Zukunft? Ein Reformprojekt auf dem Prüfstand.* Gütersloh: Verlag Bertelsmann Stiftung.

Besele, S. (1999). *Pausenlust statt Schulhoffrust. Management kindgerechter Geländegestaltung.* Dortmund: Borgmann.

Bildungskommission NRW (1995). *Zukunft der Bildung – Schule der Zukunft. Denkschrift der Kommission „Zukunft der Bildung – Schule der Zukunft" beim Ministerpräsidenten des Landes Nordrhein-Westfalen.* Neuwied, Kriftel, Berlin: Luchterhand.

Blömer, D. (2011). *Topographie der Gesamtschule – zum Zusammenhang von Pädagogik und Raum.* Bad Heilbrunn: Julius Klinkhardt.

Böcker, P. & Laging, R. (2010). Bewegung, Spiel und Sport in der Ganztagsschule – Schulentwicklung, Sozialraumorientierung und Kooperationen. In *Jahrbuch Bewegungs- und Sportpädagogik in Theorie und Forschung, Bd. 9.* Hohengehren: Schneider.

Böcker, P. & Laging, R. (Hrsg.). (2010). *Bewegung, Spiel und Sport in der Ganztagsschule. Schulentwicklung, Sozialraumorientierung und Kooperationen.* Hohengehren: Schneider.

Bödeker, W. (2011). Möglichkeiten und Grenzen der Einflussnahme auf das jugendliche Ernährungsverhalten durch die Mittagsverpflegung. In K. Althoff (Hrsg.), *Die Mittagszeit in der Sekundarstufe I. Grundlagen, Gestaltungsformen und Beispiele aus der Praxis. Der Ganztag in NRW – Beiträge zur Qualitätsentwicklung 7* (17), 42-43.

Böhnisch, L. & Münchmeier, R. (1993). *Pädagogik des Jugendraums. Zur Begründung und Praxis einer sozialräumlichen Jugendpädagogik.* Weinheim und München: Juventa.

Böhnisch, L. (2008). *Sozialpädagogik der Lebensalter. Eine Einführung.* Weinheim: Juventa.

Böhnisch, L. (2010). *Abweichendes Verhalten. Eine pädagogisch-soziologische Einführung.* Weinheim: Juventa.

Böhnisch, L. (2012). *Sozialpädagogik der Lebensalter. Eine Einführung.* Weinheim und Basel: Beltz Juventa.

Börner, N., Eberitzsch, S., Grothues, R. & Wilk, A. (2011). *Bildungsbericht Ganztagsschule NRW 2011.* Zugriff am 07. April 2014 unter http://www.forschungsverbund.tu-dortmund.de/fileadmin/Files/Jugendhilfe_und_Schule/Bildungsbericht_Ganztagsschule_NRW_2011_korr.pdf

Bös, K., Worth, A., Opper, E., Oberger, J. & Woll, A. (Hrsg.). (2009). *Das Motorik - Modul: Motorische Leistungsfähigkeit und körperlich-sportliche Aktivität von Kindern und Jugendlichen in Deutschland.* Baden-Baden: Nomos.

Bös, K. (1999). Kinder und Jugendliche brauchen Sport. In N. Fessler, V. Scheid, G. Trosien, J. Simen & F. Brückel (Hrsg.), *Gemeinsam etwas bewegen! Sportverein und Schule - Schule und Sportverein in Kooperation* (S. 68-83). Schorndorf: Hofmann.

Brodtmann, D. (1998). Gesundheitsförderung im Schulsport. *Sportpädagogik, 22* (3), 15–26.

Bundesarbeitsgemeinschaft (BAG) Mehr Sicherheit für Kinder e.V. (Hrsg.). (2007). *Empfehlungen zur Weiterentwicklung der Kinderunfallprävention in Deutschland. Grundlagen und strategische Ziele.* Zugriff am 21. August unter https://www.google.de/url?sa=t&rct=j&q=&esrc=s&source=web&cd=1&ved=0CCEQFjAAahUKEwisncDZ-3LnHAhWHbRQKHQqpDCA&url=http%3A%2F%2Fwww.childsafetyeurope.org%-2Feurope%2Finfo%2Fgermany%2Fgermany-planning-document-de.pdf&ei=1dzW-VezeO4fbUYrSsoAC&usg=AFQjCNGUwQ_2DA9d7WqPZGU3eIm6L50Stw&cad=rja

Bundesministerium für Bildung und Forschung (BMBF) (2003). *Investitionsprogram „Zukunft, Bildung und Betreuung"- Ganztagsschulen. Zeit für mehr.* Bonn.

Bundesministerium für Soziales und Arbeit (2012). *Zu ihrer Sicherheit. Unfallversichert in der Schule.* Zugriff am 18. August unter https://www.google.de/url?sa=t&rct=-j&q=&esrc=s&source=web&cd=1&ved=0CCEQFjAAahUKEwjZ1vXN3bnHAh-VGShQKHbyyC8Y&url=http%3A%2F%2Fwww.einfach-teilhaben.de%2FSharedDocs%2FDownloads%2FDE%2FStdS%2FGesundh_Pflege%2Funfall_schule.pdf%3F__blob%3DpublicationFile&ei=yt3WVdnJB8aUUbzlrrAM&usg=AFQjCNF-veT3jFUMcJ-uaYldMDQe5I92-LA&cad=rja

Burk, K. (2005). Zeitstrukturmodelle. In K. Höhmann, H.G. Holtappels, I. Kamski & T. Schnetzer (Hrsg.), *Entwicklung und Organisation von Ganztagsschulen. Anregungen. Konzepte. Praxisbeispiele* (S. 66-71). Dortmund: IFS.

Burk, K.H. (2006). Mehr Zeit in der Schule – der Rhythmus macht's. In K. Höhmann & H.G. Holtappels (Hrsg.), *Ganztagsschule gestalten. Konzeption. Praxis. Impulse* (S. 92-105). Seelze: Klett.-Kallmeyer.

Bütow, B. (2006). *Mädchen in Cliquen.* Weinheim und München: Juventa.

Coelen, T. & Otto, H.U. (Hrsg.). (2008). *Grundbegriffe Ganztagsbildung. Das Handbuch.* Wiesbaden: VS.

Coelen, T. & Stecher, L. (Hrsg.). (2014). *Die Ganztagsschule. Eine Einführung.* Weinheim und Basel: Juventa.

Danner, D. (2008). Lineare Zeit oder Eigenzeit? Ein Vergleich zweier Grundschulen. In H. Zeiher & S. Schroeder (Hrsg.), *Schulzeiten, Lernzeiten, Lebenszeiten. Pädagogische Konsequenzen und zeitpolitische Perspektiven schulischer Zeitordnungen* (S. 111-122). Weinheim, München: Juventa.

Deinet, U. (2008). Sozialraumorientierung und Raumaneignung. In T. Coelen & H. U. Otto (Hrsg.), Grundbegriffe Ganztagsbildung. Das Handbuch (S. 724-731). Wiesbaden: VS.

Deinet, U. (2014). Raumaneignung Jugendlicher zwischen Schule, McDonald's und der Shopping mall. In U. Deinet & C. Reutlinger (Hrsg.), *Tätigkeit – Aneignung – Bildung. Positionierungen zwischen Virtualität und Gegenständlichkeit* (S. 215-232). Wiesbaden: VS.

Derecik, A. & Deinet, U. (2013). Informelles Lernen in der Ganztagsgrundschule als Beitrag zur Lebensbewältigung. *Zeitschrift für Grundschulforschung,* 6 (2), 115-126.

Derecik, A. (2011). *Der Schulhof als bewegungsorientierter Sozialraum. Eine sportpädagogische Untersuchung zum informellen Lernen an Ganztagsschulen.* Aachen: Meyer & Meyer.

Derecik, A. (2012). Raumtypen auf Schulhöfen in Ganztagsschulen – Raumplanung innerhalb lokaler Bildungslandschaften. In R.S. Kähler, J. Ziemainz (Hrsg.), *Sporträume neu denken und entwickeln* (Schriften der Deutschen Vereinigung für Sportwissenschaft, 225 (S. 177-186). Hamburg: Czwalina.

Derecik, A. (2013). Das Potenzial des Schulhofs für die Entwicklung von Heranwachsenden. *Sportwissenschaft, 43* (1), 34-46.

Derecik, A. (2015a). *Praxisbuch Schulfreiraum – Gestaltung von Bewegungs- und Ruheräumen in der Schule.* Wiesbaden: VS.

Derecik, A. (2015b). Naturnahe Nischen als kindgemäße Aneignungsräume. *Motorik, 38* (1), 22-30.

Deutsche Gesetzliche Unfallversicherung (DGUV) (2006). *Information. Gesetzlicher Unfallversicherungschutz für Schülerinnen und Schüler.* Zugriff am 06. April 2014 unter http://publikationen.dguv.de/dguv/pdf/10002/si-8030.pdf

Deutsche Gesetzliche Unfallversicherung (DGUV) (2012). *Statistik. Schülerunfallgeschehen 2012.* Zugriff am 19. August 2015 unter https://www.google.de/url?sa=t&rct=j&q=&esrc=s&source=web&cd=1&ved=0CCUQFjAAahUKEwjVnonO77THAhWFvBQKHSC6C5M&url=http%3A%2F%2Fwww.dguv.de%2Fmedien%2Finhalt%2Fzahlen%2Fdocuments%2Fschueler%2Fstatistik_info_2012.pdf&ei=k1HUVZWJJIX5UqD0rpgJ&usg=AFQjCNHnCUU1R6hEIjsfk10Bk-B5L5cYwiQ&bvm=bv.99804247,d.d24&cad=rja

Dietrich, K. (1992). Bewegungsräume. *Sportpädagogik, 16* (4), 16-21.

Dietrich, K., Hass, R., Marek, R., Porschke, C. & Winkler, K. (2005). *Schulhofgestaltung an Ganztagsschulen. Ein Leitfaden.* Schwalbach: Wochenschau.

Diketmüller, R. & Studer, H. (2007). Schulfreiräume – Orte der Verhandlung von Geschlechterverhältnissen. *Schule & Sportstätte, 42* (3), 25-27.

Dohmen, G. (2001). *Die internationale Erschließung einer bisher vernachlässigten Grundform menschlichen Lernens für das lebenslange Lernen aller.* Bonn: BMBF.

Dollinger, S. (2014). *Ganztagsschule neu gestalten. Bausteine für die Schulpraxis.* Weinheim: Beltz.

Dreher E. & Dreher, M. (1985). Entwicklungsaufgaben im Jugendalter. Bedeutsamkeit und Bewältigungskonzepte. In D. Liepmann & A. Stiksrud (Hrsg.), *Entwicklungsaufgaben und Bewältigungsprobleme in der Adoleszenz* (S. 56-70). Göttingen: Hogrefe.

Drews, U. (2008). *Zeit in Schule und Unterricht. Souverän im Umgang mit Zeit.* Weinheim, Basel: Beltz.

Dudenredaktion (Hrsg.). (2007). *Duden. Das Herkunftswörterbuch: Etymologie der deutschen Sprache* (Bd. 7). Mannheim: Bibliographisches Institut GmbH.

Düx, W. & Rauschenbach, T. (2010). Informelles Lernen im Jugendalter. In N. Neuber (Hrsg.), *Informelles Lernen im Sport – Beiträge zur allgemeinen Bildungsdebatte* (S. 53-78). Wiesbaden: VS

Düx, W., Prein, G., Sass, E.& Tully, C. J. (2008). *Kompetenzerwerb im freiwilligen Engagement. Eine empirische Studie zum informellen Lernen im Jugendalter.* Wiesbaden: VS.

Eissing, G., Terrahe, A. , Posthum, P., Hartjes, L., Gerhards, J. (2011). *Leitfaden Gestaltung von Speiseräumen in Schulen (Raum, Organisation, Kultur).* Zugriff am 20. August 2015 unter https://www.google.de/url?sa=t&rct=j&q=&esrc=s&source=web&cd=2&ved=0CCkQFjABahUKEwjT9_zbgLXHAhWr_XIKHb-aByk&url=http%3A%2F%2Fhww.fk14.tu-dortmund.de%2Fcms%2Fhww%2FMedienpool%2FDownloads%2FArbeitsbericht_17_Mensaleitfaden.pdf&ei=hGPUVdOlCav7ywO_tZ7IAg&usg=AFQjCNFPCcf95nc5ov9b-NNzdAx361ToqVg&bvm=bv.99804247,d.bGQ&cad=rja

Elkind, D. (1991). Das gehetzte Kind. Werden unsere Kleinen zu schnell groß? Hamburg: Kabel.

Enderlein, O. (2008). Ganztagsschule… aus Sicht der Kinder: weniger oder mehr Lebensqualität? [Themenheft]. *Deutsche Kinder- und Jugendstiftung im Rahmen von „Ideen für mehr! Ganztägig Lernen", 8.*

Enderlein, O. (2012). Ihr seid gefragt! Qualität von Ganztagsschule aus Sicht der Kinder und Jugendlichen [Themenheft]. *Deutsche Kinder und Jugendstiftung im Rahmen von „Ideen für mehr! Ganztägig Lernen", 12.*

Enderlein, O., Schattat, N., & Welsch, M. (2008). Die Schule gesund machen! Eine Einladung zum Umdenken [Themenheft]. *Deutsche Kinder und Jugendstiftung im Rahmen von „Ideen für Mehr! Ganztägig Lernen", 11.*

erziehungswissenschaftlicher Sicht (S. 62-71). Zugriff am 10. Juli 2013 unter http://www.stadtzuerich.ch/content/dam/stzh/ssd/Deutsch/Volksschule/dokumente/10_schulen/Diskussionsbeitrag%20Gestaltung%20von%20Schulbauten.pdf

Faure, E. (1972). *Learning to be: the world of education today and tomorrow.* Paris: UNESCO.

Fessler, N. & Knoll, M. (2013). Bewegungszentrierte Gesundheitsförderung. In H. Aschebrock & G. Stibbe (Hrsg.), *Didaktische Konzepte für den Schulsport* (S. 264–291). Aachen: Meyer & Meyer.

Fiegenbaum, D. (2011). Bewegung, Spiel und Sport in der MittagsFreizeit der Sekundarstufe I – das Herzstück eines „rhythmisierten Schultages". In E. Adelt, D. Fiegenbaum & S. Rinke (Hrsg.), *Bewegen im Ganztag. Bewegung, Spiel und Sport im Ganztag. Der GanzTag in NRW – Beiträge zur Qualitätsentwicklung, 7* (21), 63-69.

Fischer, N., Holtappels, H. G., Klieme, E., Rauschenbach, T., Stecher L. & Tüchner, I. (Hrsg.). (2011). *Ganztagsschule: Entwicklung, Qualität, Wirkung. Längsschnittliche Befunde der Studie zur Entwicklung von Ganztagsschulen (StEG).* Weinheim & Basel: Juventa.

Fleig, P. (2008). Der Zusammenhang zwischen körperlicher Aktivität und kognitiver Entwicklung – Theoretische Hintergründe und empirische Ergebnisse. *Sportunterricht, 57 (1),* 11-16.

Flick, U. (1995). *Qualitative Forschung. Theorien, Methoden, Anwendung in Psychologie und Sozialwissenschaften.* Reinbek: Rowohlt.

Flitner, A. (1966). *Grosse Didaktik.* München: Küpper.

Forschungsgruppe SpOGATA (Hrsg.). (2015). *Evaluation der Bewegungs-, Spiel-, und Sportangebote an Ganztagsschulen in Nordrhein-Westfalen.* Aachen: Meyer und Meyer.

Forster, J. (2000). *Räume zum Lernen und Spielen. Untersuchungen zum Lebensumfeld „Schulbau".* Berlin: VWB.

Forster, J. (2010). Qualität von Aussenräumen aus pädagogischer Sicht. In J. Forster & C. Rittelmeyer (Hrsg.), *Gestaltung von Schulbauten. Ein Diskussionsbeitrag aus*

Gamp, C. I. & Illi, U. (1995). Aktiv-dynamisches bzw. Bewegtes Sitzen. *Sportunterricht, 44* (10), 145-152.

Ganten, D. & Niehaus, J. (2014). *Die Gesundheitsformel. Die großen Zivilisationskrankheiten verstehen und verhindern.* München: Albrecht Knaus.
Gasse, M. (2011). Lernen braucht Bewegung – Hinweise aus den Neurowissenschaften. In E. Adelt, D. Fiegenbaum, S. Rinke (Hrsg.), *Bewegen im Ganztag. Bewegung, Spiel und Sport im Ganztag. Der GanzTag in NRW – Beiträge zur Qualitätsentwicklung, 7* (21), 24-27.
Gebauer, K. (2009). *Mobbing in der Schule.* Weinheim: Beltz.
Gläser, J. & Laudel, G. (2010). *Experteninterviews und qualitative Inhaltsanalyse als Instrumente rekonstruierender Untersuchungen* (4. Aufl.). Wiesbaden: VS.
Göhlich, M. (2009). Schulraum und Schulentwicklung: Ein historischer Abriss. In J. Böhme (Hrsg.), *Schularchitektur im interdisziplinären Diskurs. Territorialisierungskrise und Gestaltungsperspektiven des schulischen Bildungsraums* (S. 89-102). Wiesbaden: VS.
Haenisch, H. (2011). *Gebundene Ganztagsschule – Ansätze zur Gestaltung. Eine qualitative Studie zu ersten Erfahrungen in gebundenen Ganztagsrealschulen und -gymnasien. Der GanzTag in NRW – Beiträge zur Qualitätsentwicklung, 7* (19).
Haenisch, H. (2014). *Gebundene Ganztagsschule in der Entwicklung. Eine qualitative Studie zu Veränderungsprozessen in gebundenen Ganztagsrealschulen und -gymnasien in den Jahrgangstufen 5 bis 8. Der Ganztag in NRW – Beiträge zur Qualitätsentwicklung, 10* (28).
Hagemann-White, C. (2002). Geschlechtertheoretische Ansätze. In H.H. Krüger & C. Grunert (Hrsg.), *Handbuch der Kindheits- und Jugendforschung* (S. 143–163). Opladen: Leske + Budrich.
Hartup, W. W., & Stevens, N. (1997). Friendships and adaptation in the life course. *Psychological Bulletin, 121*, 355–370.
Havighurst, R. J. (1948). Developmental tasks and education. New York: Longmans, Green and Co.
Havighurst, R. J. (1953). *Human development and education.* New York: Longmans, Green.
Helfferich, C. (2011). *Die Qualität qualitativer Daten: Manual für die Durchführung qualitativer Interviews* (4. Aufl.). Wiesbaden: VS.
Hellbrügge, T., Rutenfranz, J. & Graf, O. (1960). *Gesundheit und Leistungsfähigkeit im Kindes- und Jugendalter.* Stuttgart: Georg Thieme.
Heseker, H. & Beer, S. (2004). Ernährung und ernährungsbezogener Unterricht in der Schule. In *Bundesgesundheitsblatt – Gesundheitsforschung – Gesundheitsschutz 47* (3). 240-245.
Hess, B. & Hundeloh, H. (2001). *Sicherheitsförderung – ein Baustein der in Baustein der Gesund heitsförderung in der Schule. GUV-SI 8028.* München: Bundesverband der Unfallkassen.
Hildebrandt-Stramann, R. (1999). *Bewegte Schulkultur. Schulentwicklung in Bewegung.* Butzbach-Griedel: Afra.
Hildebrandt-Stramann, R. (2010). *Zeit- und Raumkonzepte in der bewegten Ganztagsschule. Rhythmisiserung und körperliche Aufführungspraxis in der Schule.* Baltmannsweiler: Schneider.
Hildebrandt-Stramann, R. (Hrsg.). (2007). *Bewegte Schule – Schule bewegt gestalten.* Hohengehren: Schneider.
Hildebrandt-Stramann, R., Beckmann, H., Faustino, A. Probst, A. & Wichmann, K. (2014). *Bewegung, Spiel und Sport in der Ganztagsschule. Ein interkultureller Vergleich zwischen Deutschland und Portugal.* Baltmannsweiler: Schneider.
Hildebrandt-Stramann, R., Laging, R. & Teubner, J. (Hrsg.). (2014). *Bewegung und Sport in der Ganztagsschule – StuBSS: Ergebnisse der qualitativen Studie. Studie zur Entwicklung von Bewegung, Spiel und Sport in der Ganztagsschule (StuBSS).* Hohengehren: Schneider.

Hintz, D., Pöppel, K. & Rekus, J. (1993). *Neues schulpädagogisches Wörterbuch*. München: Weinheim.

Höhmann, K. & Kummer, N. (2007). Mehr Lernzeit durch einen anderen Umgang mit der Zeit. In H. Kahl & S. Knauer (Hrsg.), *Bildungschancen in der neuen Ganztagsschule. Lernmöglichkeiten verwirklichen* (S. 91-103). Weinheim: Beltz.

Höhmann, K. (2005). Pause. In M. Demmer, B. Eibeck, K. Höhmann & M. Schmerr (Hrsg.), *ABC der Ganztagsschule. Ein Handbuch für Ein- und Umsteiger* (S. 150-151). Schwalbach: Wochenschau.

Höhmann, K. (2012). Ganztagsschule als Lern-, Lebens-, Erfahrungs- und Kulturraum. In S. Appelt, & U. Rother (Hrsg.), *Jahrbuch Ganztagsschule 2012* (S. 11-17). Schwalbach: Wochenschau.

Höhmann, K., Holtappels, H., Kamski, I. & Schnetzer, T. (2005). *Entwicklung und Organisation von Ganztagsschulen. Anregungen, Konzepte, Praxisbeispiele. Beiträge zur Bildungsforschung und Schulentwicklung*. Dortmund: IFS.

Hollmann, W., Strüder, H.K. & Tagarakis, C.V.M. (2003). Körperliche Aktivität fördert Gehirngesundheit und -leistungsfähigkeit. Übersicht und eigene Befunde. *Nervenheilkunde, 22* (9), 427-485.

Holtappels, H. G. (2005). Ganztagsschulen entwickeln und gestalten – Zielorientierungen und Gestaltungsansätze. In K. Höhmann, H. G. Holtappels, I. Kamski & T. Schnetzer (Hrsg.), *Entwicklung und Organisation von Ganztagsschulen. Anregungen, Konzepte, Praxisbeispiele* (S. 7-44). Dortmund: IFS.

Holtappels, H. G., Klieme, E., Rauschenbach, T. & Stecher, L. (Hrsg.). (2007). *Ganztagsschule in Deutschland. Ergebnisse der Ausgangserhebung der ‚Studie zur Entwicklung von Ganztagsschulen' (StEG)*. Weinheim & Basel: Juventa.

Holtappels, H.G. (1994). *Ganztagsschule und Schulöffnung – Perspektiven für die Schulentwicklung*. Weinheim und München: Juventa.

Holtappels, H.G. (2010). Die Entwicklung von Ganztagsschulen – Konzeptionen, Organisation und pädagogische Gestaltung. In H. Buchen, L. Horster, H.G. Rolff (Hrsg.), *Ganztagsschule: Erfolgsgeschichte und Zukunftsaufgabe* (S. 7-18). Stuttgart: Raabe.

Honoré, C. (2008). *Kinder unter Druck: Rettet die Kindheit vor Schule und Übereltern*. Köln: Fackelträger.

Hopf, C. (1978). Die Pseudo-Exploration – Überlegungen zur Technik qualitativer Interviews in der Sozialforschung. *Zeitschrift für Soziologie* 32, 325-338.

Horch, K. (2008). Gesundheitszustand von Kindern und Jugendlichen – Ausgewählte Ergebnisse des Nationalen Kinder- und Jugendgesundheitssurveys (KIGGS). In W. Schmidt (Hrsg.), *Zweiter Deutscher Kinder- und Jugendsportbericht – Schwerpunkt: Kindheit* (S. 125–136). Schorndorf: Hofmann.

Hundeloh, H. (1995). Tägliche Bewegungszeiten als Schutz vor Unfällen. *Sportpädagogik (6)*, 8-9.

Hundeloh, H. (2012). *Gesundheitsmanagement an Schulen. Prävention und Gesundheitsförderung als Aufgaben der Schulleitung*. Weinheim: Beltz.

Hurrelmann, K. & Quenzel, G. (2012). *Lebensphase Jugend. Eine Einführung in die sozialwissenschaftliche Jugendforschung*. Weinheim und Basel: Juventa.

Hurrelmann, K. (2012). *Lebensphase Jugend. Eine Einführung in die sozialwissenschaftliche Jugendforschung*. Weinheim und München: Juventa.

Illi, U. (1995). Bewegte Schule. Die Bedeutung der Funktion der Bewegung als Beitrag zu einer ganzheitlichen Gesundheitsbildung im Lebensraum Schule. *Sportunterricht, 44* (10), 404-415.

Illi, U. (1998) Von der Informationskampagne „Sitzen als Belastung“ zum Projekt „Bewegte Schule – Gesunde Schule“ In U. Illi, D. Breithecker & S. Mundigler (Hrsg.*), Bewegte Schule – Gesunde Schule. Aufsätze zur Theorie* (S. 1-19). Zürich, Wiesbaden, Graz: Eigenverlag.

Jarrett O.S., Maxwell D.M., Dickerson C., Hoge P., Davies G., Yetley A. (1998). Impact of recess on classroom behavior: Group effects and individual differences. *Journal of Educational Research, 92* (2), 121-126.

Kahl, H. & Knauer, S. (Hrsg.). (2007). *Bildungschancen in der neuen Ganztagsschule. Lernmöglichkeiten verwirklichen.* Weinheim & Basel: Beltz.

Kamski, I. (2008). Mittagsessen und Schulhof. In T. Coelen & H.-U. Otto (Hrsg.), *Grundbegriffe Ganztagsbildung. Das Handbuch.* Wiesbaden: VS.

Kamski, I. (2012). Rhythmisierung bzw. Zeitstrukturierungsmodelle in der Ganztagsschule. Begründungen und Gestaltungsansätze. In Niedersächsisches Kultusministerium *(Hrsg.), Forum Ganztagsschule Niedersachsen. Andere Rhythmen – andere Zeiten, Heft 2.* (S. 4-9).

Kamski, I. (2014). *Rhythmisierung in Ganztagsschulen. Erprobte Praxis – Funktionierende Modelle.* Schwalbach: Wochenschau.

Kamski, I., Holtappels, H. G. & Schnetzer, T. (Hrsg.). (2009). *Qualität von Ganztagsschule. Konzepte und Orientierungen für die Praxis.* Münster: Waxmann.

Kanevski, R. & Salisch, M. v. (2011). *Fördert die Ganztagsschule die Entwicklung sozialer und emotionaler Kompetenzen bei Jugendlichen?* In L. Stecher, H. H. Krüger & T. Rauschenbach (Hrsg.), *Ganztagsschule – Neue Schule? Sonderheft 15 der Zeitschrift für Erziehungswissenschaft* (S. 237–259). Wiesbaden: VS.

Kanevski, R. & Salisch, M. v. (2011). *Peer-Netzwerke und Freundschaften in Ganztagsschulen. Auswirkungen der Ganztagsschule auf die Entwicklung sozialer und emotionaler Kompetenzen von Jugendlichen.* Weinheim und München: Juventa.

Kegler, U. (2009). *In Zukunft lernen wir anders: Wenn die Schule schön wird.* Weinheim, Basel: Beltz.

KIGGS (2007). *Erste Ergebnisse der KiGGS-Studie zur Gesundheit von Kindern und Jugendlichen in Deutschland.* Zugriff am 25. August 2015 unter http://www.rki.de/DE/Content/Gesundheitsmonitoring/Studien/Kiggs/Basiserhebung/Ergebnisbrosch%C3%BCre.pdf?__blob=publicationFile

Kluge, S. (1999). *Empirisch begründete Typenbildung. Zur Konstruktion von Typen und Typologien in der qualitativen Sozialforschung.* Opladen: Leske + Budrich.

Knauer, S. & Durdel, A. (Hrsg.). (2006). Die neue Ganztagsschule. Gute Lernbedingungen gestalten. Weinheim & Basel: Beltz.

Kolbe, F. U., Rabenstein, K. & Reh. S. (2006). *Expertise. „Rhythmisierung“ Hinweise für die Planung von Fortbildungsmodulen für Moderatoren.* Zugriff am 31. August 2007 unter www.lernkultur-ganztagsschule.de/html/publik_

Korte, M. (1987). *Die Entwicklung der moralischen Atmosphäre in einem Jugendwohnheim. Eine Intervention.* Frankfurt a. M.: Lang.

Kottmann, D., Küpper P. & Pack R. P. (2005). *Bewegungsfreudige Schule. Schulentwicklung bewegt gestalten – Grundlagen, Anregungen, Hilfen.* Gütersloh: Eigenverlag.

Kottmann, L., Küpper, D., Brux, A. & Heck, T. (1985). *Pausensport. Ergebnisse, Erfahrungen, Folgerungen aus einem Pausensportprojekt. Materialien im Sport in Nordrheinwestfalen.* Köln: Greven.

Kowal, S. & O'Connell, D. C. (2012). Zur Transkription von Gesprächen. In U. Flick, E. von Kardorff & I. Steinke (Hrsg.), *Qualitative Forschung. Ein Handbuch* (9. Aufl., S. 437–447). Reinbek: Rowohlt.

Kraft, P. (1977). *Der Schulhof als Ort sozialen Verhaltens*. Braunschweig: Westermann.

Krappmann, L. & Oswald, H. (1995). *Alltag der Schulkinder: Beobachtungen und Analysen von Interaktionen und Sozialbeziehungen*. Weinheim: Juventa.

Krisch, R. (2009). *Sozialräumliche Methodik der Jugendarbeit. Aktivierende Zugänge und praxisleitende Verfahren*. Weinheim und München: Juventa.

Kromer, I. (Hrsg.). (1995). *Abschied von der Kindheit. Die Lebenswelten der 11- bis 14-jährigen Kids. Forschungsbericht im Auftrag des Bundesministeriums für Jugend und Familie. Projektbericht*. Wien: ÖIJ.

Krüger, R. (1996). Große Pause – k(l)eine Zeit? Zwischenzeiten im Schulalltag auf dem Prüfstand. *Schul-Management, 27* (4), 26-30.

Kubesch, S. (2008). *Körperliche Aktivität und exekutive Funktionen*. Schorndorf: Hofmann.

Kuckartz, U. (2005). Computergestützte Inhaltsanalyse. In L. Mikos and C. Wegener (Hrsg.), *Qualitative Medienforschung. Ein Handbuch*. Konstanz: UVK Verl.-Ges.

Kugelmann, C. (2001). Der Pausenhof als Erholungs-, Lebens- und Lernort. *sportpädagogik 25* (2), 26-28.

Kultusministerkonferenz (KMK) (2013). *Sekretariat der ständigen Kultusministerkonferenz Deutschland*. Zugriff am 29. April 2014 unter http://www.kmk.org/fileadmin/pdf/Statistik/GTS_2011_Bericht.pdf

Kunz, T. (1993). *Weniger Unfälle durch Bewegung. Mit Bewegungsspielen gegen Unfälle und Gesundheitsschäden bei Kindergartenkindern*. Schorndorf: Hofmann.

Kurth, B. M. (2007). Der Kinder- und Jugendgesundheitssurvey (KiGGS): Ein Überblick über Planung, Durchführung und Ergebnisse unter Berücksichtigung von Aspekten eines Qualitätsmanagements. *Bundesgesundheitsblatt – Gesundheitsforschung – Gesundheitsschutz, 50* (5/6), 533-546.

Ladenthin, V. & Rekus, J. (2005). *Die Ganztagsschule: Alltag, Reformen, Geschichte, Theorie*. Weinheim: Juventa.

Laging, R. (2006). *Methodisches Handeln im Sportunterricht. Grundzüge einer bewegungspädagogischen Unterrichtslehre*. Seelze-Velber: Kallmeyer in Verbindung mit Klett.

Laging, R., Derecik, A., Riegel, K. & Stobbe, C. (2010). *Mit Bewegung Ganztagsschule gestalten. Beispiele und Anregungen aus bewegungsorientierten Schulportraits*. Hohengehren: Schneider.

Lamnek, S. (2005). *Qualitative Sozialforschung*. Weinheim, Basel: Beltz.

Largo, R.H. (2009). *Schülerjahre: Wie Kinder besser lernen*. München: Piper.

Lehrer-Vogt, E. (2013). „Chillorte – wo seid ihr"? Auf der Suche nach Räumen von Schülerinnen außerhalb ihrer Schulzeit. In M. Alisch & M. May (Hrsg.), *Sozialraumentwicklung bei Kindern und Jugendlichen. Beiträge zur Sozialraumforschung. Band 9* (S. 139-153). Opladen, Berlin und Toronto: Barbara Budrich.

Lipka, B., Piwkowski, H. & Scherer, K. (2013). *Statistik. Schülerunfallgeschehen 2012*. Zugriff am 02. April 2015 unter http://www.dguv.de/medien/inhalt/zahlen/documents/schueler/statistik_info_2012.pdf

Maschke, S. & Stecher, L. (2015). Kindheit und Jugend heute. Ein Panorama der Studie Jugend. Leben. In S. Maschke, G. Schulz-Gade & L. Stecher (Hrsg.), *Jahrbuch Ganztagsschule 2015. Potenziale der Ganztagsschule nutzen. Veränderte Kindheit und Jugend – Verändertes Lernen- Veränderte Schule?* (S. 8-31). Schwalbach/Ts.: Wochenschau.

Mayer, H.O. (2008). *Interview und schriftliche Befragung* (4., überarbeitete und erweiterte Aufl.). München: Oldenbourg.

Mayring, P. (2002). *Einführung in die qualitative Sozialforschung. Eine Anleitung zu qualitativem Denken* (5. Aufl.). Weinheim und Basel: Beltz.

Memmert, D., & Weickgenannt, J. (2006). Zum Einfluss sportlicher Aktivität auf die Konzentrationsleistung im Kindesalter. *Spectrum der Sportwissenschaften*, 18, 77-99.

Menz, U. (1997). Schulbau und Schuleinrichtungen. In M. Liedtke (Hrsg.), *Handbuch des Bayrischen Bildungswesens. Bd. 4* (S. 187-232). Bad Heilbrunn: Eigenverlag.

Messner, R. (1991). Die Rhythmisierung des Schultages. Erfahrungen und pädagogische Überlegungen zu einem dringlich gewordenen Problem. In C. Kubina, H. J. Lambrich (Hrsg.), *Die Ganztagsschule. Bestandsaufnahme - Grundlegung - Perspektiven* (S. 54-66). Wiesbaden: Hessisches Institut für Bildungsplanung und Schulentwicklung (HIBS)

Ministerium für Schule, Jugend und Kinder des Landes Nordrhein-Westfalen (MSJK NRW). (2002). *Sicherheitserlass für den Schulsport*. Frechen: Ritterbach.

Ministerium für Schule, Jugend und Kinder des Landes Nordrhein-Westfalen (MSJK) (Hrsg.). (2002). *Sicherheitsförderung im Schulsport*. Zugriff am 17. August 2015 unter https://www.google.de/url?sa=t&rct=j&q=&esrc=s&source=web&cd=1&ved=0CCEQFjAAahUKEwjZpJKx2K_HAhXIWBQKHcdaAp0&url=http%3A%2F%2Fwww.schulsport-nrw.de%2Ffileadmin%2Fuser_upload%2Fsicherheits_und_gesundheitsfoerderung%2Fpdf%2FErlass-Sicherheitsfoerderung_im_Schulsport.pdf&ei=IprRVdmLDcixUce1iegJ&usg=AFQjCNG_WrPMhl7BNwtlnZTqRJItHDqzKA&bvm=bv.99804247,d.bGQ&cad=rja

Ministerium für Schule, Wissenschaft und Forschung NRW (2001). *Richtlinien und Lehrpläne für die Sekundarstufe I - Gesamtschule in Nordrhein-Westfalen. Sport*. Frechen: Ritterbach.

Müller, C. & Petzold, R. (2006). *Bewegte Schule: Aspekte einer Bewegungserziehung in den Klassen 5 bis 10/12*. Sankt Augustin: Academia.

Müller, C. (2010). *Bewegte Grundschule: Aspekte einer Didaktik der Bewegungserziehung als umfassende Aufgabe der Grundschule*. Sankt Augustin: Academia.

Müller, U. M. et al. (2012). Leipziger Gesundheitsprojekt Schule. Einfluss eines täglichen Schulsportunterrichts auf das kardiovaskuläre Risiko im Kindes- und Jugendalter. *MedReview. Journal für ärztliche Fortbildungskongresse*, (7), 38.

National Academy (2012). *How far have we come in reducing health disparities? Progress since 2000: Workshop Summary*. Washington DC: National Academy Press.

Naul, R. (Hrsg.) (2011). Bewegung, Spiel & Sport in der Ganztagsschule. Bilanz & Perspektiven. Aachen: Meyer & Meyer.

Neuber, N. (2007). *Entwicklungsförderung im Jugendalter. Theoretische Grundlagen und empirische Befunde aus sportpädagogischer Perspektive*. Schorndorf: Hofmann.

Neuber, N., Breuer, M., Derecik, A., Golenia, M. & Wienkamp, F. (2010). *Kompetenzerwerb im Sportverein - Eine empirische Studie zum informellen Lernen im Jugendalter*. Wiesbaden: VS.

Niedersächsisches Kultusministerium (2008). *Ganztagsschulen in Niedersachsen*. Zugriff am 09. April 2015 unter http://www.mk.niedersachsen.de/download/5298/Materialien_zur_Ganztagsschule.pdf.

Niedersächsisches Kultusministerium (2013). *Schule und Recht in Niedersachsen*. Zugriff am 09. April 2015 unter http://www.schure.de/22410/36,3,82000.htm

Niedersächsisches Kultusministerium (2015). Gymnasium. Die Arbeit in den Schuljahrgängen 5 bis 10 des Gymnasiums Informationen für Eltern, Schülerinnen und Schüler.

Zugriff am 25. August 2015 unter http://www.mk.niedersachsen.de/download/4834/Die_Arbeit_in_den_Schuljahrgaengen_5_-_10_des_Gymnasiums.pdf

Obst, F. & Bös, K. (1997). Akzeptanz und Wirkung zusätzlicher Sportstunden in der Grundschule. *Sportpraxis, 38* (2), 44-47.

Oepping, A. (2011). Schulverpflegung, Bildung und pädagogische Verantwortung – Weichenstellung in der schulischen Esskultur? In K. Althoff (Hrsg.), *Die Mittagszeit in der Sekundarstufe I. Grundlagen, Gestaltungsformen und Beispiele aus der Praxis. Der Ganztag in NRW – Beiträge zur Qualitätsentwicklung (7)* 17, 33-37.

Oerter, R. & Montada, M. (Hrsg.). (2002). *Entwicklungspsychologie*. Weinheim: Beltz.

Opp, G. & Brosch, A. (Hrsg.). (2010). *Lebensraum Schule: Raumkonzepte planen, gestalten, entwickeln*. Stuttgart: Fraunhofer.

Opp, G., Brosch, A. & Teichmann (2010). Coda: Schule als Sozial- und Lernraum. In G. Opp & A. Brosch (Hrsg.), *Lebensraum Schule: Raumkonzepte planen, gestalten, entwickeln* (S. 251-259). Stuttgart: Fraunhofer.

Ortner, R. (1979). *Kind – Schule – Gesundheit. Was muß die Schule für die Gesundheit unserer Kinder tun? Mit besonderer Berücksichtigung des Primarbereichs*. Donauwörth: Auer.

Pappler, M., Witt, R. (2001). *NaturErlebnisRäume, neue Wege für Schulhöfe, Kindergärten und Spielplätze; gemeinsam mit Kindern, Jugendlichen und Erwachsenen planen, bauen und pflegen*. Seelze-Velber: Kallmeyer.

Pellegrini, A., Huberty, P. & Jones, I. (1995). The Effects of Recess Timing on Children's Playground and Classroom Behaviors. *American Educational Research Journal, 32* (4), 845-864.

Pellegrini, A.D., & Bohn, C.M. (2005). The role of recess in children's cognitive performance and school adjustment. *Educational Researcher, 34*, 13-19.

Petillon, H. (1993). *Das Sozialleben des Schulanfängers. Die Schule aus der Sicht des Kindes*. Weinheim: Beltz.

Pfitzner, M. (2003). Sicherheitsförderung im Schulsport. In N. Gissel & J. Schwier (Hrsg.), *Abenteuer, Erlebnis und Wagnis. Perspektiven für den Sport in Schule und Verein? Jahrestagung der dvs-Sektion Sportpädagogik vom 30.5.– 1.6.2002 in Gießen* (S. 37-48). Hamburg: Czwalina.

Popp, U. (2006). Argumente für eine zeitgemäße Ganztagsschule aus schulpädagogischer Sicht. In H.U. Otto & J. Oelkers (Hrsg.), *Zeitgemäße Bildung. Herausforderung für Erziehungswissenschaft und Bildungspolitik* (S. 178-190). München/Basel: Reinhardt.

Pöppel, E. & Wagner, B (2013). *Dummheit. Warum wir heute die einfachsten Dinge nicht mehr wissen*. München: Riemann.

Portmann, R. (2004). *Modell Ganztagsschule: Auf den Punkt gebracht*. München: Don Bosco.

Preuss-Lausitz, U. (1999). Schule als Schnittstelle moderner Kinderfreundschaften – Jungen und Mädchen im Austausch von Nähe und Distanz. *Zeitschrift für Soziologie der Erziehung und Sozialisation (ZSE), 2*, 163-187.

Prüß, F. (2009). Ganztägige Bildung und ihre Bedeutung für Entwicklungsprozesse. In F.

Prüß, F., Hamf, J., Kortas, S. & Schöpa, M. (2009). Forschungsergebnisse zur gesundheitsfördernden Ganztagsschule. In S. Appel, H. Ludwig & U. Rother (Hrsg.), *Jahrbuch. Ganztagsschule. Vielseitig fördern*. Schwalbach: Wochenschau.

Prüß, F., Kortas, S. & Schöpa, M. (Hrsg.). (2009). *Die Ganztagsschule: von der Theorie zur Praxis. Anforderungen und Perspektiven für Erziehungswissenschaft und Schulentwicklung*. Weinheim & Basel: Juventa.

Prüß, S. Kortas & M. Schöpa (Hrsg.), *Die Ganztagsschule: von der Theorie zur Praxis. Anforderungen und Perspektiven für Erziehungswissenschaft und Schulentwicklung* (S. 33-58). Weinheim und München: Juventa.

Rabenstein, K. (2008). „Rhythmisierung". Diskurse, Modelle und Forschungen zur Zeitstrukturierung von ganztägigen Lernangeboten. In T. Coelen & H.U. Otto (Hrsg.), *Grundbegriffe Ganztagsbildung. Das Handbuch* (S. 548-556). Wiesbaden: VS.

Radisch, F. (2009). *Qualität und Wirkung ganztägiger Schulorganisation. Theoretische und empirische Befunde.* Weinheim & München: Juventa.

Ramstetter, C., Murray, R. & Garner, A. (2010). The crucial role of recess in schools. *Journal of School Health, 80* (11), 517-526.

Rauch, M. (1981). *Schulhofhandbuch. Planung und Veränderung von Freiräumen an Schulen.* Langenau-Albeck: Armin Vaas.

Rauschenbach, Th. & Züchner, I. (2011). Bewegung, Spiel und Sport im aktuellen Bildungsauftrag der Ganztagsschule. In R. Naul (Hrsg.), *Bewegung, Spiel und Sport in der Ganztagsschule. Bilanz und Perspektiven* (S. 14-29). Aachen: Meyer & Meyer.

Reinders, H. (2012). *Qualitative Interviews mit Jugendlichen führen. Ein Leitfaden* (2. Aufl.). München: Oldenbourg.

Reinert, G.B. & Zinnecker, J. (1978). Was wir Schüler in den Pausen auf dem Schulhof und in der Schule machen. In G.B. Reinert & J. Zinnecker (Hrsg.), *Schüler im Schulbetrieb. Berichte und Bilder vom Lernalltag, von Lernpausen und vom Lernen in den Pausen* (S. 165-174). Reinbek: Rowohlt.

Richter, M. (2008). *Gesundheit, Ungleichheit und jugendliche Lebenswelt. Ergebnisse der zweiten internationalen Vergleichsstudie im Auftrag der Weltgesundheitsorganisation WHO.* Weinheim: Juventa.

Riegel, K. & Hildebrandt-Stramann, R. (Hrsg.). (2009). *Bewegung und Lernen. Tagung im Rahmen der Studie zur Entwicklung von Bewegung, Spiel und Sport in der Ganztagsschule (StuBSS) vom 24. & 25.09.2008 in Wolfenbüttel.* Braunschweig: Eigenverlag.

Ritzdorf, W. (2011). Bewegung. Freizeitsport, Fitnesstraining, Entspannung. In Techniker Krankenkasse (Hrsg.), *Gesund in die Zukunft.* Hamburg: TK Eigenverlag.

Rogers (1974) *Lernen in Freiheit. Zur Bildungsreform in Schule und Universität.* München: Kösel.

Rohlfs, C. (2010). Freundschaft und Zugehörigkeit – Grundbedürfnis, Entwicklungsaufgabe und Herausforderung für die Schulpädagogik. In M. Harring, O. Böhm-Kasper, C. Rohlfs & C. Palentien (Hrsg.), *Freundschaften, Cliquen, Jugendkulturen. Die Peer Group als Sozialisations- und Bildungsinstanz* (S. 31-41). Wiesbaden: VS Verlag für Sozialwissenschaften.

Rohnstock, D. (1985). *Der Einfluss sportlicher Pausenbetätigungen auf die nachfolgende Konzentrationsleistung sieben- bis fünfzehnjähriger Schüler und Schülerinnen.* Berlin: Eigenverlag.

Rohrmann, T. (2015). Jungen und Bewegung in den ersten Lebensjahren. In C. Blomberg & N. Neuber (Hrsg.), *Männliche Selbstvergewisserung im Sport. Beiträge zur geschlechtssensiblen Förderung von Jungen* (S. 43-59). Wiesbaden: Springer.

Rumpf, H. (1994). *Die übergangene Sinnlichkeit.* Weinheim und München: Juventa.

Rutenfranz, J. (1977). *Beanspruchung von Schülern. Arbeitsphysiologische Aspekte der derzeitigen Schulsituation.* Bonn: BMBW.

Salisch, M. v. & Kanevski, R. (2011). Stabilität und Wandel der Peer-Netzwerke von Jugendlichen in Ganztagsschulen und Halbtagsschulen. In R. Soremski, M. Urban & A. Lange (Hrsg.), *Familie, Peers und Ganztagsschule* (S. 183-204). Weinheim und München: Juventa.

Salisch, M. v. (2010). Kleine Menschen mit großen Gefühlen. Entwicklung der emotionalen Kommunikation in der frühen Kindheit. In E. Hammes-Di Bernado & A. Speck-Hamden (Hrsg), *Kinder brauchen Kinder. Gleichaltrige-Gruppe-Gemeinschaft* (S. 36-44). Weimar: Verlag das netz.

Salisch, M. v., Kanevski, R. Schmalfeld, S., Toska, M., Depping, D., Lüpschen, N., Boeck, A. (2013). *Peers in Netzwerken Klasse 9 (PIN-9): eine Längsschnittstudie zu den Folgen der Ganztagsbeschulung für die Peer-Beziehungen, die Ausbildung der sozialen und emotionalen Kompetenzen, des Problemverhaltens und der Schulzufriedenheit. (Schlussbericht an das BMBF)*. Zugriff am 21. August 2015 unter http://www.leuphana.de/fileadmin/user_upload/PERSONALPAGES/Fakultaet_1/Salisch_Maria/PIN/Schlussbericht_BMBF.pdf

Salzberg-Ludwig, K. (2004). Der Zusammenhang zwischen chronobiologischen Rhythmen und Belastungsfaktoren bei behinderten und nicht behinderten Schulkindern. In Verband Sonderpädagogik e.V. (Hrsg.), *Grenzen überwinden – Erfahrungen austauschen. Der große Berichtsband zum Sonderpädagogischen Kongress 2004* (S. 217-222). Würzburg.

Scherler, K. (2000). Sport als Schulfach. In P. Wolters, H. Ehni, J. Kretschmer, K. Scherler & W. Weichert (Hrsg.), *Didaktik des Schulsports* (S. 36-60). Schorndorf: Hofmann.

Schmalfeld, A. (2010). „Ich möchte längere Pausen, um mit Freunden zu reden" – Wünsche

Schmalfeld, A. (2012). *Peer-gerecht? – Ganztagsschule und die Qualität von Freundschaften aus der Sicht Jugendlicher*. Lübeck: Eigenverlag.

Schmelt, D., Hoffmann, D. & Naul, R. (2011). Bewegungsbildung und Gesundheitsförderung in der Ganztagsschule. In R. Naul (Hrsg.), *Bewegung, Spiel und Sport in der Ganztagsschule. Bilanz & Perspektiven* (S. 115-132). Aachen: Meyer und Meyer.

Schmidt-Denter, U. (2005). *Soziale Beziehungen im Lebenslauf* (4. vollständig überarb. Aufl.). Weinheim und Basel: Beltz.

Schnabel, G. (2011). Rechtliche Aspekte. In Adelt, E., Fiegenbaum, D. & Rinke, S. (Hrsg.), *Bewegen im Ganztag. Bewegung, Spiel und Sport im Ganztag. Der GanzTag in NRW – Beiträge zur Qualitätsentwicklung, 7* (21), 98.

Schneider, C., Katzer, C. & Leest, U. (2013). *Cyberlife – Spannungsfeld zwischen Faszination und Gefahr. Cybermobbing bei Schülerinnen und Schülern. Eine empirische Bestandsaufnahme bei Eltern, Lehrkräften und Schülern/innen in Deutschland*. Karlsruhe: Bündnis gegen Cybermobbing. Zugriff am 13. Mai 2015 unter http://www.buendnis-gegen-cybermobbing.de/Studie/cybermobbingstudie.pdf

Schnetzer, T. (2009). Zeitstrukturierung an Ganztagsschulen. In K. Höhmann, H.G. Holtappels, I. Kamski & Th. Schnetzer (Hrsg.), *Entwicklung und Organisation von Ganztagsschulen. Anregungen. Konzepte. Praxisbeispiele* (S. 100-109). Dortmund: IFS.

Schröder, A. (2006). Cliquen und Peers als Lernort im Jugendalter. In T. Rauschenbach, W. Düx & E. Sass (Hrsg.), *Informelles Lernen im Jugendalter. Vernachlässigte Dimensionen der Bildungsdebatte* (S. 173-202). Weinheim und München: Juventa.

Schubarth, W. (2013). Gewalt und Mobbing an Schulen. Möglichkeiten der Prävention und Intervention. Stuttgart: Kohlhammer.

Schulministerium NRW (2014a). *Verwaltungsvorschriften zu § 57 Abs. 1 SchulG – Aufsicht – RdErl. d. Ministeriums für Schule und Weiterbildung v. 18.07.2005*. Zugriff am 13. Mai 2015 unter https://www.schulministerium.nrw.de/docs/Schulsystem/Ganztag/Sicherheit_-Aufsicht-und-Erste-Hilfe-im-Ganztag/SicherheitAufsichtErste_Hilfe_Aufsicht.pdf

Schulministerium NRW (2014b). Verordnung über die Ausbildung und die Abschlussprüfungen in der Sekundarstufe I. Zugriff am 21. August 2015 unter https://www.schulministerium.nrw.de/docs/Recht/Schulrecht/APOen/HS-RS-GE-GY-SekI/APO_SI.pdf

Schulministerium NRW (2015). *Schulgesetz für das Land Nordrhein-Westfalen*. Zugriff am 19. August 2015 unter https://www.schulministerium.nrw.de/docs/Recht/Schulrecht/Schulgesetz/Schulgesetz.pdf

Seiffge-Krenke, I. (2009). *Psychotherapie und Entwicklungspsychologie: Beziehungen, Herausforderungen, Ressourcen und Risiken*. Heidelberg: Springer.

Seydel, A. (2011). *Ich bin du: Kindererkenntnis in pädagogischer Verantwortung*. Stuttgart: Pädagogische Forschungsstelle.

Sibley, B. & Etnier, J. (2003). The relationship between physical activity and cognition in children: a meta-analysis. *Pediatric Exercise Science 15*, 243-256.

Siepmann, G. & Salzberg-Ludwig, K. (2006). Bedeutung von Rhythmus und Struktur für die Schul- und Unterrichtsgestaltung. In S. Knauer & A. Durdel (Hrsg.), *Die neue Ganztagsschule. Gute Lernbedingungen gestalten* (S. 93-98). Basel: Beltz.

Sitzer, P., Marth, J., Kocik, C. & Müller K. (2012). *Ergebnisbericht der Online-Studie Cyberbullying bei Schülerinnen und Schülern*. Zugriff am 13. Mai 2015 unter http://www.uni-bielefeld.de/cyberbullying/downloads/Ergebnisbericht-Cyberbullying.pdf

Sonstroem, R.J. & Morgan, W.P. (1989). Exercise and self-esteem: Rationale and model. *Medicine and Science in Sports and Exercise, 21* (3), 329–337.

Soremski, R. (2013). Keine Zeit für Freizeit? Ganztagsschule im Alltag Jugendlicher. Zugriff am 21. August 2015 unter https://www.google.de/url?sa=t&rct=j&q=&esrc=s&source=web&cd=1&ved=0CCEQFjAAahUKEwivkJCZ66_HAhVB8XIKHR24Ayw&url=http%3A%2F%2Fwww.bmbf.de%2FpubRD%2Fkeine_zeit_fuer_freie_zeit_bf_2.pdf&ei=3K3RVa-yB8HiywOd8I7gAg&usg=AFQjCNGohUe9wtLODMmKKvR8dbyg-1Pz_Ag&bvm=bv.99804247,d.bGQ&cad=rja

Speichert, H. (1977). *Schulangst. Das Eltern-Schüler-Trauma*. Reinbek: Rowohlt.

Stiller, J. & Alfermann, D. (2005). Selbstkonzept im Sport. *Sportpsychologie, 12* (4), 119–126.

Strauss, A. L. (1991). *Grundlagen Qualitativer Sozialforschung*. München: Fink.

Sutton-Smith, B. (1978). *Die Dialektik des Spiels*. Schorndorf: Hofmann.

Thiel, A., Teubert, H. & Kleindienst-Cachay, C. (2002). *Die „Bewegte Schule" auf dem Weg in die Praxis: Theoretische und empirische Analysen einer pädagogischen Innovation*. Hohengehren: Schneider.

Thiele, J. & Seyda, M. (Hrsg.). (2011). *Tägliche Sportstunde an Grundschulen in NRW. Modelle-Umsetzungen-Ergebnisse*. Aachen: Meyer & Meyer.

Tillmann, K. J. (2004). Schulpädagogik und Ganztagsschule. In H. U. Otto & T. Coelen (Hrsg.), *Grundbegriffe der Ganztagsbildung. Beiträge zu einem neuen Bildungsverständnis in der Wissensgesellschaft* (S. 193-198). Wiesbaden: VS.

Unfallkasse Nordrhein-Westfalen (Hrsg.). (2011). *Prävention in NRW. Sicher bilden und betreuen – Gestaltung von Bewegungs- und Bildungsräumen für Kinder unter drei Jahren*. Düsseldorf: KWIK-COLOR.

Verlemann S. & Zilske T. (2010). *Schüler werden Pausenhelfer. Ein Konzept für die Mittagsfreizeit in der Ganztagsschule*. Mühlheim an der Ruhr: Verlag an der Ruhr.

Verlemann, S. & Zilske, T. (2011). *Schüler werden Pausenhelfer. Ein Konzept für die Mittagsfreizeit in der Ganztagsschule. Klasse 8-13*. Mühlheim: Der Verlag an der Ruhr.

Voellmy, L. & Wettstein, F. (1992). *Schulgelände beleben und gestalten*. Zürich: Pro Juventus.

Walk, L. (2011). Bewegung formt das Hirn. *DIE Zeitschrift für Erwachsenenbildung 1*, 27-29.

Wehner, K. (2009). Freundschaften unter Kindern. In K. Lenz & F. Nestmann (Hrsg.), *Handbuch Persönliche Beziehungen* (S. 403-421). München/Weinheim: Juventa.

Wetterich, J. (2001). *Spiel-, Sport- und Bewegungsräume in der Stadt. Aspekte einer zukunftsorientierten Infrastrukturplanung von Sportstätten unter dem Leitbild einer menschengerechten Stadt (Bd. 10).* Aachen: Meyer & Meyer.

Wissenschaftlicher Kooperationsverbund (Hrsg.). (2005). *Offene Ganztagsschule im Primarbereich. Begleitstudie zu Einführung, Zielsetzungen und Umsetzungsprozessen in Nordrhein-Westfalen.* Weinheim und München: Juventa.

Wissenschaftlicher Kooperationsverbund (Hrsg.). (2007). *Die offene Ganztagsschule in der Entwicklung. Empirische Befunde zum Primarbereich in Nordrhein-Westfalen.* Weinheim & München: Juventa.

Wissenschaftlicher Kooperationsverbund (Hrsg.). (2010*). Lernen und Fördern in der offenen Ganztagsschule. Vertiefungsstudie zum Primarbereich in Nordrhein-Westfalen.* Weinheim und München: Juventa.

Witzel, A. (1982). *Verfahren der qualitativen Sozialforschung. Überblick und Alternativen.* Frankfurt: Campus.

World Health Organisation (WHO) (2003). *WHO definition of Health.* Zugriff am 23. März 2014 unter http://www.who.int/about/definition/en/print.html

Youniss, J., & Smollar J. (1985). *Adolescent relations with mothers, fathers and friends.* Chicago: University of Chicago Press.

Zimmer, R. (2004). *Handbuch der Bewegungserziehung. Grundlagen für Ausbildung und pädagogische Praxis.* Freiburg: Herder.

Zinnecker, J. (1987). *Jugendkultur 1940 – 1985.* Leske + Budrich: Opladen.

Zinnecker, J. (1995). Pädagogische Ethnographie. In I. Behnken & O. Jaumann (Hrsg.), *Kindheit und Schule. Kinderleben im Blick von Grundschulpädagogik und Kindheitsforschung* (S. 21-37). Weinheim, München: Juventa.

Zinnecker, J. (2001). *Stadtkids. Kinderleben zwischen Straße und Schule.* Weinheim und München: Juventa.

Züchner, I. (2013). Sportliche Aktivitäten im Aufwachsen junger Menschen. In M. Grgic & I. Züchner (Hrsg.), *Medien, Kultur, Sport. Was Kinder und Jugendliche machen und ihnen wichtig ist* (S. 89-137). Weinheim: Beltz Juventa.

zur Peer-Freundlichkeit von Schule. In *Schülerheft Wissen für Lehrer. Gruppen, Cliquen,Szenen, Peers* (S. 74-77). Seelze: Friedrich.

Printed by Printforce, the Netherlands